數商

向阿里巴巴前副總裁
學習數據時代的生存商數

商

涂子沛 著

大數據先鋒思想家，
全系列累銷逾100萬冊

目次

人類文明正在發生一場大躍進，
從以文字為中心轉變到以數據為中心，
進入數據文明時代。
企望在新時代的競爭中勝出，
需要新的思維、技能和工具。

作者題記

為什麼數商如此重要

　　每個人都嚮往成功。我們從小就知道，一個人智商高、情商又高，一定能成功，而我們也常將他們當成楷模，思考為什麼自己未能如他們一樣成功。你是不是發現，其實除了智商和情商，還有一些其他的因素在起作用？你說不清它是什麼，但隨著時代的突飛猛進，這種感覺愈來愈清晰、愈來愈強烈。

　　我也有這種感覺。時代在變化，一個人要成功，需要不斷學習修煉，尤其要找到和大時代契合的學習方向和重點。我認為，這個影響我們能否獲得成功的新要素，就是數據。

　　「數商」是我歸納、總結、創造的一個新名詞。

　　所謂「商」，是指對人類某種特定能力的量度。在人類歷史上，被稱為「商」且為大眾廣泛接受的，只有「智商」和「情商」。智商主要表現為一個人邏輯分析水準的高低，情商則用來衡量一個人管理自己和他人情緒的能力。這兩個「商」產生的時間，事實上都不久，對智商的測量直到二十世紀初才開始出現，而且備受爭議，情商的提出在學術上站住腳就更晚了，是 1990 年代的事情。

　　智商和情商幾乎是對立的，分別代表「理智」和「情感」，甚至有人把它們喻為海水和火焰，有你就沒我。在現實生活中，我們確實很容易碰到一些人的智商高、情商卻很低，而一

些情商高的人，智商又很一般。

但數商和智商、情商的關係並非對立，數商甚至是它們之間的一座橋梁。至少你現在就可以發現一個共通點，智商和情商都是用量詞來表示的；數據，是服務於它們的一項測量工具。這也說明了數據無處不在。

那為什麼需要提出數商，難道工具要就此變身主體？數商和情商的差別顯而易見，但它和智商究竟有什麼關係，是不是畫蛇添足？

回頭看人類的文明史，不可否認的一項事實是，我們這個物種最重大的成就、最亮眼的變化都發生在最近兩三百年。1946 年，第一台電腦被發明，人類文明開始了新一輪的大躍進，一開始，人類把這個新的時代定義為「資訊時代」，認為資訊無所不在，以前很難找到的資訊與知識現在很容易就能找到。但 21 世紀的最近 20 年，變化開始加速，我們突然發現，新時代像一輛疾馳的列車，載著我們快速馳過了「資訊時代」的月臺，「以前很難找到的資訊與知識現在很容易就能找到」這句話已經不能概括新時代的特點，我們正在邁入一個更新的時代——智慧時代。

驅動我們進入智慧時代最強大的力量，就是數據的爆炸和對數據的處理。由於數據對經濟、政治和文化生活的廣泛影響，智慧型文明相較於以往的任何文明在本質上皆有所不同。這裡所定義的「數據」，是指數位化的資訊，即以「0」和「1」這種二進位保存的所有資訊，它不僅包括傳統的數字，還包括照片、文字、影片等傳統意義上我們不會稱為「數據」的那些資訊。

今天，我們每個人對數據的需求是極其強烈的，你可能沒有意識到，這種需求甚至比對性的需求還要來得強烈。很多人一拿起手機就放不下來，滑手機就是在看資訊，看資訊就是在看數據，離不開手機其實是離不開數據。每一個人，在滿足了以食物作為中心的溫飽生存問題之後，他的神經、意識和觸角，全都在搜集和創造數據。數據不能當飯吃，卻幾乎構建了個體發展的全部基礎。除了城市、鄉村這種物理空間，我們每天還在一個新的空間裡生活：數據空間。人類在數據空間中停留的時間將愈來愈長，比待在物理空間的時間更久，在這個新空間裡，數據和智慧主導一切，這就是人類當下發展的大趨勢。

數據是一種新的資源，可以釋放出新的能量，這種能量對人和世界會產生新的作用力。很多公司已經將數據視為一種新的資產，雖然還沒有發明一種合理的方法來直接評估這種資產的價值，但我們都清楚地看到，數據已經在賦能一些國家、組織和個人了。未來舉凡能保證數據真實、安全的國家和地區，會產生一種新的優勢：坐擁數據的企業可以躺著賺錢，會使用大數據的群體和個人將成為新的社會統治階層。擁有數據優勢的國家、地區、企業和個人正在陸續出現，數據優勢也可以稱為數據實力。

遺憾的是，並不是每個人都能認識到這一點，也不是每個人都會正確且聰明地使用數據。但好消息是，這種能力可以經由訓練獲得，這種價值觀可以從零開始建立，我們還身處這場新革命的早期，一切都還來得及。只要增強對數據的信仰和洞察，學習掌握數據空間的新工具，每個人都可能從數據中釋放

出「數能」和「數力」，為己所用。

　　對數據優勢、數據實力、數據能力高低的衡量，就是我所定義的「數商」。修煉數商，是智慧時代的新潮流。這是人類社會發展到一個新的階段，自然而然衍生出的新要求。

　　數商，首先是「資訊商」。它是對大數據時代人類獲得資訊能力的一種度量，雖然有海量的資訊在流動，但個人需要的僅是涓涓細流。弱水三千，只取一瓢飲，但是，那一瓢在哪裡呢？我們永遠在找自己最需要的那一瓢。這不是賈寶玉找林黛玉，找到了就一蹴而得。我們每天在不同的時間、地點和場景，都需要不同的資訊，這哪是一件容易的事？資訊是決策的基礎，有足夠且正確的資訊，智商才有運籌帷幄的空間。今天是數據大爆炸的時代，人類最近五年產生的數據，已經超過幾千年文明的數據總和，數據愈大，那一瓢就愈難找，因此需要我們在傳統的智商之外，學習新的工具和技能。

　　顧名思義，數商又是「數字商」、「數據商」。關於這兩個概念的區別，後續會解釋，但我希望你現在就要知道的是，我們所要討論的數商，雖然包括數量、數字，重點卻在數據。關於數字的科學叫數學，關於數據的科學叫數據科學，它們完全不同，但數學的進步為今天的數據科學奠定了基礎。貫穿本書討論的主題，不是以「計算」為中心的數學，而是以「記錄」為中心的數據科學。人類把萬事萬物的發展軌跡和狀態記錄下來，把它們轉化為數據，然後用分類、聚類分析等演算法，建立相互的聯繫，幫助我們看到更完整的事物全貌，更輕易地理解事物的本質，把握其潛在的規律，預測其未來的趨勢，讓數據服務於決策和創新——這是數據科學。

未來每個人都需要懂得一些數據科學。數商就是對這種能力的衡量，它不僅衡量經由測量和記錄獲得數據的行動能力，也衡量以科學高效的方法保存及使用數據、從數據當中洞察知識和規律以預測未來的能力。本書設計了一套數商的測試方法和試題，我建議你在開始閱讀全書之前，利用 30 ～ 40 分鐘，完成這個測試，然後根據自己的得失分情況，在本書的閱讀過程中，逐點理解、對照、回顧、提升，相信這樣的閱讀將更有針對性，大有裨益。

　　數商非常具體，它和智商既有區別，也有很大的關聯，理解智商，就能很容易理解數商；數商也不像情商那般多變、難以捉摸解釋，數商完全可以講得很清楚。本書的中心內容，就是圍繞數商闡述新的價值觀、新的技能和新的工具。我們將從歷史當中去追溯數據思維的形成和發展、數據價值觀的來龍去脈；我將和你一起定義什麼是數商，思考如何在真實的世界透過數據及其分析獲得競爭性優勢，從而遊刃有餘，脫穎勝出於智慧時代。

數商測試

　　我們先來做一個數商測試遊戲，這可能是史上第一套數商測試題。

　　本測試題分為兩大區塊：一是關於數據價值觀、數據思維和日常習慣的測試；二是關於現代數據科學知識與技能的測試，但為了計分方便，兩類題目並沒有按類別和重要性的次序排列。

　　一共 34 題，需要時間為 30 ～ 40 分鐘。最高數商為 110分。題目全都沒有複雜的計算，如果涉及計算，可以用估算的方式從選項中找出正確答案。

　　如果你真心想知道自己的數商，就不能有任何的掩飾，畢竟這不是面試，你用不著有意識地展現優點、掩飾缺點。如果有所掩飾，那你應該再重測一遍。針對答錯的題目，建議在讀完全書之後，回到相應的章節，重新閱讀、體會和對照，制訂提高數商的計畫。

第 1 ～ 20 題為選擇題，請從選項中選出你認為正確的答案，除題目註明外，均為單選題。

⑴ 市場攤販 1 斤蔥賣 10 元。客人問蔥白跟蔥綠分開來怎麼賣，老闆說蔥白 8 元，蔥綠 3 元，因為他得把蔥白和蔥綠分開，所以貴 1 元。你認為第二種賣法相較於第一種怎麼樣？

    ☐ A. 攤販老闆虧了。   ☐ B. 攤販老闆賺了。

    ☐ C. 沒有錯，攤販老闆要付出額外勞動。

    ☐ D. 是虧是賺，要看蔥白多還是蔥綠多。

⑵ 一個城市有 A 中學與 B 中學。某一場考試後發現，A 中學的男生群體比 B 中學的男生群體平均分數高 5 分，A 中學的女生群體也比 B 中學的女生群體平均分數高 5 分，你認為，就這場考試而言：

    ☐ A. A 中學的平均分數比 B 中學高 5 分。

    ☐ B. A 中學的平均分數比 B 中學高，但高多少不一定。

    ☐ C. A 中學的平均分數不一定比 B 中學高。

⑶ 以下是一個有規律的數列，請按其規律為這個數列的空白處填上兩個數字：1，2，2，4，4，6，8，8，＿＿＿，＿＿＿，32，12。

☐ A. 10, 12　　　　☐ B. 16, 14

☐ C. 16, 10　　　　☐ D. 14, 12

⑷ 有一種病會造成每 10 萬例中 1,635 人死亡，而另一種病有 16.95‰ 的致死率，請問哪一種病更危險？

☐ A. 第一種。　　　　☐ B. 第二種。

☐ C. 差不多危險。

⑸ 湖裡有 1 片睡蓮，睡蓮的面積每天擴大 1 倍。如果睡蓮覆蓋整個湖需要 60 天，那麼它覆蓋湖面的 1% 需要 _____ 天，覆蓋半個湖需要 _____ 天？

☐ A. 1 天，30 天。　　　　☐ B. 54 天，59 天。

☐ C. 10 天，30 天。　　　　☐ D. 5 天，59 天。

⑹ 天氣預報說，明天降雨機率為 90%。請問 90% 的準確意思是什麼？

☐ A. 明天有 90% 的時間會下雨。

☐ B. 明天有 90% 的地方（按土地面積算）會下雨。

☐ C. 明天出門的人，有 90% 的人會淋到雨。

☐ D. 在 100 個類似於明天這樣的氣象條件下，有 90 個會下雨。

(7) 經營賭場一般來說都很賺錢,你認為賭場賺錢是靠科學規律,還是靠運氣?你在賭場待的時間愈久,玩的次數愈多,贏錢的可能性是愈高還是愈低?

☐ A. 兩者都靠運氣,人待得愈久愈可能贏錢。

☐ B. 兩者都靠運氣,但一個人的好運少,所以待得愈久,贏的可能性愈低。

☐ C. 賭場靠科學規律賺錢,但只要人能贏一次大的,運氣就可以戰勝規律,所以待得愈久愈可能贏錢。

☐ D. 賭場靠科學規律賺錢;人待得愈久,贏錢的可能性愈低。

(8) 你和某人玩拋硬幣的遊戲,出現正面你將贏得 1 元,出現反面則輸 1 元。假設你拋了 100 次,出現 45 次正面和 55 次反面,你損失了 10 元。有人認為出現正反面的機率各是 50%,所以接著玩肯定會轉運。你認為接下來再拋 50 次,你會轉運嗎?

☐ A. 會,這是機率決定的。

☐ B. 不會,這是獨立事件。

☐ C. 可能會,也可能不會,一半一半。

(9) 你認識了一個新朋友,你和他同一天生日的機率是 1/365,今天你想開一場派對,請了 49 位朋友來參加,你認為你們之間出現有人同一天生日的機率大概

是多少？

- ☐ A. 80%以上。
- ☐ B. 50/365。
- ☐ C. 50%以上。
- ☐ D. 95%以上。

(10) 物理治療師說他發明了一種新的脊椎調節按摩手法，為了檢驗是否有效，他針對 50 名背部疼痛的患者進行試驗，之後有 36 名患者說他們感覺好轉了，這是 72%的比例，物理治療師於是得出結論，聲稱這種新手法是有效的。你認為：

- ☐ A. 這個設計有缺陷，不能得出這個結論。
- ☐ B. 可以得出這個結論。

(11) 砷是一種類金屬元素。科學研究證明，長期飲用含砷量過高的水，會引起慢性中毒甚至死亡。1942 年，美國規定飲用水中的含砷量不能超過 50 微克／升。1962 年，美國衛生部考慮把標準調整到 10 微克／升。他們是這樣做決策的：如果提高這個標準將挽救很多生命、減少很多醫療費用，其中每挽救一條生命按 610 萬美元計算，最後加總得出，整個社會將獲得的健康收益為 1.4 億至 2 億美元；而投資建設飲用水的淨化設施，將耗費 1.8 億至 2.1 億美元。因為投入可能大於收益，有人反對提高這個標準。你對此的評價是：

- ☐ A. 荒謬，人的生命無價，不能這樣計價。

☐ B. 生命可以計價，但絕對遠遠高於 610 萬美元。

☐ C. 生命必須計價，計價方法可能有爭議，但要有好的公共政策和社會管理。

⑿ 有個很有名的故事是關於啤酒和尿布，內容是說一名剛升格為新手奶爸的男性去商場買尿布的同時，會順便買點啤酒犒賞自己，零售商公司沃爾瑪發現這個數據規律之後，對啤酒和尿布進行了捆綁銷售，隨後兩種商品的銷量雙雙增加。有人為了驗證這個案例，特地到沃爾瑪門市進行考察，結果發現啤酒和尿布並沒有擺在一起，他因此斷定啤酒和尿布的故事是無稽之談。你認為真相是：

☐ A. 就是以訛傳訛的無稽之談。

☐ B. 這個規律有時空性，並不是放之四海皆準。

☐ C. 這個規律錯了，啤酒應該和花生擺在一起。

☐ D. 這個規律是否有效，取決於當地有多少新手奶爸。

⒀ 有 19 位同學參加演講比賽，所得的分數各不相同，前 10 位將進入決賽。某同學知道自己的分數後，欲判斷自己能否進入決賽，他只需要知道這 19 位同學成績的：

☐ A. 平均數。　　　☐ B. 中位數。

□ C. 眾數。　　　　□ D. 變異數。

⑭ 不同的銀行有不同的排隊方式。甲銀行：一種業務有
　三列任選的隊伍可排隊，分別通向三個不同的櫃臺。
　乙銀行：同一種業務也有三個櫃臺，但是所有顧客必
　須在同一列隊伍中等待，之後經叫喚到有空閒的櫃
　臺。你認為以下哪種說法是錯誤的？

　□ A. 兩家銀行顧客等待時間的平均值是一樣的。
　□ B. 兩家銀行顧客等待時間的離散程度不一樣。
　□ C. 兩家銀行顧客等待時間的變異數不一樣。
　□ D. 甲銀行有少部分顧客可能要等很長的時間，以致
　　　　他們可能抱怨，而乙銀行的顧客不會等那麼久。

⑮ X 是連續變數，為了觀察發現 Y 與 X 之間的線性關
　係，下列哪種圖形比較適用？

　□ A. 散佈圖。　　　□ B. 直條圖。
　□ C. 折線圖。　　　□ D. 以上皆非。

⑯ （此題為複選題）你認為以下哪幾項是數據？

　□ A. 數字。　　　　□ B. 照片、影片。
　□ C. 文字、文件。　□ D. PPT（簡報）。

⒄ 你認為「數字」和「文字」哪個先被人類發明出來？

☐ A. 數字先發明。　　　☐ B. 文字先發明。

☐ C. 同時發明。

☐ D. 無所謂，這個問題沒有意義。

⒅ 下列關於電腦儲存容量單位的說法中，錯誤的是：

☐ A. 1 千位元組（KB）＜ 100 萬位元組（MB）＜ 10 億位元組（GB）。

☐ B. 基本單位是位元組（Byte）。

☐ C. 一個中文字需要一個位元組的儲存空間。

☐ D. 一個位元組能夠容納一個英文字元。

⒆ 如果有一台攝影機（100 萬畫素）跟著你，記錄你一天 24 小時的一舉一動，你覺得一天的數據量是多大？如果記錄 100 年大概需要花多少錢購買記憶體？

☐ A. 一天大約 10 幾 GB，100 年需要數萬元。

☐ B. 一天大約 100 GB，100 年需要數十萬元。

☐ C. 一天會有幾個 TB，100 年需要數百萬元。

☐ D. 完全沒概念。

⒇ （此題為複選題）哪 2 項是數據分析的最大成本？

☐ A. 保存數據的成本。

□ B. 購買分析軟體的成本。

　　□ C. 數據獲取的成本。

　　□ D. 數據整理的成本。

　　□ E. 數據分析人才的時間成本。

　　第 21 ～ 34 題，請按個人情況，從選項中如實選擇一個最切合自身情況的來回答。

(21) 當你看到一個很大的數據，例如國家投資 100 億建設綠色能源專案。你如何確認這 100 億元的投資是多還是少？

　　□ A. 從來不追究。

　　□ B. 和歷史情況或其他項目投資做對比。

　　□ C. 看看平均數，用總額除以人口數，再和平均薪資比較。

　　□ D. 以上方法都嘗試過。

(22) 籃球和足球都是團體性的競技運動。人們對不同的比賽會有不同的評價，例如某隊贏了一場比賽，有人認為是靠實力，有人認為是靠運氣。一般來說，任何一場比賽都存在不確定性（即運氣）。你覺得籃球和足球哪項運動的不確定性更高，為什麼？

　　□ A. 籃球，因為和單一球員的個人表現更相關。

□ B. 足球，因為腳比手更難控制。

　　□ C. 足球，因為場地更大。

　　□ D. 足球，因為個人的控球次數少。

(23) 現代有很多感測器，手機也是其中之一。有人從自己每天的步數發現走太多路的話，某個病症就會出現，還有人把情緒數據和睡眠數據放在一起後，發現心情不好的日子，通常前一晚的睡眠也不好。你對於自己的身體、情緒有沒有過類似的數據層面之發現？

　　□ A. 從來沒有。

　　□ B. 偶爾會使用，但沒有收穫。

　　□ C. 想使用，相信一定會有發現。

　　□ D. 使用過，也有所發現。

(24) 你是否試過用數字來量化管理你的情緒或感覺（例如疼痛）？比如你生氣了，就試試看用從 1 到 10 的數字來標示你生氣的程度，然後思考你會選幾。你有沒有試過把生氣的原因寫下來，然後分析生氣的原因和強度的關係？

　　□ A. 從來沒有。　　　□ B. 偶爾。

　　□ C. 經常。　　　　　□ D. 總是這樣做。

⑵ 英國人類學家鄧巴（Robin Dunbar）提出了鄧巴數（Dunbar's number）：因為受限於大腦皮層，一個人能夠有效管理的社會關係人數是 150 人。還有人發現，一個人最親密的社交圈只有 3～5 個人，每增加 1 個人，就會分攤掉原本在每個親密關係上所花的時間。你是否有意識到這些數量關係的存在？你有沒有系統性地記錄自己朋友的細節資訊，有沒有分類自己的朋友，例如親密、很好、普通、認識、一面之交……並用不同的策略維護不同類別的朋友關係？

☐ A. 順其自然，從來沒有清楚地算過、記過或分類過。

☐ B. 偶爾想一想，記錄一些資訊。

☐ C. 有專門記錄，但沒有明確分類。

☐ D. 有分類，並且有維護不同社交關係的策略。

⑵ 日本人山田本一曾經分享他獲得馬拉松世界冠軍的經驗。他在比賽之前會開車把路線走一遍，並將沿途重要的地標記下來，比如 10 公里處有一家銀行，15 公里處有一棵大樹，25 公里處有一間紅色的房子……他把 40 幾公里的賽程分解成幾個部分。你在面臨重大任務的時候，會不會使用這個方法？

☐ A. 從來沒有。　　☐ B. 偶爾。

☐ C. 經常。　　☐ D. 總是這樣做。

⑵⑺ 你會不會對一件事情發生的可能性進行預測，並計算可能性的大小，進而根據計算值的大小去制訂自己的行動計畫？

☐ A. 從來沒有。 ☐ B. 偶爾。
☐ C. 經常。 ☐ D. 總是這樣做。

⑵⑻ 你是否經常以拋硬幣、翻紙牌、抽籤這類的方式來預測運氣和決定一件事情？

☐ A. 經常。 ☐ B. 不是很常，還好。
☐ C. 偶爾。 ☐ D. 從來沒有。

⑵⑼ 你是否聽說過倖存者偏差（Survivorship Bias），而且在現今的生活中，發現過不少倖存者偏差的實際案例？

☐ A. 沒有聽說過。
☐ B. 聽說過，但也就聽聽而已。
☐ C. 非常認同這個說法。
☐ D. 不僅認同，還在現實生活中發現過好幾個實例。

⑶⑽ 有一次我在清華大學演講，結束後有一名博士生要求發言，他認為歷史上很多朝代都是因為皇帝想把事情搞清楚，最後亡國了，所以世界上的事還是不要搞得那麼清楚比較好，混沌當中才蘊藏著巨大的智慧。你

怎麼評價這個觀點？

☐ A. 很有道理。　　☐ B. 有一點道理。

☐ C. 錯了。　　　　☐ D. 完全錯誤，無法接受。

(31) 每個人都在使用搜尋引擎。網際網路上的資訊極其龐大雜亂，你是否能找到自己想要的資訊？其中一個重要方式就是搜尋關鍵字，你是否清楚知道關鍵字的設定有一定的技巧？除了轉換關鍵字，你還有掌握其他搜尋技巧嗎（例如對某種檔案類型的定向搜尋）？

☐ A. 常常找不到自己想要的資訊。

☐ B. 找到和找不到的情況，一半一半。

☐ C. 基本上能找到自己想要的資訊。

☐ D. 已經掌握了關鍵字設定的技巧。

☐ E. 除了關鍵字技巧，還清楚地掌握了其他定向搜尋技巧。

(32) 你是否記錄過自己每天的時間使用狀況？例如做一件事花了多少時間，又譬如每天的工作時間、娛樂時間、休息時間等總數？你是否有對這些數據進行過分析，透過分析制訂目標、調整計畫？

☐ A. 從來沒有。　　☐ B. 偶爾。

☐ C. 經常。　　　　☐ D. 總是如此。

☐ E. 不僅總是如此，而且從分析當中獲益良多。

(33) 你會用數據庫查詢語言 SQL 嗎，又或者是一名 Excel 高手？

　　□ A. 不會用 SQL，也不熟悉 Excel。
　　□ B. 不會用 SQL，但熟練掌握 Excel。
　　□ C. 熟練掌握 SQL 和 Excel。

(34) 你會任何一門電腦程式設計語言嗎（例如 Java、C++、Python）？

　　□ A. 一門也不會。
　　□ B. 學過，但不熟悉。
　　□ C. 熟練掌握至少一門程式設計語言。

參考答案和計分標準：

　　計分時請按以下標準評分，先算出各個部分的得分，最後加總，得到的分數為最終得分。第 1 ～ 20 題，答對一題得 3 分，共計得 ＿＿＿ 分。

答案分別為：

1. (A)	2. (C)	3. (C)	4. (B)	5. (B)
6. (D)	7. (D)	8. (C)	9. (D)	10. (A)
11. (C)	12. (B)	13. (B)	14. (A)	15. (A)
16. (A)(B)(C)(D)	17. (A)	18. (C)	19. (A)	20. (C)(D)

　　第 21 ～ 30 題，回答 A 得 0 分，回答 B 得 1 分，回答 C 得 2 分，回答 D 得 3 分。共計得 ＿＿＿ 分。

　　第 31 ～ 32 題，回答 A 得 0 分，回答 B 得 1 分，回答 C 得 2 分，回答 D 得 3 分，回答 E 得 4 分。共計得 ＿＿＿ 分。

　　第 33 ～ 34 題，回答 A 得 0 分，回答 B 得 3 分，回答 C 得 6 分。共計得 ＿＿＿ 分。

　　以上總計得 ＿＿＿ 分。

> 如果你的得分在 60 分以下，說明你的數商較低；
> 如果你的得分在 60 ～ 75 分，說明你的數商一般；
> 如果你的得分在 75 ～ 90 分，說明你的數商比較高；
> 如果你的得分超過 90 分，那你就是個數商高手，你的數商將成為有助於你事業成功的有力推手。

01

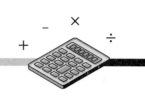

一名低調賭徒的
焦點時刻

1862 年，歐洲小國摩納哥。

當時，距離蒸汽機被發明出來已經 100 多年，火車在陸地上呼嘯跑著，輪船在海上冒著黑煙，工業革命的機器轟鳴之聲在全歐洲迴盪。大西洋的對岸，美國的林肯總統正在領導南北戰爭，解放黑奴，這個未來最強大的國家正經歷著崛起前整合的陣痛。中國也很不太平，正逢清朝咸豐年間，皇帝的私家花園圓明園剛剛被英法聯軍燒毀，這個古老的農業帝國正在快速崩落。

摩納哥是一個微型國家，占地面積為 2 ～ 3 平方公里，只相當於一所大學的大小，很像梵蒂岡。梵蒂岡名震天下是因為宗教，摩納哥同樣聞名全球，卻是因為一家叫做蒙地卡羅（Monte Carlo）的大賭場。

這家賭場建於 1856 年，這一年由於財政危機，摩納哥政

府決定進行服務業創新，在境內開設賭場，用賺的錢補貼國家開支。眾所皆知，賭博是少數幾樣會讓幾乎所有人上癮的東西，蒙地卡羅大賭場於是愈經營愈熱鬧，今天已經成為跟拉斯維加斯、澳門齊名的世界三大賭城之一。

在蒙地卡羅大賭場，最受歡迎的是輪盤，就是把輪盤旋轉起來，然後賭它停在哪個位置。之所以受歡迎，是因為它毫無技巧可言，不用動腦筋，盡往裡頭砸錢就行，而且馬上就能揭曉是否贏得命運女神的青睞，這對賭徒而言，簡單直接又刺激。

每天賭場開局的時候，每一個輪盤旁邊都會配備幾十萬現金。如果在打烊之前有人把這堆錢全部贏走，那麼當天的賭局就開不下去了，賭場會立刻用一塊黑紗布蒙上輪盤，表示暫停，請賭客們轉戰其他地方。這個賭場倒大楣的時刻叫「breaking the bank」，直譯就是「儲備金崩盤」，就機率而言，這種極端的情況基本上不可能發生。

現在要講的這位主角，他創造了蒙地卡羅大賭場歷史上一項驚人的記錄。他以公平下注的方式，接連幾天導致賭場的儲備金崩盤。

他名叫賈格爾（Joseph Jagger, 1830－1892），是一名英國人，長年在一家紡織廠擔任機械維修技師。他的主要職責是維修調整紡織工廠的機器，確保它們日夜不停地運轉。❶ 人類

---

❶ 本章賈格爾的故事主要參考此書：Anne Fletcher. *From the Mill to Monte Carlo: The Working-Class Englishman Who Beat the Monaco Casino and Changed Gambling Forever*〔M〕. Amberley: Amberley Publishing, 2018。

總喜歡把最重要的東西比喻為金子，當時的棉花就被稱為「白金」，在那時候是用以驅動世界紡織革命的原物料。

英國的棉花主要來源仰賴於美國的出口。美國高產量的棉花則來自於美國南方遍布的棉花莊園，莊園主堅持奴隸制，因為奴隸的集體種植可以保證高產量。而南方堅持的奴隸制，也是美國南北戰爭爆發的直接導火線。

恰恰就在這場戰爭爆發之前，賈格爾購置了一大批機器。他自己投資興辦了一家紡織廠，但他始料未及的是，工廠一建好，大西洋對岸就爆發了戰爭，受戰爭的影響，美國棉花進口全面停運。

因為缺乏原物料，英國的紡織業隨之大規模停擺。時代的一粒灰塵，落到個人頭上，就成了一座山。望著一台台新買來的機器，可憐的賈格爾欲哭無淚。他破產了。

一身負債的賈格爾走投無路，他有家要養，4 個孩子嗷嗷待哺。百般思慮之後，他決定去蒙地卡羅大賭場博一博運氣。

在此之前，賈格爾只在賭場看過幾次熱鬧，他並不喜歡賭博，但作為一名資深機械技師，他對輪盤賭博有自己的一番見解。賈格爾相信，一個輪盤用久了，必然會出現機械不平衡的狀況，那將會導致某些特定數字出現的機率超過平均值。他堅信，機械上的完美對稱和平衡是很難達到的，特別是經過一定時間運轉和磨損之後的舊機械。

這位「中年奶爸」懷著自身的信念和判斷，想方設法籌集了一小筆資金，來到蒙地卡羅大賭場。第一個星期，他一次都沒有下注。這筆錢不僅要作為本金，還要用來僱人。他僱了 6 名助手，要求他們作為圍觀者，混跡在賭場的 6 個輪盤前，並

叮嚀他們只看別人下注,從早上開盤直到晚上打烊,訓練他們用旁人難以察覺的方式,偷偷記下輪盤每一次停止旋轉時的數字。

一到晚上,在 6 名助手把每個輪盤一天的記錄帶回來之後,賈格爾就在旅館裡徹夜分析這些數據。

一週之後,他驚喜地發現這家賭場的 6 個輪盤當中,有一個輪盤確實存在如他所預料般的異常──在這個輪盤停止的當下,有好幾個數字出現的機率比其餘數字高!他研判這個輪盤有傾斜的情況,已經處於不完美平衡的狀態。

他這才開始走進賭場下注。那天早上,他獨獨鎖定這一個輪盤下注,在眾目睽睽之下,他一贏再贏,當天上午,這個輪

圖 1-1

盤的儲備金就崩盤了，一塊黑布蒙上了這個桌面。

等到第二天開局，賈格爾又出現在這個輪盤前，結果沒多久這台機器的儲備金又崩盤了。有人認出他是前一天的幸運兒，人們圍著他大聲喝彩。

話說買的哪裡精得過賣的，賭場當然起了警覺心，他們也看到賈格爾的押注行為，雖然說不出具體出了什麼問題，但也感覺到問題的根源可能是在這台輪機上。那天晚上，賭場關門之後，他們把所有的桌子和輪盤做了乾坤大挪移，想藉由調換位置，讓賈格爾找不到這個輪盤。

但他們沒想到的是，賈格爾非常細心，他早已觀察到這個為他帶來幸運的輪盤上頭有一道不明顯的刮痕。第三天上午，他在原來的桌子上輸了幾筆錢之後，很快意識到輪盤被更換了。憑藉那道刮痕，他沒花多久時間就找回他的幸運之輪。想當然爾，不到兩個小時，他又把這個輪盤的儲備金贏光了。

一連崩盤三天，賭場遭受巨額損失，他們的管理人員澈底慌了。但他們又無法對此蹊蹺的事實做出完整的解釋，最後的解決方案便是派人飛奔巴黎，訂購一批新的輪盤，對所有的輪盤進行更換。

接下來的那一天，賈格爾開始輸錢。按總值計算，前三天他已經贏得一筆相當於現今 1,200 萬英鎊的鉅款，成了千萬富翁。這天上午，他在輸了一些錢之後就走出蒙地卡羅，而且再也沒有回來過。

但賈格爾已經澈底改變了全世界的賭場，從這一天開始，全世界的賭場每天開局之前都會更換輪盤。

後世有專人考證此一事件，他們認為，賈格爾潛伏在蒙地

卡羅大賭場的時間可能不止一週，而是一個月。具體多長的時間已經無從確認，因為賈格爾對此向來閉口不談。我認為，如果是一個月，那就更凸顯了觀察、耐心和分析的力量。他就像一頭正在捕獵的豹子，雙眼連眨都不眨，緊盯著旋轉的輪盤。他在數據的王國裡晝伏夜出，不停地分析計算，一出手就上演了一場大戲，導致連續三天的儲備金崩盤。要知道，戰勝賭場對無數賭徒來說，都是畢生無法實現、永遠停留在想像中的夢想，這幾乎是不可能的事！賈格爾是第一個，也是唯一一個不靠作弊的方式戰勝賭場，讓儲備金崩盤的人。迄今為止，蒙地卡羅大賭場已經營運 100 多年了，儲備金崩盤的情況極為罕見，如果賈格爾算一次，那之後還發生過兩次，其中一次被證明是串通作弊。

賭場事後也研究了賈格爾的下注行為，他們分析發現，賈格爾押注的數字主要是「7、8、9、17、18、19、22、28 和 29」這 9 個數字，其中 3 個數字「8、17、19」其實是賈格爾的煙幕彈。他的難處在於，每個輪盤周邊都圍著一大圈賭客，人們發現他的好運氣之後會跟著他下注，而這會加速輪盤上現金的崩盤，同時引起譁然關注。所以賈格爾在某些時候還得假裝押錯，輸掉一些錢。明明知道答案卻又能裝作若無其事，並且在眾目睽睽之下把錢贏走，這需要足夠的冷靜。由此可以斷定，賈格爾的情商絕對不低。

賈格爾的高情商還有一個明證。他在賭場上獲得的成功屬於一夜致富，足以令萬眾矚目，這是一條足以引發街談巷議的超級新聞，他可以因此成為全國知名人物。直到 1891 年，歐洲才出現了第二個擊敗賭場、令儲備金崩盤的人，這個傢伙一

夜成名，有人專門為他寫了一首歌，傳唱四方：

> 我剛剛從陽光明媚的南岸回到巴黎；
> 對，我到蒙地卡羅去了，只為了那筆冬天漲價的租金。
> 但生平第一次，幸運女神對我微笑，
> 我現在有好多好多錢，我已經是一位紳士。
> 對啊，我現在有好多錢，我是一位紳士。
> 當我沿著布洛涅森林散步，我擁有獨立的空氣，
> 你可以聽到女孩們的議論：他一定是個百萬富翁。
> 你可以聽到她們嘆息並希望死去，
> 你看到她們不停地把媚眼，
> 拋向那個令蒙地卡羅儲備金崩盤的人。

但賈格爾拒絕了這樣的高調，他帶著一筆鉅款走出蒙地卡羅之後，再也沒有回去過。他返家後關掉了紡織廠，買進一塊又一塊的地，默默經營，從不聲張宣傳他在蒙地卡羅大賭場的焦點時刻，終身保持低調。

賈格爾的智商當然也不低。以上講的，其實還只是一個大概。魔鬼從來都在細節之中，要判斷一個輪盤是不是真的不平衡，其實並不簡單，需要一些機率知識。

假設你在現場，你發現輪盤連續 5 次停的位置分別是：25、34、29、7、1。乍看之下似乎並無任何規律，但如果在輪盤上把這些數字標示出來，你很快就能發現，這 5 個數字都處在從 7 開始到 29 結束的一個半圓之內，也就是說，輪盤連續 5 次都停在圓周的同一側。那我們能不能判斷這個輪盤存在不

平衡的傾斜呢？

　　理論上，每次輪盤停在一個地方，都可以視為一次「獨立事件」，即它和上一次停在哪兒無關。接連 5 次停在同一側，翻譯成統計學語言，可以表達為：

　　在圓周上隨機挑選 5 個點，5 個點都落在某一側半圓內的機率有多少？

　　因為 5 個點一共會產生 5×2 = 10 個半圓，每次落在一個半圓內的機率都是 2 分之 1，所以：

$$（5×2）×（1/2）^5 = 5 / 16 = 0.3125 = 31.25\%$$

　　31.25％是個相當大的機率，這意味著即使輪盤接連 5 次停在圓的同一側，也不能判斷輪盤存在不平衡的傾斜。

　　要是五次都判斷不了，那需要多少次才能判斷呢？關於這個問題的計算是一個數學題，我們要討論的數商，重點不在數學和計算，而在數據，因此這裡不作論述。我想透過這個細節說明的是，賈格爾作為一名工程師，有很強的邏輯分析能力，他懂得計算，能判斷什麼是偶然、什麼是真正的不平衡，即他的智商絕對不低。

　　除了聰明和冷靜，賈格爾還有一種能力。他堅信有一些輪盤會出現不平衡的情況，很多機械工程師都能想到這種可能性，但不同的是，賈格爾還知道，憑藉肉眼的觀察、人腦的記憶，不可能發現某一個輪盤存在如此精細微妙的差別，所以他

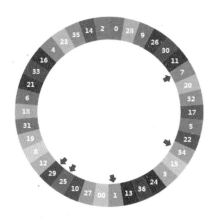

圖 1-2　美式輪盤的轉盤

　　美式輪盤分為 38 格，輪盤上的數字會以紅、黑兩色間隔，但數字並非按順序排列。每當輪盤旋轉一次，象牙小球停在每個數字上的可能性在理論上都是 38 分之 1。我們很容易算出，每個數字出現的機率是均等的：1/38 ≈ 2.6316％。

　　賭客可選擇一個數字下注，如果沿著輪盤旋轉的象牙小球最終落入賭客下注的格子，莊家即用 1 賠 35 倍的機率賠付。但要是象牙小球落入「0」或「00」的格子，莊家除了賠付在其上下注的賭客，其他通吃，即檯面上所有的籌碼都歸莊家所有。這中間的機率差就是賭場利潤的來源，現代賭場都是靠機率來運轉。

派人去現場記錄每一次輪盤停止的地方。什麼叫記錄？我對記錄的定義是：把眼睛看到的東西、耳朵聽到的東西，以及感官感受到的東西變成數據。為什麼要記錄？因為只有把事實變成數據，事實才可以被分析。人的大腦是有限的、健忘的，你眨一眨眼就可能忘了前一秒看過的東西，賈格爾懂得這個道理，所以他做了詳盡的記錄。

　　他派出 6 名耳目去收集數據，如果把這些收集來的數據交給其他人，相信會有不止一打的人發現賭場裡有個不平衡的輪盤。所以說，賈格爾之所以在賭場取得成功，與眾不同的關鍵

點在於他邁出收集數據的那一步，而這一步源自於他對數據牢牢的信仰！

事實上，直到今天，賈格爾的這種能力依然堪稱稀有。不信，再來看一則真實的故事。

這個故事發生在 21 世紀的棒球領域。一直以來，打球的人、看球的人都相信，找到一位好的棒球運動員，靠的是球探的一雙眼睛。球探們肩負發掘球星的使命，一年到頭奔走在全國各地的球場，一到球場，他們首先要找一個能夠一覽球場的好位置，而且最好就坐在那名最優秀的球手投出最佳動作的正後方。能否找到這樣的位置，完全靠運氣。俱樂部寄望球探可以看到一般人看不到的細節，憑此發掘一名出色的球星。

毫無疑問，這其中有很大的偶然性。但這種靠眼睛的方法統治著棒球界已有 150 多年。直到進入 21 世紀，才有人對這種主流的觀點提出反對意見。新觀點認為，老方法過於看重球探的個人觀察，以及球員在最近一兩場比賽當中的表現，事實上，肉眼的觀察不足以全面性地評價任何一名球員，要正確評價一名球員，應該建立一套長期記錄和觀察的體系：

想想吧，僅憑觀察不可能看到上壘率 0.300 的打擊手和上壘率 0.275 的打擊手的差別，他們的差別僅在於每週多擊中一次球。如果你一年觀看 15 場比賽，那麼上壘率 0.275 的打擊手就有 40% 的可能性比上壘率 0.300 的打擊手擊出更多安打。好的打擊手和一般的打擊手之間的差別不容易看出來，唯有透過他們長期的記錄才能得出結論。❷

2002 年，一位名叫比恩（Billy Beane）的美國教練接納了這個觀點，他採用數據分析的方法物色了一批不被球探看好的球隊隊員，並用各種統計數據調整球隊的戰略，最後把一支名不見經傳的球隊打造成一支美國棒球聯盟的主流球隊。比恩的成功給了其他教練很多啟發，此後，數據的記錄和分析逐漸成為棒球領域的主流，這也給其他球類運動帶來了極大的觸動和改變。這個故事隨後被拍成電影《魔球》（*Moneyball*）。

無論是賈格爾還是比恩，與同時代周圍的人相比，他們並非智商更高。他們的成功是因為對數據執著且全面的信任，而且敢於突破慣例和常規。但你必須知道，在長期沿襲的慣例和常規背後，是人性和舊的思維方式，這兩種力量都是超級頑固且強大的。

但這就是數商嗎？是，又不完全是。數商特指一種以數據為中心的能力，一種把事實轉化為數據，並能對數據進行處理和分析的能力。它不是傳統的數學，此處不討論純粹的數學問題，數據思維不是數學思維；數商和智商有交叉，但又不完全相同。

怎麼個不同呢？我們再來看下一則故事。

賈格爾的故事是關於錢的，接下來的故事是關於愛的。

---

❷ Michael Lewis. *Moneyball: The Art of Winning an Unfair Game*〔M〕. New York: W. W. Norton & Company, 2004.

(1) 1913 年夏天，蒙地卡羅大賭場曾經發生過另一起驚人事件，輪盤連續 26 次停在黑色的數字上，現場聚集的人從第 10 次開始，就不停押注在紅色上，但直到第 27 次才出現紅色，這導致賭徒們在十幾分鐘內輸掉幾百萬美元。你怎麼評價、看待這個現象？

(2) 假設你正在玩拋硬幣的遊戲，出現正面的話贏 1 塊錢，出現反面的話賠 1 塊錢，拋擲 100 次之後，出現 45 次正面和 55 次反面，你虧損了 10 塊錢。你會不會認為自己在這 100 盤裡運氣很差？因為出現正面朝上的機率是 50%，因此你認為接著再賭 100 把，一定會轉運。這種判斷究竟對不對？

假設你再賭 100 把，結果是 47 次正面和 53 次反面，你又輸了 6 塊錢，這符不符合機率（或者說科學）？接下來，你是不是應該再賭 100 把？如果你想去賭場，我建議你把這個問題先澈底想清楚、想明白，再決定是否要邁進賭場的大門。

02

戀愛愈自由，
結婚愈要靠高數商

　　我在阿里巴巴工作時，陪朋友爬過幾次杭州的寶石山，如果想從北坡爬上保俶塔，就得走黃龍公園這條路。公園深處有一個民眾自行發起的「相親角」。

　　觀看這個相親角裡的眾生百態是件很有意思的事。一群老頭兒和老太太舉著牌子，相互攀談打聽，牌子上寫的正是自家子女的徵婚啟事：某某某，政府公務員，膚白貌美，年薪多少，家裡幾間房，想找什麼樣的男士相濡以沫；某某，公司高階主管，高大英俊，年薪多少，想與什麼樣的女孩攜手人生。

　　條件看來都很不錯，他們理應是職場得志、情場得意的人，不明白為何條件這麼好卻單身？

　　走的地方多了，後來我發現每個城市都有自己的相親勝地。北京有中山公園、玉淵潭、陶然亭，上海有人民公園和虹口公園，廣州也有，最著名的是天河公園。每個地方都有說不

完的故事。

　　結婚在全世界都是難題，只是在中國更難一點而已。令人感到意外的是，年輕人蜂擁而至的大城市，卻成了剩男剩女最多的城市。似乎人愈多、結婚愈難，而不是人愈多愈容易。

　　現代社會普遍實行一夫一妻制，男女比例基本平衡，關於戀愛和結婚的禁忌也比古代不知少了多少。父母包辦婚姻這種方式被扔進歷史的垃圾堆，門第觀念跟著大大地鬆動了，同姓不婚的禁忌也被打破了。經過漫長的鬥爭，我們終於掙脫框架限制，迎來一個可以完全自由戀愛的時代，這個時候卻發現，自由是自由了，找到人結婚反而更難了！

　　難在哪兒？難就難在資訊。結婚是大事，每個人都希望在大量資訊的基礎之上，做出自己的決定，但一個人在日常生活中所能獲得的資訊是相當有限的，而且這些資訊當中有價值的又寥寥無幾。你挑別人，別人也在挑你。可以想見，要找到一個適合結婚的人，需要投入大量的訊息搜尋成本，當然還有時間成本、金錢成本。如果資訊不夠好，時間和金錢就會變成沉沒成本，一切又要從頭來過。所以老頭兒與老太太聚在公園，是在為孩子們尋找有效的資訊。

　　如此便不難理解，「媒妁之言」這種古老的相親方式，為什麼在自由戀愛的時代仍然被保留下來，婚戀仲介平臺為何在今天愈來愈紅；因為透過這種方式，人們可以降低自己搜尋資訊的成本。

　　因為資訊少，很多人無法挑，他們結婚是靠「遇」。在茫茫人海之中遇到一個對眼又對路的人，這無異於大海撈針，真遇上了，再冠之以一個美好的詞彙：緣分。如果怎麼遇也遇不

到，一個理性的人就只能觀望、徘徊、等待，愈理性，等待就可能愈久。即便是王子也得靠遇，看看灰姑娘的故事，她也是王子遇見的。

有一句詩講的正是這種相遇的最高境界：「眾裡尋他千百度，驀然回首，那人卻在燈火闌珊處。」

就算這麼難、耗費這麼多資源，結局還不一定美好。有些人找錯了人，只能馬馬虎虎湊合著過；還有些人過著過著竟成了仇人。看看各國居高不下的離婚率，就能發現失敗的婚姻占多大比例。

接下來要講的是一個現代故事，男女主角在一起不靠相遇，靠找，用數據找。

2012 年，在加州大學洛杉磯分校（UCLA），有一名男學生正在攻讀數學博士學位，他叫麥金利（Chris McKinlay），已經 35 歲了。按照東方的標準，他正邁入剩男的行列，雖然是美國人，麥金利也有壓力，時不時會為找不到另一半而感到苦惱焦慮。❶

像許多年輕人一樣，麥金利在社交平臺上很活躍，不僅僅是 Facebook、Instagram 這類平臺，還有專門為婚戀交友而存在的平臺，例如 Match.com、J-Date、Zoosk、e-Harmony、Ashley Madison 等。這些平臺上有很多單身男女，他們來到平臺的目的就是尋找另一半。

麥金利最後選擇的平臺是 OkCupid，和 Facebook 一樣，

---

❶ 本章麥金利的故事主要參考此報導：Kevin Poulsen. How a Math Genius Hacked OkCupid to Find True Love〔N〕. Wired, 2014-01-21。

OkCupid 也是由哈佛大學的畢業生所創辦。它的運營邏輯是透過問卷調查和個人動態獲得大量的個人偏好資訊，然後用演算法對平臺上的人進行兩兩配對，這有點像 Uber 平臺上人和車的配對，不同的是，OkCupid 配對的是人和人。

問卷調查是在註冊的時候進行的，一題接一題的選擇題，可能是單選，也可能是複選。這些問題五花八門，從個人的基本資訊，如年齡、出生地、學歷、身高，到美食、運動、讀書等愛好習慣，再到對金錢、家庭、宗教、政治、性愛的觀點，甚至包括對人類未來的預測、對人工智慧的倫理等重大問題的看法。一共有幾千個問題，一個人回答的問題愈多，找到與自己精準配對的另一半的可能性也愈高。一般來說，很多人會回答 300 ～ 400 個問題。例如：

你已經準備好定居並立刻結婚了嗎？
A. 完全準備好了　　　　　B. 不可能
C. 結婚可以，定居不可以　　D. 結婚不可以，定居可以

你希望下一段關係持續多久？
A. 一晚　　　　　　　　　B. 幾個月到一年
C. 幾年　　　　　　　　　D. 餘生

你喜歡討論政治嗎？
A. 反感　　B. 一點點　　C. 喜歡　　D. 很喜歡

問題的設置當然是一門學問，這關係到原始數據的採集，

我在《數據之巔》這本書中也討論過如何科學地設計問卷。除了透過 ABCD 的選項回答問題，使用者還可以用打分數的方式標明這個問題的重要性，例如用 0 代表「完全不重要」，用 4 代表「必不可少」，用 5 代表「非常重要」，中間逐級遞升。在回答完一個問題之後，你還可以限定你只接受潛在對象哪一選項的回答，例如你認為宗教對你的生活是「4：必不可少」，你可以限定只和答案一模一樣的異性配對，如此一來，所有不是回答「4」的異性都不會進入你的視野。

這些問卷、評價和限定，都是為了幫助兩個陌生人能更好、更準確地配對而設計。OkCupid 平臺的工作，就是用演算法不斷計算各個使用者的數據，得出任意兩個人的百分比匹配度，數值愈高就代表愈匹配，100％就是天生一對，0％的話就是命中剋星了。平臺會把匹配度較高，例如 90％以上的兩個人推薦介紹給對方，兩個人在成為平臺上的朋友之後，即可開始互動。

OkCupid 有上億名用戶，其中 43％是女性，在麥金利居住的洛杉磯，有 8 萬多名女性是 OkCupid 的用戶。但麥金利註冊之後，OkCupid 只向他推薦過幾十位匹配度較高的女性，他向其中大部分的被推薦者發送過私訊和邀約，但只約到 6 個人見面，大多數邀約皆石沉大海。

為什麼系統只幫他配對幾十人，而且還不精準呢？麥金利很快便悟出他配對少的原因。

OkCupid 演算法配對兩個人的根據是兩個人都回答過同樣的問題。你沒回答過對方回答過的那些問題，演算法不可能無中生有進行配對。而麥金利在一開始選擇問題的時候，並沒有

經過深入思考，他選擇回答的問題，他喜歡的女性可能完全不會選，因此他們的數據不可能「聯接」[2]，也永遠不會見到面。

我沒有用過 OkCupid，但略加思考便不難發現，一個男性想要在類似的婚戀平臺上找到理想女性，大概需要按順序完成以下幾個任務：

1. 清楚描述自己喜歡什麼樣的女性，愈清楚愈好，要用標籤式的語言總結出來；

2. 找出這些女性關注哪些問題，在這些問題上有什麼偏好，推測她們在尋找什麼樣的答案；

3. 在平臺上回答這些女性關心的問題，平臺推薦的配對將會大幅增加，不僅變多，而且也是自己心儀的；

4. 透過約會見面的線下行為來輔助篩選。

其中的關鍵是第二步，這也是麥金利分析之後選擇的路徑。為了增加配對，首先要統計分析一下他喜歡的女性在關注哪些問題，然後老老實實地回答這些問題，如此一來，或許適合他的所有居住在同一座城市的女性都會出現在他的配對清單裡，而不適合他的女性則一個都不會出現。當時 OkCupid 平臺有 5,000 萬名女性，那要怎麼知道她們最關心哪些問題呢，總不能一個個去看吧？麥金利的專業能力開始派上用場了。他設置了 12 個 OkCupid 的爬蟲帳號，並編寫了一個 Python 腳本來

---

[2] 「聯接」不是指簡單的「連接」，而是在共同標識基礎上的有機勾連。本書提到數據的有機勾連時，統一使用「聯接」一詞。

管理這些爬蟲。這些爬蟲會搜尋麥金利心儀的大目標群體（25到 45 歲之間的異性戀和雙性戀女性），拜訪她們的網頁，搜集可以看到的一切有用資訊，例如種族、身高、星座以及是否吸菸等個人資訊，並存取下來。

還記得嗎？在 OkCupid 平臺上，只有當你回答過某一個問題，你才可以看到對方對這個問題的回答。麥金利的這 12 個帳號不是普通帳號，這些帳號其實是網路機器人，他讓它們回答了所有的問題，然後就可以看到目標女性群體所有已經回答過的問題，爬蟲機器人把這些數據爬取下來，再存取到麥金利的數據庫裡。

當然，這些爬蟲回答所有問題時，是一個自動、甚至是隨機亂答的過程，它們給出什麼答案並不重要，因為它們的目標並非為了吸引、獲得女性的青睞，僅僅是為了閱覽並存取那些女性的數據。

然而麥金利很快就遇到一個問題，因為這種爬蟲是很多平臺包括 OkCupid 所禁止的，不會有哪個平臺可以容許他人搬走數據，所以在這些機器人忙碌了幾個小時之後，OkCupid 發現它們的行蹤，麥金利的機器人一個接一個被禁了。

麥金利的新對策是找來一些朋友，用交換的方式請他們幫忙，在他們的電腦上安裝爬蟲機器人，用機器學習的方法訓練它們在 OkCupid 平臺上活動，讓它們像真人一樣，使得 OkCupid 無法辨識出它們是機器人。

如此這般，10 幾個機器人在不同電腦上每天 24 小時不間斷地活動。3 週之後，麥金利就獲得了 2 萬多名女性對 600 多萬個問題的回答。

接下來，麥金利一頭鑽進這些數據裡開始分析。他運用一個叫做 K-Modes 的演算法，根據 2 萬名女性對不同問題的回答，把她們分成 7 個在統計學上具有明顯區別的類型，例如多元開放型、高端專業型、藝術創造型等。當這個分類完成的時候，麥金利欣喜若狂。這意味著他接近於完成第一個步驟了，亦即把所有女性按數據分類，然後找出自己喜歡的類型。請記住，分類和聚類，就是大數據分析的核心工作。分類和聚類，也是我們認識世界的基本方法。

接著，他重新分派任務給機器人，他要搜集另一個樣本：5,000 名在過去 1 個月內登入過 OkCupid 並居住在洛杉磯和舊金山兩大城市的女性。然後他再用升級的 K-Modes 演算法處理這 5,000 名女性的問卷數據。結果這 5,000 人也同樣被劃分成 7 個類型，這證實他的分類方法是有效的。

下一步，麥金利的任務是找出自己最喜歡的女性類型。他從這 7 個類型當中逐一抽取一些個人數據來查看，最後發現，有兩組女性他很感興趣也很喜歡。一組是年輕女性，她們大多 20 幾歲，看起來特立獨行，參與音樂和藝術活動，暫且稱為 A 組；另外一組是年齡稍長的女性，從事創造性工作的專業人員，比如編輯、設計師，先稱為 B 組。

他決定兩組都試試看。他分別針對這兩組女性的問答資訊進行分析，以掌握她們對什麼事物感興趣。別忘了，最關鍵的步驟是他必須找出他應該回答問卷中的哪些問題，這關係到平臺會不會拿他的數據去和他喜歡的女性配對。因為已經掌握了 2 萬名女性回答過的 600 多萬個問題，他很快便統計挑選出這兩組女性回答次數最多的前 500 個問題，於是他針對這

500 個問題一一如實地填寫答案，他不想把自己未來的關係建立在虛假錯誤的數據之上，他要找的是真正的愛情，而不是一夜情。最後，他又根據演算法分析的結果幫這些問題的重要性自動打分數。還記得重要性嗎？一個問題可以有從 0 到 5 的重要性評分。麥金利使用了一個名為「自我調整提升」（adaptive boosting）的機器學習演算法來確定每個問題的最佳評分。

例如：「不管未來的計畫如何，目前更吸引你的是什麼，是性還是愛？」這是 500 個問題當中回答次數很高的一個。麥金利的回答是「愛情」，但根據「自我調整提升」演算法分析的結果，對於較為年輕的女性組，他給該問題打了一個「必不可少」的 4 分，而對於年齡稍長的 B 組，他則給該問題打了 5 分，即「非常重要」。

根據這兩組女性的不同，麥金利還精心創建兩份自己的數據，並且使用不同風格的照片，一張是攀岩的，一張是彈吉他的，分別展示給兩組女性看。

在完成這些工作之後，麥金利再次登入 OkCupid 平臺，重新整理頁面後，僅僅幾秒鐘，他驟然發現，他已經和上萬名他喜歡的女性有了 90％ 以上的匹配度。從這天起，平臺上邀約的私訊就如長江水一般滾滾而來。

當一位女性知道一位男性回答了她所關心的每個問題，而且和她的匹配度很高的時候，她才會去關注這位男性的其他特點，也才可能展開後續的聊和「撩」。麥金利開始收到女性主動發來的訊息，例如：

「我到目前為止還沒有遇過打牌很厲害的人，我覺得你的

數據很有意思。」

「我想跟你打個招呼。」

「嗨，你的數據打動我了。」

「我認為我們之間有相當多的共同點，也許不是數學，但肯定有很多其他的東西！」

「你真的會中文嗎？」

「我也上過中文課，但成效不好。」

　　為了引起這些女性的關注並觸發兩個人之間的互動，麥金利還做了一件事：用機器人去瀏覽跟他匹配度較高的女性的頁面。這是因為在 OkCupid 平臺上，一旦有人瀏覽一名使用者的頁面，系統就會通知對方，而接下來最有可能發生的是「來而

圖 2-1

不往非禮也」，這名女性馬上就會反過來瀏覽麥金利的頁面。更多的互動就這樣產生了。

麥金利的機器人會按照年齡順序進行瀏覽：第一天瀏覽1,000 名 41 歲女性的頁面，第二天瀏覽 1,000 名 40 歲女性的頁面……到第 15 天，機器人會自動瀏覽到 1,000 名 27 歲女性的頁面。

現在開始，麥金利有約不完的會了。

第一位約會對象是來自 A 組的網頁設計師，屬於較年輕的藝術類型；第二位約會對象是一名富有魅力的部落格編輯，來自較年長的 B 組；第三位約會對象也來自 B 組……。在赴第 20 個約會時，麥金利發現了新的規律性：比較年輕的 A 組女性大多數有紋身，而且平均有兩個或兩個以上、住在洛杉磯東部；在 B 組中，養狗（養人狗而不是小狗）的女性特別多。

隨著約會次數的增加，他又慢慢總結出高效率約會的規律性，例如不喝酒、不拖拉，只喝咖啡或享用簡單的午餐，時間一到就結束，不去看電影或聽音樂會，而是把注意力完全放在對方身上，這樣一天內他就能完成 2 場約會。

剛開始，他同時跟 A 組和 B 組的女性約會。幾個月後，他不想再跟有紋身、住在洛城東部的女性約會，因為大部分時間都花在路程上了。於是他刪除了給 A 組看的個人數據。

僅僅一個夏天，他就約會了 55 次。每次約會的結果，他都認真地記錄在一本筆記本上。這 55 個人當中，只有 3 個人進入了第二次約會，而進到第三次約會的僅僅只有 1 位。這讓人不得不感慨，要找到一個真正匹配的伴侶真是難、難、難！但除了感慨，我們要注意的是，麥金利管理約會的方法，也體

現了很強的數據思維。

真愛最終出現了。一位叫王婷（Christine Tien Wang，音譯）的中國女孩主動給他捎來了私訊。她是一位 28 歲的藝術系女生，就讀附近的一所大學，她在 OkCupid 上和麥金利的匹配度是 91％。

這是第 88 位和麥金利約會的女性。他們在大學校園見了第一次面，然後一起散步到校園裡的一家壽司店，吃了一頓便餐，他們很投緣，很快又約了第二次、第三次。

兩個星期後，他們不約而同地停止了 OkCupid 上的帳號更新。麥金利沒有再公開他和王婷的具體後續，但據說在他獲得博士學位之後，兩個人就結婚了。他們在談到這段往事的時候，認為數據的使用只是揭開了他們瞭解對方的序幕，給了彼此一個很好的心理預期，真正的戀愛還是開始於兩個人見面之後。我想，這些觀點你應該也會認同，兩個活生生的人朝夕相處遠比數據分析、數據設置更難，即使數據再匹配，美好的感情也需要面對面的精心經營。

現在停下來想一想，麥金利算不算成功呢？如果算，他的成功可不可以複製？如果不算，他又給我們帶來哪些啟示？

每個年輕人都有一個自己工作、生活的核心圈子，透過這個圈子裡的朋友和家人，他可能進一步認識更多的人，但受主客觀等各種條件的限制，一個人的圈層不可能無限擴大。不管圈子大小，一個人只能在自己的圈子裡選擇自己的配偶，跳出去的可能性是很低的。但如果像麥金利一樣善用數據，這個人是不是就可以在更大的圈子裡做選擇？因為所有的人、所有人的行為都正在變成數據，當一個人會分析大數據，他的人際圈

層就可以獲得實際上的擴展，這種擴展在理論上是無限的，決策過程中資訊基數不夠大的問題，就這樣解決了。麥金利就是透過數據、演算法和機器學習技術，在更大的規模上為自己進行了一場結婚對象的搜尋行動，大數據成了他的競爭優勢和相對優勢。

他為自己創建兩份檔案，目的是對不同的女性展示不同的吸引力，他透過機器人的點擊和回訪，完成了靜態數據到動態數據的轉變，也提高了數據的時效性，就好像把自己想要的魚都鉤住了，然後一條一條篩選。這就好比商業上的精準行銷、軍事上的精確打擊，大大地降低了時間成本和金錢成本，也大大降低了這些成本淪為沉沒成本的可能性。

這些行為是不是有點不厚道？我認為其實無可厚非。我們每個人不都希望在異性面前展現自己多樣化的魅力嗎？麥金利的不同，是他藉由數據真正做到這一點，是數據賦能給他。

麥金利之所以可以這樣做，當然和他學習數學的背景有關，他的博士論文題目是〈大規模數據處理和並行數值方法〉，但我想指出的是，麥金利本科系學習的是中文！他是如何從中文專業跨越到數學專業的呢？據他自己在接受《連線》雜誌採訪時介紹，他在大學畢業之後，加入過「麻省理工 21 點小組」，這是一個研究 21 點賭博遊戲的興趣小組，成員相信玩牌不完全是靠運氣，而是要靠數字敏銳度、嫻熟的算牌技術和沉著冷靜的心理，他們鑽研如何運用機率算牌的聰明方法玩 21 點，然後去拉斯維加斯和大西洋城挑戰賭場的莊家。麥金利從 21 點遊戲中賺到一些小錢，激發了對數學的興趣，從此立志攻讀數學學位。一名文科生就這樣成了數據高手。

事實上，我見過很多數據高手，例如在阿里巴巴，很多優秀的分析師、程式設計師都不是科班出身，他們可能受過良好的高等教育，但第一專業是機械、橋梁、光電，甚至是社會學、心理學。為什麼？因為今天各種電腦語言、數據科學的課程資源已經無處不在，幾乎都是免費的，包括哈佛大學的電腦課程，只要願意學就能學，興趣才是一個人最好的老師。

　　你可能會說，麥金利還是有兩把刷子的，一般人一下子學不來！確實，用機器學習的方法分析數據，這些技能凸顯了學會使用新工具的重要性，本書第 13 ～ 15 章會針對這些新工具進行分析和解讀。無論你的專業曾經是什麼，你都應該有信心，因為現實生活並不需要那麼多高深的工具，一些簡單技巧就可能非常管用。

　　我有一個朋友叫麥小嘉，他很早就讀過我的作品，也常常和我一起討論大數據。有天一見面，他滿臉欣喜，迫不及待地告訴我一個好消息。

　　「你知道我和我女朋友前幾天定下來了嗎？大數據幫了大忙，真的！」

　　沒等我回答，他連珠炮似地講了下面這則故事。

　　「上個月，我女朋友突然跟我說，她母親要見我，就在這個月初。我一聽緊張得要命，要過丈母娘這一關了，聽說這一關很難過，怎麼樣才能把她贏過來呢？怎麼辦？

　　「我想起了大數據。我把女朋友的一切行為、我所知道的她父母的背景，用大數據的方法梳理了一遍，當天晚上我得出的結論是：她的母親多半是愛錢如命，還可能有點勢利眼，但這也正常，誰不重視經濟基礎，況且是嫁自己的女兒呢？這不

就是這個時代丈母娘的特點嗎？大數據分析表明，要當她家的女婿，起碼要有房子、車子、月入十萬以上。

「完蛋了，分析到這裡，我幾乎感覺被判了死刑，怎麼辦呢？還有得救嗎？在絕望之餘，我突然想起女朋友告訴過我，她母親擔任過梨花曲藝社的社長。梨花曲藝社，這是什麼東西？我決定再求助大數據。」

他一搜尋，發現梨花曲藝社原來是一個民間戲曲的票友組織。可這又有什麼用呢？似乎跟他的人生幸福也沒有多大的關係。

「我又一次啟動大數據，它說明了這種人有什麼特點：凡是喜歡唱戲的票友，大多數都喜歡出風頭、喜歡人家稱讚、喜歡人家拍馬屁。我想也對，她們那麼辛苦練一齣戲，然後登臺演出，無非就是希望觀眾鼓掌、大聲喝采。對，這就是票友的『死穴』吧！

「我突然覺得有一絲希望能把她贏過來，我又仔細想了想。沉思一會兒之後，我撥通女朋友的電話，問她誰是她母親的偶像，再上網看她母親的偶像、聽她偶像的戲。接下來我找到五段戲，並馬上開始學唱。練了三天，見面之後，我裝作偶然提到她的偶像，她的眼睛忽然一亮，我又語帶惋惜地說有一段我自己怎麼唱都唱不好，哇，她馬上打開話匣子，開始教我唱戲，不肯放我走，談到最後，那表情好像馬上要把我當作一家人的樣子。

「沒想到就這麼簡單，什麼房子、車子、銀子，通通見鬼去了。我和我女朋友的婚約就這麼定下來了！」

他對著我大聲說：「沛公，你說說，難道這些功勞還不屬

於大數據！」

如何？麥小嘉做的事情你還不會嗎？我想告訴你，麥小嘉大學主修的是藝術。

那什麼是數商呢？從麥小嘉的故事來看，一個高數商的人，有能力在不同的時間、不同的地點快速找到對自己最有用的資訊，今天的資訊就是以數據的形式存在，這也是數商的一個重要維度。

智商的高低，集中表現在對資訊的分析和處理上，但資訊從何而來？一個人要決策，首先要獲得資訊，即數據。俗話說，巧婦難為無米之炊，數據就是米。今天的世界，資訊無處不在，網路上什麼都有，幾乎所有的資訊都在那裡，但很顯

圖 2-2

然，每個人獲得資訊和數據的能力是不一樣的，有的人能找到，有的人找不到，有人聽了梨花曲藝社無感，而麥小嘉聽到之後就知道去搜尋、去組織、去使用新的資訊和數據。這種能力的高低之分決定了人生的格局。很可能，你找不到稱心如意的老婆，過不了丈母娘這一關，並不是因為窮，而是因為數商低。

我們講了數商高的人如何贏得金錢和自己心儀的女性。下面再來看一個真實的故事，故事的主人翁對數據的巧妙使用，維護了公平、弘揚了正義，改變了我們的社會。

(1)在現代生活中，找到自己的意中人到底有多難呢？我們來算一算。假設有一名男性生活在廣州，這是一個千萬級人口的大城市，按 1,000 萬人口計，女性比例約為 50％，其中單身女性比例又約為 50％，而適齡於和他結婚的女性比例約為 20％，一下子候選人就減少到 50 萬人。如果他還希望對方是一名大學畢業生，這比例約為 20％，可選擇的女性就下降到 10 萬人。在這 10 萬人當中，他認為有吸引力的女性比例僅僅為 5％，同時，認為他也有吸引力的女性比例又僅為 5％，可能與他最終能夠和睦相處的女性比例約為 10％。按此計算，最後得出，符合條件的女性只有 25 位。

在有 1,000 萬人口的大城市，要找出這 25 個人，是多麼艱難的搜尋任務！茫茫人海之中，那個最合適你的人，和你相遇的機會幾乎是零，如果不使用大數據的工具，像不像大海撈針？你們在有限的生命當中根本不可能遇到對方。如果你還有其他方面的要求，或者生活在一個小城市，那意中人的總數還要再降低，難度還會更高。關鍵是你還有時間壓力，一旦找錯，又會出現沉沒成本。從進大學開始，你可能就要考慮一個搜尋策略，你認為存不存在一個最佳策略？

(2)你覺得感情（包括愛情）能不能量化，用一個數字去標示其程度？你覺得這樣的量化有價值嗎？

A. 不可以量化。

B. 無所謂，沒想過。

C. 可以量化，至少展現了變化。

D. 應該要量化，而且一定會有價值。

03

前線數據中心
維 護 公 平 正 義 的 新 核 心

　　2011 年 10 月，美國佛羅里達州的勞德代爾堡發生了一起重大交通事故，一名退休員警開快車，結果肇事致人重傷。

　　這座城市有一份地方報紙，名為《太陽哨兵報》，這則故事的女主角凱斯汀（Sally Kestin）就是這份報紙的一名女記者。這名 40 多歲的媽媽聽到這則消息之後，皺起了眉頭，在她的印象中，員警因為開快車導致交通事故發生過好多次了，而退休員警超速肇事的情況，也發生了好幾次。

　　為了印證她的直覺和記憶，凱斯汀搜集整理了歷年的新聞報導，果然：從 2004 年起，整個佛羅里達州發生過 320 起員警開快車導致的交通事故，19 人在事故中喪生，但最後的結果是，只有 1 名員警入獄服刑。

　　凱斯汀意識到，這可能是一個非常值得關注的社會問題，她甚至懷疑她收集到的數據還只是冰山一角，類似的員警還

有很多，開快車可能是員警這個群體的經常性行為。但懷疑歸懷疑，凱斯汀知道，要證明它，無異於要證明員警這個群體知法犯法、凌駕於法律之上。這是個相當大的挑戰，難就難在取證。

她決定姑且一試。凱斯汀抱著測速雷達，一連幾天守在高速公路邊，一看見有超速的黑點就驅車直追，但追來追去，常常發現不是警車，到了晚上，目標更是難以辨認，就算運氣好，真的碰上一輛超速警車，凱斯汀也無權攔停，即便拍照錄影，證據還是不夠充分，事後也無法指證。凱斯汀甚至試過跟蹤警車，看見一輛就跟一輛，幾經嘗試之後，她發現這樣做更難。

難、難、難！但在這個世界，還真要相信辦法會比困難多，在某個地方總有意料之外的發現在等你。凱斯汀最後竟然想出一個超級好辦法，她根據美國的《資訊自由法》，向當地的交通管理部門申請數據開放，因為警車是公務車，公民有權瞭解其使用狀態，她因此取得 110 萬筆當地警車通過不同高速路口收費站的原始記錄。

凱斯汀的分析方法是：選取兩個特定的收費站，測算之間的距離，再從 110 萬筆記錄當中，找到每一輛警車通過這兩個不同收費站的具體時間，將兩點之間的距離除以兩個時間之差，即為該警車的平均行駛速度。

凱斯汀和她的團隊花了三個月的時間對這些記錄進行整合和分析，結果是半夜裡敲大鐘——令人震驚。在 13 個月裡，當地所屬的 3,900 輛警車，一共發生 5,100 宗超速事件，96% 的超速在每小時 144 公里至 176 公里之間，當地 5 分之 1 的警

車都有時速超過 144 公里的「劣跡」，而且，記錄表明絕大部分超速行為發生在上下班時間。這意味著，他們開快車可能不是為了執行公務，而是為了回家。

　　凱斯汀的懷疑得到了證實。2012 年 2 月，她利用這些數據分析的結果，在《太陽哨兵報》上發表了一系列報導，首篇報導的標題為〈他們凌駕於法律之上〉。在大量數據和調查訪談的基礎上，凱斯汀得出結論，因為工作所需以及員警身分的特權意識，開快車成了員警群體的習慣性行為，即使下班之後身著便服，其開車速度也沒能降下來，而路上值勤的員警總是

圖 3-1

警警相護，互相理解和縱容這種行為。

　　所謂數據，就是證據，而且鐵證如山。可以想像，凱斯汀的報導一見報，輿論一片譁然。接下來一個月，《太陽哨兵報》的電話響個不停，全國各地的讀者紛紛來電，有的表示支持，有的表示感佩，還有的要來「取經」。當地警務部門則發生了一場「大地震」，5,100 宗超速案件涉及 12 個部門、近 800 名員警，一些被「坐實」的員警陸續受到處分：有的被警告，有的被剝奪開車上下班的權利，有的被停職，甚至還有的被開除。

　　故事到這裡還沒有完。那麼警務部門的整頓是否有效呢？2012 年 12 月，凱斯汀又向交通管理部門申請開放了最新的數據。她對新的數據進行分析，並與 2011 年的同期數據進行比對。數據表明，從 2012 年 2 月到 10 月，員警超速的個案已經從 2011 年同期的 3,179 宗下降為 495 宗，下降幅度高達84％。凱斯汀又發表了一篇新的報導：〈員警猛踩剎車〉。在這篇報導中，她仔細分析各個警務部門的數據變化，詳盡地列出每個部門的改進水準。

　　《太陽哨兵報》只是一份地方小報，總發行量才 20 餘萬份，但因為凱斯汀的報導，該報聲名大噪，凱斯汀也因此獲得2013 年度的普立茲新聞獎，其頒獎詞是這樣寫的：「凱斯汀的報導以無可辯駁的技術調查，記錄了員警在非公務期間開快車危及市民生命的事實，這種致命威脅在報導引發的討論和整頓中，得到消滅。」

　　可以想像，如果沒有凱斯汀的數據創新，類似於「員警群體開快車」的社會問題，我們很難在法庭上證實，畢竟取證非

常難。若反問你，除了凱斯汀的方法，你能想到另一種更有效的取證方式嗎？如果想不到，那麼在你生活的社會中，這種知法犯法、濫用權力的行為，基本上就不可能得到處理和糾正。

其實，凱斯汀的創新可以應用到所有車輛上，而不僅僅是警車。十次車禍九次快，超速行駛一直是公路上的「超級殺手」，然而由於缺乏有效的治理手段，無論是在美國還是世界各地，這種行為都難以根治。

目前的主要手段是員警巡邏和雷達測速。這兩種方法不僅成本高，而且監測範圍有限。凱斯汀的方法，只需要獲得車輛通過 A 收費站和 B 收費站的時間，就能計算出車輛在這個路段行駛的平均速度是否超速，一目了然。同時，它監測的對象是行駛在道路上的所有車輛，是全樣本，這能夠打消駕駛員的僥倖心理。

不妨再進一步設想：如果一輛車在行駛過 B 收費站時，B 收費站就能自動獲得 A 收費站的數據，進行即時的計算，這種監測是否更加有效呢？

這在技術上當然不是難題，答案就是「雲端」。如果我們把一個地區、一個州，甚至一個國家所有收費站的數據都放到「同一個雲端」上，大數據能夠計算出多少新的發現呢？白牌車、報廢掛牌車是不是都難以藏身了？這個創新會為世界帶來多大的改變？現在留給你去想想了。

凱斯汀的數商當然也很高，但她和賈格爾、麥金利、麥小嘉都不一樣，她是另外一種高明。當賈格爾站在賭場，他知道世界上根本不存在輪盤的記錄和數據，他要從 0 到 1 無中生有，就必須去收集數據，這需要決心和勇氣、方法和技巧；麥

時速超過 90 英里的汽車比例			時速超過 90 英里導致的事故量
24%	2011	布勞沃德郡	2011:66
12%	2012	警長辦公室	2012:19
17%	2011	戴維縣	14
4%	2012	警察局	5
37%	2011	佛羅里達高速	759
17%	2012	公路巡邏隊	190
18%	2011	勞德岱爾堡	3
0	2012	警察局	0
13%	2011	馬蓋特	21
0	2012	警察局	0
32%	2011	邁阿密海灘	625
14%	2012	警察局	11
25%	2011	邁阿密	1408
1%	2012	警察局	145
22%	2011	棕櫚灘*	119
7%	2012	警察局	120
6%	2011	彭布羅克派恩	18
0	2012	斯警察局	0
13%	2011	種植園	87
3%	2012	警察局	3
14%	2011	森賴斯	59
3%	2012	警察局	2

* 2011-2012 年棕櫚灘警長辦公室汽車數量增至 3 倍

所有警務部門總計時速超過 90 英里的汽車比例			時速超過 90 英里導致的事故量
27%	2011	所有警務	2011:3 179
7%	2012	部門	2012:495

圖 3-2 哪些部門的員警還在開快車？
（2012 年 2 月至 10 月與 2011 年的同期對比）

金利坐在電腦前，他清楚地知道所有女性的數據就在那裡，每個人都看得見，但大部分人拿不到也用不著，麥金利施展他的數據技能，囊中探物一般把平臺的數據變成自己的數據，也可以說，他把尋找配偶的資訊成本轉嫁到 OkCupid 平臺，大大減少了自己需要承擔的資訊搜尋成本；一開始，凱斯汀也想像賈格爾一樣去收集數據，但她在嘗試之後失敗了，凱斯汀也找不到像 OkCupid 這樣的平臺，她的絕妙之處，是使用了一份看起來和員警超速風馬牛不相及的數據，獨闢蹊徑解決了問題。

我把她的絕招稱為「數據外部性」。什麼是數據外部性？「外部性」一詞來自經濟學家，他們使用這個名詞已經有上百年的歷史。經濟學家發現，一個普通個體為了自身利益而做出的「利己行為」，也可能讓其他人或整個社會受益，而且受益者無須為此支付費用。

我借用這個概念，想指出的是，一個人或一個組織為了某種目的收集數據，在完成數據的收集之後，他們可能發現這些數據的作用將超出其最初收集時的計畫和想像，即同一組數據可以在新的維度上產生人們「初心」以外的價值和效用。

數據經常揭示初心之外的事實和真相。

凱斯汀使用的數據，是為了完成公路繳費而收集的數據。類似的可能性很多，例如，電力公司幫你安裝電表是為了收電費，但把一座城市的用電數據加總起來，可以看出一座城市經濟發展的水準和波動；又如，將一座城市的計程車都裝上 GPS（全球定位系統），主要目的是方便車輛調度、保障車輛和人員的安全，但從 GPS 的數據也可以看出某一段道路的車流行進速度和壅塞情況，還可以計算車輛在加油站的等待時間、排

隊長度，進而推算出全市有多少輛車加了油、加了多少升油；再例如，2015 年，我在徐工集團參訪時發現，他們生產的混凝土機都安裝了感測器，不僅可以即時定位，還可以看到啟動過程中的原物料劑量、攪拌時間等數據，採集這些數據的目的是監管建設工程的品質，一旦把這些數據加總起來，就能知道全國有多少建築工地正在施工，可以推算出各個城市房地產行業的景氣程度和波動程度。

再來看一個例子。1970 至 1980 年代，美國加州曾經出現一名變態殺手，這名殺手至少涉嫌 12 起殺人案、45 起強姦案，被稱為「金州殺手」（Golden State Killer）。辦案人員追蹤金州殺手將近 40 年，查對過數千名嫌犯，但都無疾而終，兇手逍遙法外，這些案件變成了懸案。

案情的轉機來自於一名警探對數據外部性的利用。2017 年 12 月，加州有一名探員看到一個尋親網站 GEDMatch.com，這個網站能夠分析使用者上傳的基因數據，為尋找失散的家庭成員和追溯祖先的人提供線索。他突然靈機一動，把已經掌握的犯案者 DNA（去氧核糖核酸）上傳到這個網站。果然，透過這個網站的分析，探員真的找到一名和犯案者 DNA 部分相符的人。而這個人，正是犯案者的遠親。憑藉這個發現，警方將嫌犯的範圍從上百萬人縮小到一個家族。在逐一偵察排除之後，警方最後找到兇手迪安傑洛（Joseph James DeAngelo）。當他被繩之以法的時候，已經 72 歲了。

類似的故事也在中國上演。2020 年 2 月，一則消息傳遍了各大微信群組：南京警方宣布，1992 年的南京醫科大學林姓女大學生被害案偵破。這是一宗 28 年前在大學校園發生的

惡性奸殺案，當時引發了極大的社會震撼，南京警方一直未能破案。結果在 2020 年的一次治安糾紛中，警方逮捕了一名小混混，發現其 DNA 與南京醫科大學命案嫌疑人的 DNA 相似度極高，警方立即對這名小混混的親屬進行了逐一盤查排除和 DNA 檢測，最終找到了真兇麻某。

愈來愈多的人類行為都在留下數據。小數據時代的警察要破案，常常得依賴指紋，今天幾乎所有的人類行為，都將在數據空間留下「數紋」，即數據紋理。就此而言，善用數據紋理，警察機關將邁入一個有案必破的新時代，而對大眾而言，我們將邁入一個犯罪更少、更加安全的時代。

以前的犯罪分子，其主要對手就是專案小組的幾名刑警，這些刑警即使非常專業且敬業，掌握了一些破案的工具和資源，畢竟也只是個體之間的較量。今天不同了，各個地方的警察機關都在建立數據中心，並且與其他地區連線，各種資訊、情報皆呈指數型增長，數據的分發、整合和分析，很多時候都是即時的，這不是一般的數據中心，我稱之為「前線數據分析中心」。那裡的超級電腦夜以繼日地自動分析和運算，時時刻刻在與犯罪分子對抗和搏鬥，故稱為「前線」。一個人如果違法犯罪，他不是和幾名刑警為敵，而是和數據中心為敵，他需要對抗的，不是一個前線數據分析中心，而是全國幾十個數據中心。在這個過程中，個體還必須應付自身數據不斷留下痕跡、疊加帶來的風險，事實證明，這種前線數據中心及其反覆運算的技術幾乎是無敵的！

近年來在中國轟動一時的甘肅白銀連環殺手案，其偵破手法幾乎和南京醫科女大學生被害案如出一轍，都是因為犯案者

親屬的 DNA 數據出現在警察機關系統中，觸發了大數據的鎖定和比對。總之，個體無法跟這樣的前線數據分析中心進行對抗，這是我們社會維護公平正義的新核心。從現在開始，不能抱持任何僥倖心理，你如果違法犯罪，哪也不用跑，就乖乖坐在家裡，因為警察肯定會找到你，我在《數文明》這本書中，將這樣的時代稱為「無僥倖天下」。所以，不違法犯罪，這也是一個高數商人士在智慧時代的聰明選擇。

辯證法告訴我們，世界普遍而言是相互聯繫的，你中有我，我中有你，此數據常常能說明彼問題。如果我們能像凱斯汀一樣，在新的維度上創造性地使用舊數據，數據的能量和價值就會像水面的波紋一樣層層放大。

講完這三組故事，相信你心中已經有了一些清晰的結論。不知道你現在是否已接受「數商」這個概念，但你至少應該認可，要面對這個世界上最難的問題和挑戰，數據超級有用。本書的觀點是，數據不僅有用，而且有大用。我甚至認為，數據是新文明的新基因，掌握它，就是掌握了新文明的密碼。新的文明是以數據為中心的，可以簡稱為「數文明」。讀完這三章，我們應該建立一個規範、指導並統籌我們頭腦和行為的大數據價值觀：

要像相信金錢一樣相信數據，因為它就像錢一樣神通廣大；要像追求性愛一樣追求數據，因為它帶來理性、成長和真理。

世界正在迅速地數據化，我們正邁入一個「數據不是一

切，但一切都將變成數據」的時代，萬事萬物都將以數據的形式在網際空間存在。一個人的數商，就是指新的空間商、生存商、發展商。

我在後文會闡述，今天及未來的機器人，之所以能夠有智商、情商，其基礎都是因為先有了數商。你可能認為，機器是機器，人類是人類，人是先有智商和情商，但我接下來要告訴你的是，人類其實也是先有數商，再有智商，只不過一直沒有人總結出「數商」的說法而已；至於情商和數商孰先孰後，我暫時無法下結論。

在這個新的時代，機器的思維正變得愈來愈像人，而人的行為也變得愈來愈像機器，這些變化真真切切在發生。當你有機會思考和體認這些變化，相信你會突然對未來產生一絲不安和疑惑。在你想清楚之後，我敢肯定，你會同意數商正變得超級重要。

當然，本書的目的不是爭論，是要提醒智商和數商都必須受到重視、協同發展，你甚至可以把數商視為智商的一部分，它是智商的一個全新且特殊的稜面，是智商這個概念隨著時代演進而產生的新觸角或新枝葉。

隨著智慧時代的深入發展，人類生活的數位化將會更加澈底，數位化生存的大趨勢，決定了數商將會成為人類頭腦應對外部數位資訊挑戰的核心。

數商是一個新概念，但俗話說，太陽底下沒有新鮮事，所謂「新」，都是相對的，再新的東西，在歷史上都能找到原型。接下來，我將追溯數商和智商的源頭，從歷史的角度探討數據究竟是如何進入人類的意識和生活，以及發揮了什麼

作用。

　　你會看到，數商其實是一個潛藏的商，從遠古時代開始，就伴隨整個人類的文明進化成長。和智商相比，數商的歷史更加久遠，我要證明的是，這種久遠是不折不扣的。

　　你看過《關鍵報告》（*Minority Report*）這部電影嗎？裡面有很多讓人腦洞大開的情節。電影講述在 2054 年的華盛頓特區，未來是可以預知的，謀殺已然消失，罪犯在進行犯罪之前就會遭到逮捕。在司法部的特警菁英中，有一支犯罪預視機構小組，負責解譯所有犯罪證據。從間接的意象到時間、地點和其他細節，這些證據皆由「先知預視系統」的三位「預視先知」夢中情境所提供。他們是三個基因突變的超自然人，在預測重大犯罪方面從未失手過。

　　當然，這是科幻電影，它很可能不會實現，但其中有一些情節又肯定會實現。相信隨著前線數據中心的普遍化，人類僥倖心理的存活空間愈來愈小，犯罪行為一定會愈來愈少，我們的社會將愈來愈安全。

　　對此，你如何評價？針對某個人的具體犯罪動機和行為，你認為人類未來到底能不能預測犯罪？

04

創數簡史
數商、智商和情商的量子糾纏

　　我們現在討論的數據，是大數據時代的「數據」，它不僅包括數字（number），還包括數位化的文字、圖片和影片，但數據的起源是數字。最早的數商，集中表現在對數字的洞察和理解上。

　　數字就是 1、2、3、4⋯⋯每個人對它們都再熟悉不過了，因為我們從牙牙學語的嬰幼兒期開始，在學會叫第一聲「爸爸」、「媽媽」之後，學會的第二組詞彙很可能就是「1、2、3、4」。

　　在進入文明社會之後，有人不識字，但幾乎沒有人不識數。然而，在人類數百萬年的進化歷史中，數字不是本來就有的，數字是在某一個階段人為的發明。

大腦裡開燈：從數量到數字

　　據人類學家推算，人類的「數字」，只有區區幾萬年的歷史。「數量」（quantity）卻是在自然界客觀存在的，例如鳥有二個翅膀、羊有四條腿、桃花有五片花瓣、人有十根手指頭。人類在漫長的進化過程中意識到，當同一類事物聚集在一起，會存在數量的差別，數字就是人類發明的一種工具，用來標記這種差別。

　　數字的產生是個漫長的過程，但人類在蒙昧時期，可能就

一瓣：馬蹄蓮　　二瓣：鐵海棠　　三瓣：三葉草

四瓣：丁香草　　五瓣：夜來香　　六瓣：君子蘭

七瓣：波斯菊　　八瓣：仙女木　　九瓣：木蘭花

圖 4-1　大自然無處不呈現數量的差別

已經具備一種對數量進行區別的才能，這可以稱為「數覺」，即沒有數字，人類也可以感受到數量的變化。

少數動物是有數覺的。我們至今沒有發現哺乳動物有數覺，甚至猿猴也沒有，但少數鳥類有。數學家丹齊克（Tobias Dantzig, 1884－1956）曾經舉過一個例子：

　　有個人企圖殺死一隻在他莊園觀景樓裡築巢的烏鴉，他試了好多次都沒有成功：因為人一走近，烏鴉就飛起離開。牠會停在遠遠的樹上，等到人離開觀景樓，才飛回去。有一天，這個人擬定了一個計策，讓 2 個人走進觀景樓，一個留在裡頭，另一個走出來離開，但是烏鴉並不上當，牠等著，直到留在觀景樓裡的那個人也走出來。這個試驗一連做了幾天，2 個人、3 個人、4 個人都沒成功，最後用了 5 個人，也像之前一樣，都先走進觀景樓，留一名在裡面，其他 4 個人走出來離開。烏鴉這次數不清，分辨不了 4 和 5，馬上就飛回巢裡去了。❶

人類的數覺其實也非常有限，比烏鴉強不了多少。認知學家已經證明，超過 4 個人聚在一起，人就無法一眼分辨，就要用數字了。

假設有一群羊或一些物品堆在一起，遠古的人類要知道它們的數量，就要靠指頭數，手指一會兒伸直，一會兒收攏，可能還要加上腳指頭，要是數字一大，很容易就會犯迷糊。結

---

❶　丹齊克，《數：科學的語言》〔M〕蘇仲湘，譯。上海：上海世紀出版集團，2000：2。

果，一個貌似最笨的辦法出現了：為每件物品做記號，即一件物品一個記號，人類最早會在獸骨、鹿角、象牙、木頭等硬物或洞穴的牆壁上刻下橫痕，來描繪數量。

刻痕是最古老、使用最廣泛的計數方法，中文的「一、二、三」三個字是橫線，羅馬數字的「I、II、III」是分隔號，阿拉伯數字的「1」也是一道分隔號，這都是遠古的刻痕傳統在不同文化當中遺留的痕跡。

借助刻痕的方法，人類把客觀世界存在的數量差別，變成腦袋中的數量標示。這個我們今天看起來很簡單的過程，遠古人類可能花了數百萬年的時間才摸到門檻。最終，人類創造了「數字」這項認知的工具，對數量的感知不再依賴數覺。

有人曾經發現一幅遠古的壁畫，描繪的是狩獵者的戰利品：一頭顏色斑駁、受傷的野牛，旁邊還有深深嵌印在石頭上的 4 道橫線。遠古時期的藝術家已經知道如何節省力氣，他們用一頭野牛的圖示，再加上 4 道橫線來描述這次打獵的成果，這比畫 4 頭牛要容易很多。

從笨笨地畫上四頭野牛轉變成「4」的過程一言難盡，概念化的結果讓我們從野牛的數量成功過渡到數字，這就是在世界各地的眾多文明中產生數字的共通故事。

憑藉數字這個認知工具，人類完全超越了動物水準的數覺，這是石破天驚的大事。我們知道，火可以禦寒、照明、燒烤食物，因為火的發現，人的生活最終和動物的活動劃開了涇渭分明的界線。數字的發明，就好比人類的大腦當中有了一團火，更準確地說，是開了一盞燈。它把黑暗的大腦照亮了，大腦從粗略變得精確，從模糊變得清晰。理性的認知路徑開始出

圖 4-2

現，人腦也和猿腦劃開了涇渭分明的界線。要是沒有數字這個工具，就不會有後來的科學和技術，也一定不會有今天的物質豐裕社會。

正是因為有了數字，人類的理性之光才得到充分展現，智力和智慧才能不斷成長和發揮。數字是人類智力的起源，先有數商，再有智商，甚至可以說，是先有數商才能有智商。

刻痕的方法，一直到現代都還有人在使用。你記得英國作家丹尼爾·狄福的小說主人翁魯賓遜嗎？當他一個人流落到荒島上，他就找了一根木棍，在上面刻痕，以記錄自己離開文明世界的天數。現今一些組織中，投票之後要唱票，仍然用五筆劃的「正」字表示數量，即得一張票畫一道線，最後統計得票數，這也是刻痕方法的應用。

圖 4-3　人類進化過程圖

刻痕是「計」，結繩是「記」

刻痕的傳統源自舊石器時代（距今約 300 萬—距今約 1 萬年）。在舊石器時代後期，人類發明了繩子，有了繩子，就可以攜帶工具、拴住獵物，方便多了。

因為繩子的出現，在舊石器時代晚期，也就是 1 萬多年前，人類發明了一套更複雜、更有效的記錄體系。怎麼記呢？新的體系靠打「結」來記錄，即結繩記事。

如果部落之間發生一場戰爭，這就是需要記錄的重大事件：一個部落殺死了對方 8 名敵人，俘虜 20 名成人和孩子，繳獲了對方 10 頭牛、35 隻雞……要記載這件事情，就要用到不同材質、粗細的繩子，再透過打結的方式、大小、顏色、各個結之間的距離等要素來區分並表達不同的資訊。

刻痕演變出數字，而繩子則另有一番造化。這種繩結可以被認為是人類最早的會意文字。

因此，從發生學的角度來看，最早的數就是字。也可以說，字是從數開始的。我們也不難發現，遠古人類對事實的記錄，是從帶有數量的事實開始的，因為帶有數量的那個部分，常常就是事實當中最關鍵、最銳利的部分，就像一把刀的刃和一支筆的尖。

結繩記事操作起來很麻煩，能夠表達的意思又實在有限，但相較於刻痕，是一大進步。刻痕僅僅是計數，結繩則是記錄，我們的先民就靠一套給繩子打結的不同方法，再配合語言的使用，慢慢形成一套記錄事實、傳承資訊和管理事務的體系。這套方法就是當時最先進的方法，需要學習，由專人負責，並代代相傳。管理這些繩結的人一般是部落的長者或巫師，這些人掌握了對事實和歷史的解釋權，可以稱得上是人類最早的知識分子。

懂得計數，僅僅是數商在發展過程中的第一次萌芽。當人類對事實進行記錄，而且是有系統地記錄時，數商才真正開始形成。但要承認的是，這時候的記錄是非常粗淺的，記錄的意思有限，查閱起來很不方便，對結果也無法進行加總、統計和計算。再者就是，這個時候也沒有太多事情需要記錄，無非是獵殺的動物及分配、族群的衝突、經歷的天數、到過的地方這幾件事，所以這個時候的數商，還只能說是在萌芽期。

因為繩子很容易腐爛，所以對遠古的結繩記事，我們缺乏實物證據，但結繩是歷史上確確實實存在過的事情。在一些古代典籍如《易經》中，可以找到零星的文字描述。對居住在

圖 4-4

　　結繩記事的做法在少數地方一直使用到中世紀。13 世紀,居住在現今秘魯地區的印加人創造了可以用來進行計算和記錄的數字繩,繩子被分成「數段」,不同段上所做的記號表示不同等級的數量,個位、十位、百位、千位,每一級的數字是多少,就在繩子上打幾個結,即透過位置進行區分。印加帝國用它們來記錄稅收、貨物和普查統計的結果。

深山幽谷裡與世隔絕、未開化的原始部落進行考察，也可以證實。近 200 年來，人類學家在不同的大陸都相繼發現過一些未進入文明時代的原始部落，他們都有結繩記事的做法和風俗。

我們都是刻痕、結繩者的後代。

「上古結繩而治，後世聖人易之以書契，百官以治，萬民以察。」（《周易·繫辭下》）

譯文：上古時代，人類以結繩的方法來治理社會，後世的聖人發明文字取代了這種做法，百官由此得到治理，萬民由此得到督察。

「古者無文字，其有約誓之事，事大大其繩，事小小其繩，結之多少，隨揚眾寡，各執以相考，亦足以相治也。」（《春秋左傳集解》）

譯文：古時候沒有文字，人們遇到需要記錄的約定和誓言就透過繩子來記憶，大事情繫個大結，小事情繫個小結。打結的多少是根據事情的多寡而定，事多結就多，反之亦然，大家各自拿著繩結為證，就可以滿足相互制約的要求。

先有數，再有字

再之後，就是文字的產生了，文字是在「交換」這種經濟活動當中逐步形成的。大約在 8,000 年以前，人類祖先就開始規模化地交換農產品和動物，要完成交換，當然要「計數」，

在美索不達米亞地區生活的蘇美人留下了這方面最早的文物。

可以確信的是，在西元前 3,500 年，蘇美人就開始在陶土製成的泥板上刻畫標記，他們用一種符號（常常是圖形）來表示交易的物體，用另一種符號來表示交易的數量。圖 4-6 展示的是兩塊泥板。左邊的是一份交易記錄，其文字和符號代表牛頭、穀穗、魚以及它們的數量；右邊的是 1929 年德國考古學家約爾丹（Julius Jordan）發現的，據判斷有 5,300 年的歷史，泥板上刻有圓點、括弧和小圖案，歷史學家赫拉利（Yuval Noah Harari）認為這是一張表示商業交易記錄的收據，意思是：「在 37 個月的時間裡，一共收到 29,086 單位的大麥。由 Kushim 簽核。」

Kushim 是記帳員的名字，這也是目前人類發現過最早的名

美索不達米亞是古希臘語，意為兩條河流之間的地方，即兩河流域，這兩條河指的是幼發拉底河和底格里斯河。

圖 4-5

字。這意味著，青史留名的第一人，不是國王、部落首領，也不是巫師、知識分子，而是一名數字記錄者，或者說一名會計。

隨著時間的推進，人類把這種用於交換的計數符號體系應用到其他領域，一代又一代的記錄者不斷發明創造新的符號，這些符號逐漸演變成為今天的文字。甚至可以猜測，正是對數字的記錄，啟發了我們的祖先對聲音進行記錄，從而發明了文字。

在人類發明文字之初，數字的表達占據了文字的中心位置，最早的文字都是以數字為中心的。「數字」，「數」和「字」最初是一體的，但後來數字逐漸從文字中獨立出來，而這種獨立究竟是在什麼時候發生的，我們今天還無從知曉。

數字對世界的記錄是精準而確定的，文字也是對世界的記錄，但文字有很大的不確定性。數字的精確性高、硬邦邦的，沒有任何彈性；文字則具游離性、高度不確定，它是柔軟的，有巨大的彈性。數字很準確但不生動，文字可能很生動，但不

圖 4-6　蘇美人泥板

準確。人類對事實進行記錄和傳播，首先是為了存證，減少資訊傳播中的不確定性。從存證的角度來說，數字的貢獻當然更大，但從傳播的角度來看，生動性也很重要，因為它能契合傳播主體的需求，人的大腦更喜歡生動的事物。

我們把一個人文字水準的高低，概括為「文采」。有一種觀點，認為智商可以從這三個方面衡量：記憶力、推理能力和語言能力。語言能力差不多就是文采的意思了。

數商和文采完全不一樣。我自己是理工科出身，由於長期的科學訓練，我做事情的第一反應是：要對事物進行準確的描述，「準確」相對於其他東西而言，重要性排在第一。而我發現，很多文科畢業的朋友把生動性列為首要，他們會用比喻、擬人、誇張、排比等手法來激起人的感覺、刺激人的想像。我的經驗是，準確和生動往往難以兼得，在現實生活中，大家通常更喜歡說話生動的人，那就是文科生。

人類的頭腦，不經由訓練就不可能變得精確。換句話說，人的頭腦天生是不精確的，精確需要訓練。人類的感覺也很粗略，不能準確地分辨事物的狀態，人們一用語言描述，就開始失真，再加上喜歡追求生動，失真就可能更嚴重。

今天的社會正在發生一場巨大的變遷。這場變遷就是從以文字為中心變成以數據為中心，甚至可以說，數據正在收編文字。由於電子化的力量，數字和文字正重新成為一體，統稱為數據，數據是指所有電子化的資訊，而文字僅僅是數據的一種。如果說文字是金子，那數據就是金屬，金子只是金屬譜系當中的一種，文字只是數據的一個子集。

這種從文字到數據的中心變遷，說明未來的人類會更加追求準確，但這並不必然意味著忽視生動。

前面提到，結繩是遠古時期人類對事實進行記錄的主要手段。這個遠古，指的是在語言產生以後、文字出現之前的漫長年代。毫無疑問，再怎麼換繩子、打不同的結，它的記錄和計算功能都是很有限的，無法適應繁複的社會事務。在文字產生之後，結繩記事基本上就退出了歷史舞臺。

文字的出現是文明開始興起的真正標記。因為有了數字和文字，大腦便有了思維之光。憑藉數字和文字，人類可以用固定形式把自己的觀察、經驗、思想和成就記錄下來，分享共用、激發討論，並代代相傳、不斷疊加。這突破了人類單一個體的生理邊界，文明開始更快速地累積和發展。

文字出現之後，人類才算真正開始有智商。在此之前，人類比拚的主要是體力、武力和蠻力。但數商比智商要早嗎？根據上面的闡述，你也可以認為，數商和智商的關係是一種「你中有我，我中有你」的狀態，就像「數」和「字」的關係一樣。它們糾纏在一起，很難說清楚誰含括誰、誰早於誰、誰比誰更重要。在一定程度上，我們應該從整體來看待它們。

你聽過量子糾纏嗎？

量子，是現代物理學的一個重要概念，表示最小的物質單位。如果一個物理量中，存在著一個不可以再分割的最小基本單位，這個單位即稱為量子。

在量子力學當中，幾個量子彼此相互作用後，各個量子所擁有的特性會被交互綜合成為整體性質。我們無法單獨描述各

個量子的性質，只能描述整體系統的性質，這一現象被稱為量子糾纏（quantum entanglement）。

具體地說，如果有兩個量子，一個稱為量子 A，向左自旋，一個稱為量子 B，向右自旋，當它們在一起互相作用，它們的運動就會呈現疊加狀態，即量子 A 和 B 都會呈現既向左旋又向右旋的狀態。這很難理解，但量子世界就是這樣的。更絕的是，當人類對一個量子進行觀測時，會發現被觀測的量子立即坍縮成一個狀態，即要麼左旋，要麼右旋，而另一個量子，也自動坍縮到另一個對應的狀態。

對數商和智商的關係，應作如是觀，它們就像在互相作用的一對量子，其中一個長期沒有得到應有的關注，現在我們把

智商和數商，可不可以兼得呢？

圖 4-7

觀測的角度對準它，集中注意力在它的身上，但我們要記住：對準其中任一個，都可能導致另一個坍縮。

貨幣：量化一切的工具

人類早期的交換催生了文字，頻繁的交換行為還催生了人類歷史上另一項偉大的發明：貨幣。

人類最初的交換形式是物物交換，即用一種東西換另一種東西。一個獵人打到了野豬，他可以用新鮮的野豬肉來換雞蛋、玉米或弓箭。這種方法很有效，直到今天還在使用。

若你不相信，來聽聽這個真實的故事：26 歲的加拿大青年麥克·唐納買不起房子，從 2005 年 7 月起，他在一個名為 Craigslist 的網站上展示了自己的紅色迴紋針，希望能換回一些更大或是更好的物品。麥克·唐納在廣告中承諾，不管有多遠，他一定會親自拜訪交易夥伴。他充分發揮推銷和溝通的特長，先用一枚紅色迴紋針換來了一支筆，又用筆換來了陶瓷門，再依次換來了小烤箱、舊發電機、霓虹燈箱、啤酒、雪地車、唱片合約等。隨著媒體對他以物易物行為的廣泛報導，他的創意獲得更多人肯定，最終，他換得了一棟透天厝一年的使用權。

麥克·唐納雖然成功地以小換大，但他畢竟花了好幾年的時間。這就是在以物易物過程中經常會出現的一個問題：如果擁有雞蛋和弓箭的人恰好都不缺野味，獵人的以物易物就得等，一時半刻沒辦法達成。

也就是說，唯有在雙方都恰恰需要對方物品的時候，直接的以物易物才能達成，這個前提條件被古典經濟學家稱為「需求的雙重巧合」。

　　然而在現實生活中，這兩方需求的產生時間往往不一致，即我想換的時候你不想換，等你想換的時候我又沒有，因此以物易物的成功率很低。

　　另外，直接的以物易物，意味著每兩種物品之間，都要有一個交換比率。所謂比率就是一個東西可以換多少個另一種東西。比率往往會成為交換的「攔路虎」，因為它難以確定，例如，常見於小學課本的數學題：

　　如果 3 根玉米可以換 1 顆雞蛋，30 顆雞蛋可以換 1 隻母雞，5 隻母雞可以換 1 頭山羊，2 頭山羊可以換 1 張老虎皮。那麼，請問多少根玉米能換 1 張老虎皮呢？

　　這對遠古的人類來說，絕對是一道數學難題。老虎皮很溫暖，可以幫助農夫度過寒冬，但那個指望用玉米換老虎皮的農夫可能感到很困惑，甚至絕望，因為他不知道該準備多少根玉米，才能換來一張老虎皮！

　　這些交換的困難都在呼喚新工具的出現。後來，有頭腦靈活的人發明了「貨幣」。萬事萬物都有一個數字價格，所有的東西都可以先換成貨幣，再用貨幣去買自己想要的東西，即貨幣充當了交換的仲介。

　　偉大的貨幣就此登上歷史舞臺。貨幣出現之後，「交換」

| 金屬貨幣 | 紙幣 | 信用卡 | 電子貨幣 |

圖 4-8 貨幣的數位化、虛擬化演變

就正式成為「交易」。貨幣解決了以物易物需要雙重巧合的困境，因為萬物有價，貨幣這個仲介可以度量一切、買到一切。

最早的貨幣由稀有物充當，如貝殼、金屬；現代社會出現了紙幣；再後來，紙幣又逐步被各種塑膠貨幣所取代；如今，塑膠貨幣也可以不要了，貨幣成了手機上的虛擬符號，金額就是一個數字，在手機上就可以完成金額變化的加加減減。

不難發現，貨幣的本質其實就是一種比率。貨幣的出現推動了數量科學，即數學的產生和發展。當出售自己的牛羊雞時，最早的先民只能一隻一隻地賣，如果選擇用雞的數量乘以每隻雞的價格，部落中最聰明的人也會變得糊塗，算不清楚就害怕被騙。但貨幣發明之後，人類的大腦開始頻繁地進行計算的操練，數字和計算逐漸成為人們生活的日常內容，買賣交易開始和數學計算共同進步。

貨幣出現之後，因為計算的需要，數字的王國一直在擴張，衍生出「零」、「分數」、「負數」、「有理數」、「無理數」、「無窮大」等新的概念，人們的數字計算技能也愈來愈豐富。在時光流轉中，以計數為中心的算術，逐漸演化為以計算為中心的代數。人類對數字重要性的探索和討論於是全面開始。

萬物皆數：數商的源頭

　　古希臘的畢達哥拉斯（約西元前 580 – 約前 500），是最早認為數字是整個宇宙秩序的哲學家，也是全世界第一個斷言我們腳下的大地是個球體的哲學家，他對後世影響甚大，羅素（1872 – 1970）甚至稱他為「西方歷史上最有影響力的哲學家」。

　　畢達哥拉斯一生癡迷於數字，他是人類歷史上最早發現畢氏定理的人，即直角三角形兩條直角邊的平方和等於斜邊的平方。他年輕的時候，為追尋智慧，曾經一個人從希臘出發，遊歷到巴比倫和印度等國家。據說，某次他路經一家鐵匠鋪，聽到打鐵時所發出的不同聲響，推斷此乃因鐵錘的重量不同而導

圖 4-9

致，便在琴弦上做試驗。果然，同樣的一根琴弦，如果負重不一樣；同樣一個罈子，如果裝的水量不一樣——發出的聲音都不一樣。由此，他將音樂簡化成簡單的數量關係，制訂了各種不同的音度和音程。

畢達哥拉斯還發現，除了聲音，空間和形體也是如此，只有特定比例的結構才能構成「美」。「黃金比例」這四個字你可能耳熟能詳，這也是畢達哥拉斯最早提出來的，對他而言，數字無所不在。

有人問他，朋友是什麼？他回答，朋友是第二個「我」，我們正如 220 和 284。這是什麼意思呢？原來畢達哥拉斯發現，220 的所有除數（1、2、4、5、10、11、20、22、44、55、110）加起來等於 284，而 284 的所有除數（1、2、4、71、142）之和是 220，畢達哥拉斯稱這兩個數為「友誼數」。

這樣的友誼數，數學家已經發現 100 多對了，但到底一共有多少對，至今數學家還沒有答案。從這個例子就可以看出畢達哥拉斯對「數」的癡迷和瘋狂。

畢達哥拉斯認為，數字是整個宇宙秩序的表現形式，宇宙中的各種物體和現象，都是各種數字按照一定比例的有機排列組合，萬物皆可用數字來表達說明，上帝也正是透過「數」來統治世界的，人類可以在數和數量關係當中發現各種現象的本質。憑藉這個鮮明的觀點，他開創了「畢達哥拉斯學派」。

他的繼承人菲洛勞斯（約西元前 480 年 - ？）則進一步總結道：「如果沒有數字，那任何存在的事物，無論是其自身或是它們之間的關係，對任何人來說都是不清不楚的，人類無法思考，也無法認知，我們將什麼也不懂，什麼也不知道。」

這個菲洛勞斯可不得了，他是全世界第一個提出「地球在自轉」的人，他研究了天體運行的數據，認為只有地球在自轉，各種現象才能得到解釋，宇宙才能達到「數」的和諧。這在當時簡直不可思議，因為這是完全違背人類直覺的，沒有人能感覺到地球在運動。

　　比畢達哥拉斯晚 150 多年出生的柏拉圖（西元前 427－前 347）同樣也癡迷於數字，他也屬於畢達哥拉斯學派，而且是這個學派當中，除了畢達哥拉斯之外最重要的人物。他在自己的名著《理想國》中，記錄了大哲學家蘇格拉底（西元前 469－前 399）和弟子們的一次討論，蘇格拉底問大家：「是什麼樣的科學吸引了我的靈魂？」他表示不是體操，也不是音樂和藝術，最後揭曉的答案是：適用於所有藝術、科學和思想活動的科學，即數字科學。

　　蘇格拉底批評人們僅僅把數字用於商業買賣，他要求人們注重數字的科學——在他那個時代，也可以理解為關於數量的科學，即數學；而他的學生柏拉圖認為，數字背後的本質，就是理性，唯有透過對那些看得見、摸得著的數字進行研究，人們才能逐漸提升自己的認知水準，進而掌握真理本身。人們學習數學，不僅僅是為了做買賣，還為了充實靈魂。

　　下面這句話即柏拉圖所說：「當我們專注於認識數字，而不是忙於用它來交易買賣時，我真的覺得數字是一門既美又有用的科學。」

　　以畢達哥拉斯為代表的古希臘思想家認為，自然界是存在數量關係的，上帝在創造宇宙萬物的過程中，一一賦予了它們關於數量的設計。哲學家的任務，就是去發現、揭示這種設計

的圖示。

古希臘這種在宇宙當中發現數字規律的精神，就是理性的精神、科學的精神。在全世界，古希臘是首先樹立數字和理性精神的，這種精神也是整個西方文明的源頭。後世科學家用量化的方法觀察、研究這個世界，不斷得出偉大的發現，西方文明才得以創建。可以說，今天西方科學的條條大路，源頭都可以回溯到古希臘。

在古希臘文明的末期，阿基米德（西元前 287－前 212）專門針對數量問題寫了一本書《數沙者》，他認為沒有任何東西是沒有數量的，即便是天地之間的沙粒也有一個數量，而且人類可以找到一種方法來計算地球上所有沙粒的數量，也可以用一個數字記號來表示這個數量。即萬物皆數，萬物皆可量化。

但一切真的都可以量化嗎？我常常在各地演講，被問到最多的問題之一就是，愛情和婚姻能否用數據來分析和量化？有男性問，更多的則是女性。女性問的初衷很明確，她們一臉困惑，希望找到真正的答案；男性問的時候，我常常能聽出一絲挑釁，言下之意，女性的感情是不可能用數據來衡量的。

但事實上，我完全相信，幾乎所有的感情都可以度量，例如一天通幾次電話，多久親吻擁抱一次，一天之內有幾次眼神的交流？很多數據其實都在標明情感的變化。

美國華盛頓大學有位戈特曼教授（John Gottman），人稱「婚姻教皇」，他可以在 900 秒之內預測某兩個人會不會離婚，號稱準確率達 90％。他是怎麼做的呢？

他讓一對夫妻待在一個很舒適的房間裡，討論一個很容易引發爭論的話題，研究人員將討論過程拍攝下來，製作成影

片，然後把雙方每一秒鐘的表情定格，再根據一個表情量表來評分，最後根據得分預測未來 5 年內夫妻離婚的可能性。

在戈特曼的量表裡，有四種表情是具有高度殺傷力的，分別是指責、鄙視、辯護和冷戰，其中又以「鄙視」的殺傷力最高。戈特曼的方法其實就是收集數據，然後透過建立數學模型來對未來進行預測，為了實現這個方法，他花了 40 年的時間建設全球最大的愛情數據中心。

既然感情可能量化，那感情有價嗎？真正的愛，我相信一定是無價的，問題是，我們生活中 90％到 99％的愛還是有條件的。很多人一開始會拒絕把感情貨幣化，但最終又會在無意中承認量化的重要性。舉個例子，戀愛中的情侶你儂我儂之時，不需要計較，也無法計較，因為你中有我，我中有你，分不清彼此，有人將戀愛的這一階段形容為「火熱的盲目」。只是一旦感情破裂，面臨分手，特別是離婚的時候，雙方都會要求精確的財產分配，在感情上覺得受虧欠的一方，會要求經濟上的補償。說不清、道不明的感情，馬上就有了以數據清算的共識。

情感可不可以、應不應該被量化？暫且不做結論。接下來我們探討數據和情商的關係。

量化：管理情緒的祕密武器

在 100 多年前有人提出「智商」之後，接受智商測量的人愈來愈多。但同時也有人發現，一個人的能力不能僅僅用智

商來衡量。有些人智商很高，但在現實生活中常常做傻事，是人生的失敗者。最典型的例子就是學習能力強、考試時如魚得水，但在人際關係中四處碰壁的人。

我想你一定遇過這樣的人。很容易聯想到的，是 2004 年因殺害同學而出名的大學生馬加爵。他得過全國奧林匹克物理競賽獎，大學入學考試成績超過錄取分數 50 分以上，學習能力不可謂不強，智商不可謂不高；然而他自信心不足，無法控制自己的情緒，某次在受到同學嘲笑之後，以非常殘忍的手段殺害了 4 名同學，造成無法挽回的悲劇。

我在前文中曾經將理智和情感喻為火焰和海水，但哪個是火焰，哪個是海水呢？我認為情感（或者說情緒）是海水，它如潮水一般湧過來時，理智的火焰隨時可能熄滅。愈來愈多心理學家發現，一個人在做決策時，起作用的常常是情感，而不是邏輯推理能力。高智商的人做學術研究肯定順手，但問題是有幾個人的工作是做純粹的學術研究呢？大家畢竟要在現實世界生活，要和不同的人打交道，這樣看來，一個人要獲得成功，情商比智商重要。

「情商」的概念於是應運而生。1990 年代，作為最早系統化闡述「情商」的學者，耶魯大學的教授薩洛維（Peter Salovey）認為，情商最主要表現在兩大領域：

1. 識別、管理自身的情緒，自我激勵；
2. 識別他人的情緒，處理人際關係。

其核心就是情緒管理。要管理情緒，首先必須識別情緒，

就是某種情緒一出現，你便能自我察覺，不僅能自我察覺，還能洞察別人情緒的變化。如果沒有能力認識自己真實的情緒、察覺它們出現的苗頭，那就只能聽憑這些情緒擺布，管理和自我激勵就無從談起。

那要如何察覺呢？這是屬於情商的話題，在此分享一個非常有效的方法，當然和數據有關。方法就是記錄和量化。

這是由美國杜克大學的心理學家威廉斯（Redford Williams）所提出，一個識別、控制自己情緒的有效辦法。當你有一種新情緒產生的時候，尤其是負面情緒，就記錄下來，例如意識到自己可能要生氣，或者很沮喪，不管出於什麼原因，當這個想法一冒出頭，就用筆把原因和狀態寫下來。記錄的過程實際上是一個思考的過程，很多情緒是自然產生的，但你主動關注並記錄下來，它就被交給了理性，也就是智商，你的大腦才有機會質疑這些想法，對其正確性進行思考。

記錄，是驅除大腦混亂的第一步。就像一台機器需要透過記錄這個程式預熱，理智才能開始工作。在威廉斯的基礎上，我想加上的建議是，不僅要記錄下來，還要量化。無論是生氣、想罵人，還是想吸菸、偷懶、暴飲暴食，這些衝動、情緒和欲望都應該被量化，量化就是打分數，它們有多強烈？從 1 到 10 可以打幾分？是要滿足自己哪方面、哪個部位的需求？這種情緒和衝動如果得到滿足會帶來多大的收益？當你從各個角度去分析、量化它的時候，你就會發現，它漸漸不是情緒的一部分了。你愈分析它、愈量化它，負面的情緒和欲望就愈可能被你擊退。

為什麼？我認為人類有一種本能，就是渴望清晰。我們的

大腦希望看到各種事情井然有序，而不是混沌一片，混沌與模糊其實代表一種威脅，但我們的大腦對此並不清楚，有時候會縱容混沌與模糊的存在。我曾有個經驗，晚上睡不著時，在床上翻來覆去，心裡好像有事，很多人在這個時候仍然躺著，但我會坐起身，把心裡的事找出來並梳理清楚，然後明確告訴自己，這個問題有多重要，我將用多少時間、花多少力氣去解決這個問題。當一切變得清晰，再上床後，我就能快速入睡。

數據代表清晰，高清晰是有效管理的前提。情緒就是一團烏雲，你一量化它，它很可能就散了。善於使用量化的方法，就是數商高的一種表現，換句話說，善用數據，控制情緒的能力會提高，情商也將隨之提高。

忘恩負義的原因是數商低

接下來，我們再透過人的記憶來討論數據和情商的關係。

人生，在一定程度上是由記憶所構成。我們經歷過的所有時間和情境，最終都會轉變成記憶。記憶就是腦海大數據。腦海大數據和電腦數據庫裡保存的數據相比，天差地遠，記憶是沒有標明日期的，記憶的場景多了以後，人們就必須透過思考才能將記憶排出正確的順序，而且記憶會逐漸模糊、漸行漸遠，就像葉子一樣由綠變黃，最終枯萎，落入遺忘的深淵。有些事明明發生了，但因為記不住，對一個人來說，就像完全沒發生一樣。

心理學家認為，記憶就像一棟房子，大腦會不斷地對它進

行裝修，可能是粉刷牆壁，也可能是更換地毯。每裝修一次，記憶就變化一次。所以說，記憶很不可靠。同一個場景，1,000個人的腦海中會有 1,000 種記憶，當下就各不相同，更別說之後還要修修補補。很多時候，人的情感也會影響記憶，把它捏塑成自己想要的樣子。當我們回憶度假的夜晚，只會覺得愈來愈美妙；以前猶猶豫豫做出的決定，也會在多次回憶後變得愈來愈堅定。

還有選擇性記憶。人們在獲取各種資訊之後，會傾向於記住與自己認知一致的部分，而過濾掉和自己現有觀點不一致、相互矛盾的資訊。這一行為往往出於潛意識，非常自然地發生。例如，有人驚奇地發現自己每次看錶時，時間點總是 2、3、4 三個數字的組合，2：34、3：24 或 4：32。其原因可能是他自己的生日是 4 月 23 日，所以他對這三個數字特別敏感，並不是沒有看到其他的時間點，而是看到之後選擇性地遺忘了。

這些結論都有實驗的證明。1973 年，美國的政治學家馬庫斯（Gregory Marcus）請來了 3,000 人，透過問卷和訪談來記錄他們的政治觀點。10 年之後，他再把同一批人邀請回來，問他們相同的問題，結果針對很多問題，這些人都認為自己的觀點和 10 年前一樣，但在具體詢問比較後，馬庫斯發現他們的觀點早已和 10 年前大相徑庭了。馬庫斯證明的是，任何觀點的變化都會引起情感上的不舒服，為了避免情感上的衝突，人類會無意識地把過去的記憶和現在的觀點調整成一致。

記憶如此不可靠，但偏偏一個人的決策，很多都是憑藉記憶做出的，這中間就必然產生很多問題。例如，人人都討厭

忘恩負義的人，相關的形容詞彙也很難聽，比如過河拆橋、恩將仇報、朝秦暮楚等。但如果忘恩負義的真正原因是被動的「忘」，而不是主動的「負」，又該如何評判呢？

在民間流傳的故事中，三國時期的呂布是忘恩負義的典型之一。他先投奔丁原，後投奔董卓，其實無論是丁原還是董卓都對他很好，但他背叛了一個又一個，而且理直氣壯，一副不是他對不起別人，而是別人對不起他的樣子。

人為什麼會忘恩負義呢？很多人認為是利益使然。飛鳥盡，良弓藏；狡兔死，走狗烹。勾踐逼死文種，劉邦殺了韓信，朱元璋幾乎殺光了老臣，同患難而不能同富貴，都是因為怕這些手握兵權的舊屬威脅到自己的權位。

圖 4-10

但研究表示，大多數情況下的忘恩負義，與人類大腦處理資訊的機制有關。簡單地說，人腦處理不了自己的腦海大數據。人有眼睛和身體，但人腦記不住自己眼睛看到之事，也記不清自己親身經歷過的事。我們的大腦「記憶體」不足，CPU（中央處理器）也轉得慢，我們確實接受過別人的恩、情、義，但這些記憶不可能得到相同的處理。當一個人在做決策的那一刻，過去所有的恩義要素，並不能全部進入決策的管道，這條管道非常狹窄，其有限性決定了它只能提取大腦中最新的、印象最深的記憶，唯有進入的素材才能成為影響決策的因素，而進不進入，並非個人主觀所決定。

　　就這個角度而言，忘恩負義和記憶力有關，是受限於生理結構的必然。再者，一般情況下，人很容易忘記幫助過自己的人，卻一輩子都會記住對不起自己的人，這也是因為後者在感情上的衝擊更大，這是人性。所以要做到不忘恩負義，實在不是一件簡單的事。

　　不是忘記，而是不知道自己已經忘記，這導致了最大的問題。人的這種生理特點甚至會被惡意利用。有句話說，謊言重複千遍就成了真理。這種極端的做法之所以在大眾層面屢屢奏效，就是因為它利用了人類資訊處理能力弱、相信最新資訊的生理局限性。

全面記錄可以提高情商

　　人類這種動物其實驚人地健忘，但很多人對此意識不到。

為了避免遺忘，人類不斷發明記錄的方法，從結繩記事到象形文字，從羊皮卷軸到紙質書籍，再從油畫到照片。然而在數位化技術普及之前，無論是書籍、油畫還是照片，都無法永久保存，它們會發黃、破碎，在塵世中消磨殆盡，最終像人的記憶一樣，完完全全地消逝。

　　我的女兒今年 14 歲，打從她出生起我們家就有了數位相機，拍下大量的照片和影片。最近的一天晚上，我和太太不經意打開了保存她影片的檔案夾，她現在是小瓜子臉，小的時候卻是圓臉，仰著頭在我們住過的舊公寓裡跑來跑去，稚嫩的聲音呼喚著爸爸媽媽，太太忍不住點開一支支影片，我和她雙眼盯著螢幕，如昨日重現，兩人相顧無言，臉上都流滿了淚水。

　　因為記憶，這個晚上，我們經歷了一次意外的、深深的感動。從這天起，我們認識到這些數據的珍貴。我特意交代太太，一定要保存好這些數據，待女兒長大後交給她。很顯然，如果不是因為這些數據的存在，我可能不會有這麼深刻的情感觸動，也不會有如此豐富的人生感悟。

　　Facebook 有一位數據視覺化專家，名叫費爾頓（Nicholas Felton），2010 年他的父親過世，費爾頓設計了一種特殊的方式紀念他的父親：將其一生數據化。費爾頓花了 5 個月將父親的遺物分門別類進行統計，整理他父親 40 年生活中的 4,348 個記錄，然後用這些記錄製作一份關於他父親生平的數據圖。

　　費爾頓將這份數據禮物贈送給家人和父親的友人，所有人皆為之感動。

　　生活中的費爾頓是一個數據量化狂人。他對數據極其癡迷，從 2000 年開始就用數據記錄自己的生活。把自己每一年

圖 4-11　費爾頓製作的父親生平數據圖中的兩頁

的經歷都轉化成數據，包括去過哪裡、在哪裡吃過東西等，製成一張張圖表，命名為「費爾頓年報」，並發布到自己的朋友圈。他融合了攝影照片和資訊製圖，他正在創造一種新的數據表達方式。

人的一生的的確確可以用數據來記錄分析。想像一下，你的生活如果全部被記錄和分析，會是什麼樣子和結果？會和你大腦中的印象和分析一模一樣嗎？

我的一位友人，正在嘗試將他新生女兒每一天成長的變化都錄製下來。錄製一天 24 小時的完整影片，一年只需要一張容量為 1TB 的硬碟，價格不到 2,000 元，大小可以放進口袋。他為什麼這麼做？因為大女兒成長過程中的那些點點滴滴，那些他曾經相信永遠也不會忘記的溫馨片段，隨著歲月流逝，竟然一點點地被忘記了。所以他決定一定要借助電腦來記憶。

人腦是微分機制，電腦是積分機制。

隨著記錄手段的普及，人類必然會用愈來愈多的數據來記錄自己、家人以及朋友的生活。從這一代人起，人的一生都可以被記錄──以數據的形式被記錄在照片裡、影片裡、網路上，以及社交平臺的檔案裡，而且可能永遠保存。數據將會成為宇宙中比石頭、土壤還穩定的一種客觀存在。

從前，我們是選擇記錄什麼，未來，我們將選擇不記錄什麼。事實上，當下數據爆炸的一個主要原因，就是個人生活被廣泛記錄。這種生活的數據化，也是記憶的數據化。

幾十年來，微軟研究院的老研究員貝爾（Gordon Bell）一直在胸前掛著一部相機，鏡頭一直在工作，走到哪兒記到哪兒。他還隨身帶著一個可以捕捉身邊各種聲響的錄音機，目的

是把自己眼睛所見的圖像、耳朵所聽的聲音都記錄下來。麻省理工學院媒體實驗室的羅伊（Deb Roy）則在家裡安裝了 11 部攝影機、14 支麥克風，記錄了數十萬小時的影像數據。

未來一代的人，很可能從母親懷孕的那天起，就開始被記錄：母親對他的呢喃和期待，他小時候的牙牙學語和蹣跚學步，他一路成長的點點滴滴……這些記錄，未來可用於情感分析、性格分析、成功路徑分析，甚至犯罪學研究。關於人類成長和發展的許多精細微妙的知識，將會大量出現。

我在《數文明》一書中曾經估算過，假如有一部攝影機對著一個人永不停歇地記錄，那麼一天將產生約 4GB 的數據，100 年將產生約 143TB 的數據。按照目前的硬碟價格，儲存這 100 年的數據需要約 25 萬元。如果再利用資訊化手段將數據壓縮，那麼只需要花費 10 萬元。也就是說，花 10 萬元就能保存一個人完整的一生影片記錄。

現在我們還很難把自己雙眼所見、雙耳所聽的所有數據都保存下來。一是缺乏高效的工具，二是對於很多數據，很難判斷它們有沒有價值、有多大價值，以及如何實現這些價值。這確實是一個問題，在條件允許的情況下，最好的辦法就是透過壓縮技術，用低廉的成本把這些數據儲存下來，使之成為一個人儲備的數據資源。

當我們把一切都記錄下來，例如照片和影片，過去就成了不可改變的數據，它不可能變得更好，也不可能變得更壞，它就在那裡。從此，記憶可以清晰再現、隨時查證。人類的大腦不再擁有重塑記憶的機會；而在過去，我們每個人都是在記憶當中不斷重塑自己的。也因為共同的數據，原本只存在於個人

腦袋中的記憶，開始真正演變為人類共同的記憶。

我相信，未來每個人、每個家庭都會有自己的數據中心，而不是每家公司。這個新的數據中心就相當於人腦的外接硬碟，每分每秒都和人腦相連，或者說是人類體外的大腦，它也可以在雲端，但隨時可以被大腦調用。這會影響全體人類的情商，因為更完整的數據可以讓一個人在做判斷的時候，所依據的事實與情感盡可能地接近一致。現在你應該同意，保存數據的能力可以支撐更高的情商。

用好數據可以提升情商，一個數商高的人，情商也可能會更高。數商和情商，有衝突，也有交叉糾結的地方，但必須承認，數據不能解決人類所有的問題，理性、邏輯和精確性，很多時候沒有用武之地。這不是因為數據不夠好或沒有用，而是因為人類有很強的動物性，理性相當有限。一件由情緒感官編織而成的碩大斗篷把我們罩住，理性僅僅是這件斗篷的花邊。這條花邊，有的人長一點、寬一點，僅此而已。人類的大部分活動是受欲望、感情和本能所驅使，我們的大腦不喜歡也不願意使用數據。

只是對一個高數商的人來說，必須善於讓數據成為「感覺的替代品」，即讓數據說明我們所感覺到的自己身體和周圍世界，讓大腦直接處理數據，而不僅僅是直接處理情感和欲望。我們可以透過訓練來提高數據在大腦中的地位，就像反覆練習可以強化我們的肌肉一樣，運用數據的反覆練習也可以強化我們大腦中的「數據肌肉」，形成基於數據的反射思維，我們就能在更多的情境中要情感讓位，主動使用數據，從而做出正確的判斷和決策。大部分人做不到，你能做到，這就是高數商帶

來的競爭性優勢。我們在後文中將進一步闡述這個問題。

　　從下一章開始，我們將討論歷史上的高數商個體，看看他們如何透過測量、記錄和創造性地使用數據來改變人類的生活，推動世界的發展。歷史上有許許多多的高數商人物，我在其他著作中也有相當多的介紹和論述。本書將聚焦八個主題故事，它們代表了商業、科學、軍事、醫學和社會管理等宏大領域的一些片段。講述故事的初衷，不是為故事的主角樹碑立傳，而是發掘、學習他們的數據思維和方法，再現前人珠玉，以啟數界，以育數林。

05

高數商民族
尋 找 道 地 的 英 國 人

一次長達二十年的追溯

前面提過一本書叫《魯賓遜漂流記》，這本小說流行了200多年，很多人都讀過。在作者狄福（1660－1731）的筆下，遭遇海難的魯賓遜流落到一座荒涼的小島，並在島上度過艱難、兇險、單調的 28 年。馬克思也是這本書的讀者，在《資本論》第一卷，馬克思就轉述了這個故事：

他從破船上搶救出表格、帳本、墨水和筆，作為一個道地的英國人，魯賓遜不久就開始記起帳來。他的帳本記載著他所有的使用物品、生產這些物品所必需的各種工作，最後還記載著他製造某一定量的產品平均耗費的勞動時間。

大約在 1995 年，我讀大學的時候，讀到馬克思的這段話，他帶我重溫了魯賓遜荒島生活的一些細節。當時我心裡突然產生了一個疑問：魯賓遜流落到一座熱帶荒島，眼看都活不下去了，還有心情搶救表格、帳本，記起帳來？馬克思還說他是一個道地的英國人，難道一個英國人道不道地，要看他記不記帳？

幾年後，我讀到達爾文（1809－1882）的傳記，驚異地發現大名鼎鼎的達爾文，居然就是一個馬克思頗為認同的「道地的英國人」。他也說自己特別喜歡記帳，而且記了一輩子帳。

作為演化論的創始人，達爾文是人類歷史上最偉大的科學家之一。相傳他小的時候喜歡觀察昆蟲，有一次在野外，他看到幾隻從沒見過的昆蟲，就左手抓一隻，右手抓一隻。這時候，又出現了第三隻看起來更稀奇的小蟲，達爾文想馬上抓住它，又捨不得放掉手裡的，於是把右手裡的昆蟲放到嘴裡，騰出手抓住那隻新出現的昆蟲，然後緊緊閉著嘴一路跑回家。儘管那隻昆蟲在他嘴裡蠕動，並釋放出又辣又苦的液體。

而令人感到意外的是，達爾文對記帳的熱情，居然如同對昆蟲和化石一樣狂熱。他留下了相當多的會計帳本。達爾文生前把自己的所有活動都詳細記錄在會計帳本裡，並為每一本帳本取名。他的妻子艾瑪則負責管理家庭帳冊的所有細節，記錄包括食物、服飾、用人、娛樂、傢俱、車馬、子女教育，甚至鋼琴樂譜、音樂會門票等細碎支出的情況。

直到今天，你仍可以透過這些留存的帳本和記錄，一窺達爾文一家的祕密。例如，1867 年全年，達爾文一家最大的支出是買肉，共花費 250 英鎊，其次是服飾 213 英鎊。1895 年 100

英鎊的購買力約等於 2011 年的 10,825 英鎊，而 1900 年之前的英鎊幣值穩定，也就是說 1867 年的 250 英鎊約當今天的 27,063 英鎊，這是很大的一筆錢。達爾文出身金錢世家，相較於同時代另一位偉人馬克思，他簡直過著天堂般的生活。馬克思於 1849 年 8 月流亡到倫敦後，雖然精打細算，可還是常常入不敷出，在倫敦生活的 34 年間，他生活得異常拮据，因為繳不起房租，不得不一次又一次地搬家。之所以如此對比，是因為我曾經思考過一個問題：富裕如達爾文，竟如此詳細地記帳，他是不是有「葛朗台」❶的嫌疑？到底是窮人還是富人更應該記帳？

達爾文的兒子法蘭西斯‧達爾文（Francis Darwin, 1848 – 1925）曾經這樣評價自己精於記帳的父親：

> 他記帳時總是非常小心，會詳細將各項帳目分門別類，而且一到年底，還會像個商人似的平衡每一本帳冊。我記得他每付出一張支票，就會迅速記到帳冊之上，彷彿要趕在遺忘以前將它們入帳一樣。

當然，不僅僅是記帳，達爾文愛好且堅持的，準確地說其實是記錄。他堅持寫日記，他的日記本也像帳冊一樣，一邊是事由，一邊是所花的時間。他記錄健康的日子、生病的天數以

---

❶ 編注：葛朗台（Grandet）是法國文豪巴爾扎克（Honoré de Balzac）的小說《歐也妮‧葛朗台》（*Eugénie Grandet*）裡的人物，他是一名非常有錢又有威望的商人，但他為人極其吝嗇，在小說中被描繪為守財奴的代表。

及花費在工作上的時間。他甚至計算自己和妻子花費了多少時間在玩遊戲上。

達爾文的記錄已經有一套科學的方法了，身為一名自然科學家，他一直保持著透過個人觀察來對現象進行總結歸納，然後得出結論的習慣。我們前面談到，人的記憶會衰減，大腦還有篩選機制，傾向於記住一些和自己一致的觀點，對於與自己不一致的觀點則是會更快忘記。達爾文顯然注意到大腦的這個祕密，他隨身攜帶一本筆記本，非常留心搜集和自己固有知識體系不一樣的事實和資訊，一旦觀察到這樣的事情，他規定自己必須在 30 分鐘內完整記錄下來，因為他知道大腦很可能會「主動」忘記這些記憶。

在英國皇家學會內部的一份問卷調查中，達爾文毫不掩飾自己在記帳領域的愛好和稟賦。在「特殊天分」那欄，他回答說：「除了記帳、回信以及擅長商業投資以外，我沒有什麼特殊天分。我的嗜好就是要非常有條理。」

我大約是 2007 年在美國留學期間，發現有這樣一份問卷調查存在。老實說，那個道地英國人的「哏」，又如琴弦般在我心裡撥動了一下。這也是歷史上一次有名的問卷調查，問卷的設計者是高爾頓（Francis Galton, 1822－1911），他也是一名權威學者，作為統計學的奠基人以及現代遺傳學、優生學的開創者，其研究領域之廣令人咋舌。今天「次世代」年輕人追捧的各類心理測試和問卷調查，就是高爾頓首創。高爾頓這次問卷調查的目的，是透過收集數據，證明個人的智力與成就，和他的祖先究竟有沒有關係；如果有，具體上是多大的關係。

還有一個重要資訊，高爾頓這位博學的紳士，是達爾文的

圖 5-1

表弟。他之所以進行這次的問卷調查，其實是受到達爾文演化論的啟發：既然我們身體的很多特徵會遺傳，那智力會不會遺傳呢？據後人所言，高爾頓既尊重達爾文，又不太服氣，希望自己也能做出偉大的發現，比肩他的表兄。我在後續章節會專門講述高爾頓，這裡要事先透露的，就是高爾頓也是一個記錄和數據狂人。他們倆的表親關係一度令我懷疑，記帳和記錄是不是他們家族的一大特色？

當我試圖把這個猜測的觸角在歷史的汪洋裡稍稍往前延伸一點的時候，我驚奇地發現這個猜測居然成立了：達爾文的外祖父韋奇伍德（Josiah Wedgwood, 1730 – 1795）也熱愛記帳和記錄。他生於 1730 年代，換言之，如果說有「道地的英國人」，那達爾文至少是第三代了。

韋奇伍德是一名瓷器大師，一手開創了一個瓷器品牌——

英國國寶級瓷器品牌瑋緻活（Wedgwood）。在歐洲歷史上，數百年來，這個品牌總是與無數尊貴的家族連在一起。在葉卡捷琳娜女皇的皇宮，在伊莉莎白女王的加冕慶典上，在羅斯福總統的白宮國宴裡，瑋緻活瓷器一直是歐美各國皇室、大戶人家的瓷器首選品牌。時至今日，一套精美的瑋緻活瓷器仍是國際上流社會的餐廳標配，也是普通平民家庭渴望得到的奢侈品，它讓餐桌熠熠生輝，被奉為「瓷器中的愛馬仕」。

在 18 世紀之前，世界上最好的瓷器來自中國。因為掌握了製瓷的核心技術，中國瓷器在全世界處於絕對領先的地位，幾乎壟斷了整個國際市場的瓷器供應，瓷器也因此成為中國的標誌性符號。但滄海桑田、時勢變遷，今天的中國瓷器已淪為國際市場的「大陸貨」。從產量上來說，中國確實還是一個產瓷大國，但在世界上任何一個商場的高級瓷器櫃檯，幾乎都看不到中國品牌。歐洲人占據著世界高端瓷器市場 80％至 90％的銷售額，其餘銷售額由美國和日本瓜分。

韋奇伍德就是促成歐洲瓷器崛起的一個關鍵人物。他是名副其實的「白手起家」的一代。韋奇伍德 7 歲時父親逝世，家庭隨即失去經濟來源，年僅 9 歲便去陶瓷工廠當學徒學製陶。命運多舛的他，11 歲時感染了天花，導致必須從膝蓋處截肢，從此少了一條右腿。

遭此重創，韋奇伍德再也不能在工廠當一名燒瓷工人。然而，飛來的橫禍並未澆滅他對瓷器的熱情，他欽羨、喜歡中國的瓷器，但是拖著一條殘疾之腿，無法隨意走動，他便利用一切閒暇時間鑽研瓷器的配方。

韋奇伍德在 1759 年開設工廠，半生時間醉心於瓷器研

圖 5-2　韋奇伍德和他的瓷器

發。他從模仿中國瓷器入手，不斷推陳出新，為了製造出既美觀又耐用的瓷器，韋奇伍德反覆嘗試將動物骨粉摻入原料中，一次次地透過實驗調配骨粉比例和燒製時間，以尋找最佳配方。他一共進行了 5,000 多次燒瓷實驗，並詳細記錄每一次實驗的過程和結果。1774 年，他研製出了浮雕玉石器（Jasperware），這種瓷器不僅晶瑩剔透，透光度高，質地也比一般瓷器堅硬。韋奇伍德請來當時著名的雕刻家，在瓷器外部雕刻各式浮雕和花樣，立體浮雕的效果令人驚嘆，每件作品都洋溢著浪漫與尊貴，成了歐洲瓷器的重要創新。

可以說，正是從這時候開始，憑藉實驗、記錄和定量分析的方法，歐洲人不僅掌握了中國瓷器的成分和煉製技術，而且開始透過創新超越中國。除了韋奇伍德，還有一個德國人叫伯特格爾（Johann Friedrich Böttger），他從 1700 年開始，做過 3 萬多次燒瓷實驗，並記錄了每次實驗的過程和結果，德國的麥森瓷廠（Meissen Porcelain）至今仍保留著這 3 萬次實驗的數據。

也就是說，今天德國人想要如實還原幾百年前的一件產品是很容易的事，因為有詳細的記錄，而中國打算一模一樣地還

原一件明清年間的瓷器，則完全不可能，因為沒有配方和記錄留存下來。

中國瓷器業的生態，是師徒之間口耳相傳，或者家族父子代際傳承。為了祖傳祕方以及獨占市場，中國瓷器行業以不記錄、少記錄為宗旨，防賊，也防同行之人。很多時候，師父只告訴徒弟要把握火候，加入適量材料，但要理解什麼是火候、多少是適量，就要靠悟性和機緣。要指望師父傳授一個配方，徒弟得用一輩子的忠誠服務和跟隨來換取。

因為沒有記錄，中國歷史上一些技藝非常高超的工藝和祕方，一遇上戰爭等動亂或意外就失傳了，後人只好重新再來。例如唐三彩、越州祕色瓷、宋代汝瓷、吉州窯等，去網路上搜尋一下，這類名單有一大串。到了 1770 年代，瑋緻活瓷器已經名滿天下了。皇室貴族這些上流社會的「樹立品位標準之人」，莫不以使用瑋緻活瓷器為榮。但韋奇伍德的經營並非一帆風順，他的企業也曾遇過困難。

有一年，韋奇伍德製造了價值 12,000 英鎊的瓷器，但產生了 4,000 英鎊的債務。韋奇伍德發現，生產的瓷器愈多，公司的虧損也愈多，接近入不敷出的邊緣也愈近。他納悶了，東西賣得好，卻不賺錢，到底是哪裡出了問題？

韋奇伍德最終發現，必須從記帳當中尋找答案。他在前人的基礎上，開創了工業製造領域的會計體系。當時，記帳已經是商業機構的標準配備，每一家企業都有會計，但製造型企業遠遠要比貿易型企業複雜，因為涉及原物料的採購、運輸、加工，機器的維修、損耗、折舊、汰換，以及土地、廠房、資金周轉等各種要素。在韋奇伍德的時代，如何記錄這一切，全無

成熟的規範。

韋奇伍德設計了一套記錄成本與利潤變化的工業會計系統。他把工廠日常運營的成本分成 14 個類別，包括付給零工、倉庫和簿記、意外、租金、損耗及偶發費用等，他琢磨出一套方法來計算折舊、行政成本、銷售費用和資本利息。他發現，生產成本的控制雖然複雜，其中的變化卻「像時鐘運轉一樣有規律」。說穿了，工業就是一台機器，如天體行星一般，有著固定的運轉間隔和週期。

透過帳本，他察覺到某些工人比另一些工人更便宜、效率更高，他也發現，按件計酬的方式比按日計酬更有激勵效果。

圖 5-3

他甚至根據銷售記錄來推算未來的銷售金額，同時策劃一些能在未來「增加銷售額的手段」，例如他察覺到有錢人不介意多付一點錢，但一點點小的差價就足以嚇跑一般人，所以他必須細分客戶，分別製造一些能迎合富豪階層、中產階級和低收入家庭的不同產品，在今天，這些方法就叫做「策略性定價」。

他的筆記本裡，寫滿了各種「降低勞工成本」的筆記和附注，他發現，只有一個方法可以讓自己清晰地瞭解成本，那就是持續不斷地對帳及查帳，他派出自己的親信擔任會計，協助清查，那些貪汙欺詐的主管紛紛露出馬腳。他在日記裡寫道：

這樣，我每個星期就能收到郵寄來的帳目了，這些帳目必須根據我吩咐的方式做，而且數據的收集永遠不能間斷。

韋奇伍德於 1795 年過世，他的商業生涯經歷了多次經濟風暴，但他安然而退，留給後代（當然也包括他的外孫達爾文）大約 50 萬英鎊的巨額財富。他的智慧和成就也可以歸功於「記錄和記帳」，在閤上他的傳記之際，我的心弦仍無法平靜，我確認了一些事實，但腦海中又出現一些新的問題，記帳究竟是怎麼一回事？這到底是一個家族的特色，還是一個民族的特色？要回答這些問題，我需要繼續追溯。

如何記帳，曾經是個大問題

我們在第 4 章提到，人類文明之初，無論是結繩記事，還

是文字和貨幣的發明，都和一件事有關——記帳，人類記帳的歷史可謂源遠流長。

然而，你很可能不知道，雖然歷史久遠，但從最早用泥板記帳之後的 5,000 年以來，人類記帳的技術始終非常落後。直到 14 世紀末依然如此，全世界幾乎所有的商人，一年到頭辛苦經營下來，連自己到底賺了多少錢都算不清楚，換句話說，就是一筆糊塗帳。

因為幾千年以來，人們都只會記流水帳。

什麼是流水帳？就是簡單地按時間記錄一筆帳，它跟流水帳作文是同一狀況。你可能玩過一款經典遊戲叫「大富翁」，我們就用它來打比方。如果路過金貝貝的購物中心花費 20,000 元，請朋友吃飯花了 500 元，你可以這樣記帳：

吃飯支出：500 元；購物支出：20,000 元。

這看起來很清楚，但生活並不是這麼簡單。有時候，一筆帳來了，你會不知道該不該記，如果要記，又該怎麼記；因為它的性質是交叉的，既可能是收入，也可能是支出，例如：

購買股票支出：5,000 元；
今天是信用卡還款日，還了 5,000 元，還欠 1,000 元；
今天向朋友借了 1,000 元現金，已經用了 200 元為公司代墊交通費。

買股票是支出，也是投資，這筆錢並沒有真正花出去，那

該如何記？類似的項目一旦記上去，月底的統計就不是簡單的加減了。同樣令人煩惱的還有上面列出的借款和代墊款，如果記，可能重複，如果不記，又可能漏掉了開支的項目。

這就是流水帳的困境，只能記錄簡單的收入和支出，對於借款、貸款、預支、訂金、轉帳、報銷等複雜的行為就不適用了：如果都記下來，就一定會重複，如果不記，又可能漏記。而對一家大公司來說，交易會如雪片般飛來，一筆一筆核對，將是極其繁瑣的工作。

這就是 15 世紀以前，商業記帳的真實情況。每個商人都有一本流水帳，但業務一多、一複雜，就變成糊塗帳了。具體賺了多少、賠了多少，商人是算不清的。

這對商業發展的限制實在太大了，帳記不清楚，公司就只能小本經營。為什麼？因為公司要做大，就要有合夥人，試想一下：如果算不清帳，合夥人就會因為分紅發生爭吵，很多合夥人可以共患難、一起打拚，但如果賺了錢分不均，結果就是爭得面紅耳赤、一拍兩散，古今中外很少有例外。俗話說「不患寡而患不均」，西方也有一句話，「帳目常清，友誼長存」，道理類似。

你可能會反對說，兄弟要講情義，利益只能擺第二，歷史上不就有這樣的美談嗎？春秋時期的宰相管仲（約西元前 723－前 645），年輕的時候為了謀生，和好朋友鮑叔牙一起做生意。管仲拿不出太多本錢，出資少，鮑叔牙出資多，到了年底分紅的時候，管仲卻自作主張，自己給自己分了一半。這時候其他人便不高興了，他們抱怨鮑叔牙糊塗，而且舉報管仲品行不端，做生意的錢都還沒入帳，他就拿去墊付自己的債務了。

他們抱怨的也沒錯，管仲收了錢不入帳，又用於其他地方，在會計學裡這叫「挪用」，是違規的行為。按股本比例分紅，也是基本的商務邏輯。但鮑叔牙斥責他的手下說，你們滿腦子都是錢，就沒發現管仲的家裡十分困難嗎？他上有老、下有小，比我更需要錢，多分一點是應該的，這事你們以後不要再提。

「管鮑分金」是個美談，但這是特例，特例不足以成為現實的參照。合夥做生意的目標很明確，就是要賺錢，分不均就會引發拆夥的風險，經營就無法持續。即使你像管仲一樣需要錢，也不能指望你的合作夥伴像鮑叔牙一樣慷慨。正是因為過

圖 5-4

於強調道德、漠視規則，中國的商業文明長期以來不發達。

如何把帳算清楚，把錢分公平？在全世界，是威尼斯人率先解決了這個問題。

12 世紀的威尼斯已經出現了複雜的合夥和投資。出海前集資，回來後分紅，一次航行就是一單生意。一艘船的貨物可能來自十幾個人的集資，然後被賣給幾百個人，這幾百人當中的幾十人，可能又會二次販賣，所得的錢又投到另一艘船的貨物上，再被另外幾百個人買走……如此一來，那最初的十幾筆錢後來流向哪裡？那些最初的投資要怎麼折算成財富，賺了還是虧了？

為了解決這些問題，一種新式帳本開始在頭腦靈活的威尼斯商人手中流行。到 14 世紀時，威尼斯商人在記帳和計算方面已經領先世界。但當時的知識傳播相當緩慢，威尼斯人也只管賺錢，並沒有意識到自己的記帳方法是全世界第一，直到帕西奧利（1445－1517）出現，這種方法才被系統性地總結，逐漸傳遍世界。

帕西奧利是一名義大利修道士，同時也是一名數學愛好者。他的第一份職業是家庭教師，在一名威尼斯大商人家裡為孩子講授數學。作為一名 20 多歲的數學老師，他很有趣，常常用「卡通語言」來描述數學問題，例如，有一個貓捉老鼠的經典數學題，就是帕西奧利最早在他的書裡總結的：

一隻老鼠在 60 英尺高的白楊樹頂，一隻貓在樹下的地上。老鼠每天下降 2 分之 1 英尺，晚上又上升 6 分之 1 英尺；貓每天往上爬 1 英尺，晚上又滑下 4 分之 1 英尺；這棵樹在貓

和老鼠之間每天長 4 分之 1 英尺，晚上又縮 8 分之 1 英尺。試問貓需要多久時間才能捉住老鼠？

　　貓在執著地爬，鼠在拚命地逃，大樹每天還在長高，現實生活中不可能有這麼誇張的場景，但進兩步又退一步是生活的常態。帕西奧利的課上得好，孩子們喜歡他，大商人爸爸也願意和他聊天。這位商人和帕西奧利分享了許多商界風雲和經商苦惱，他告訴帕西奧利，商人是為數字而生的，他們在決策和行動之前，必須把所有的利害關係都換算成數字，然後放在天秤上衡量。做生意就是要找到一切低價買入、高價賣出的機會，但大千世界變化多端，就算長 100 隻眼睛、100 顆腦袋都不夠用，因此商人要用心觀察，不停地記錄和計算，記錄得愈清楚愈好，即使有 1 萬筆交易也不能怕麻煩！

　　換言之，一個商人必須是敏捷的記錄員和精明的算術家。這些話在帕西奧利的心中埋下一顆種子，啟發他思考商業活動和帳目記錄的關係。

　　啟發帕西奧利思考記帳問題的第二個人是達文西（1452－1519）。1490 年代，帕西奧利應邀到米蘭宮廷講學，他在這裡遇到達文西。這個時候，達文西正在為聖瑪利亞感恩教堂繪製〈最後的晚餐〉。兩人很快成了「親密好友」，達文西雖然對人體的幾何和比例有著敏銳的直覺，但缺乏數學知識，帕西奧利樂於分享，教他代數、幾何和透視，達文西則投桃報李，為帕西奧利的新書配上精美的手繪插畫。

　　達文西是歷史上公認的一位曠世天才，在藝術、科學、工程等諸多領域都做出了非凡的貢獻，這裡要強調的是，達文

西本人就是一位敏捷的記錄員，與他同時代的人回憶說，「達文西有一種做記錄的本能」，他在腰間掛了一本小本子，隨時記錄周邊發生的事情和自己的觀察，甚至動手畫下來。直到今天，全世界的博物館都還保留著達文西的 7,000 多頁筆記，而這還不到他全部筆記的 4 分之 1。「在紙上做筆記」被後人認為是達文西驚人創造力的一個重要來源。❷

前面探討情商時，曾經談到抵抗負面情緒最好的方法，就是把它記下來，並且量化它。在達文西的時代，他只能記到紙上，今天我們可以記錄到電子設備上，也就是把筆記變成數據，這樣更加方便分析。達文西的做法也後繼有人，受到他的啟發，大發明家愛迪生（1847－1931）也隨身攜帶一本筆記本，隨時隨地記錄觀察靈感和創意。愛迪生去世後，後人在他的房間裡發現了 3,500 本筆記本，如果你認為這令人驚訝，那可能證明你還不瞭解記錄當中蘊藏的真實能量。

回到帕西奧利。幾年之後，米蘭爆發了戰爭，帕西奧利和達文西結伴逃往佛羅倫斯，這一對「親密好友」朝夕相處，常常一起討論問題，從人體的比例、對稱，談到了數學中的二分、兩極、二元對立和二律背反。

達文西認為：「人有兩面性，有善就有惡，有愛就有恨。它們不僅存在於我們的精神，也存在於我們的身體，很多時候，上就是下，寬就是窄。」

❷　沃爾特‧以撒森，《李奧納多‧達文西傳：從凡人到天才的創造力密碼》〔M〕汪冰，譯。北京：中信出版社，2018：100，101，546。

帕西奧利答道：「《傳道書》也說過意思一模一樣的話，有生就有死，有種就有拔，有悲傷就有歡笑，有推翻就有建立……」

「對，整個物質世界都展現了這種二元性。」

達文西的回應啟發了帕西奧利把「二元對立」衍生到世界萬物，包括他正在思考的商務記帳領域。他意識到，商人面對的利潤和虧損，就是收入和開支的二元對立，這應該成為商業記錄的支點。

怎麼記呢？這時候，威尼斯人發明的記帳方法已經傳到義大利，但並沒有大規模流行，帕西奧利開始對這種方法進行梳理和總結。

1494 年，帕西奧利在自己的著作《算術、幾何、比與比例集成》（也有人稱這本書為《數學大全》）中，將這種方法命名為「複式記帳法」。他如此總結這個方法的精髓：每一筆商業來往都要以相等的金額，同時在兩個帳戶中進行雙重登記，即有借必有貸，借貸必相等。如果全部的業務都這樣記錄，那麼商人就可以建立隨時結算的體系，即任何時候都可以算出一個利潤的準數。

例如，你今天花了 5,000 元買股票，用流水帳的記法，你記下「買了 5,000 元股票」就行了。但如果用複式記帳法，你必須同時記下兩項：一項是從現金帳戶減少 5,000 元，記為「-5,000」；另一項是在投資帳戶增加 5,000 元，記為「+5,000」。

這兩個不同帳戶裡的 5,000 元，就是一借一貸，如果把「你」換成一家公司，借貸就變成了「負債」和「權益」。透過這種負債和權益的複式記帳法，公司就可以清晰地追蹤每一

筆資金的流動和來龍去脈，計算它的回報率。因為所有帳戶的借貸之和，即正數與負數之和必須為零，就像能量守恆定律，這種方法也特別方便在記錄中找到錯誤。

帕西奧利建議商人天天記帳。在所有家禽當中，帕西奧利認為公雞是最警覺的，不論春秋冬夏，牠徹夜警戒，從不休息。商人就應該像公雞一樣，時時保持機警，每天都要對帳，如果一天下來帳目不清、借貸不等，是不能上床去睡覺的。

帕西奧利對複式記帳法的總結，推動了科學記帳方法的大規模普及，後世將他稱為會計學之父。

圖 5-5

記帳進入文化和家庭

　　歐洲各個國家和地區開始陸續建立大量的會計學校,先是義大利,然後是荷蘭、蘇格蘭、英格蘭等。在 16 世紀晚期,荷蘭的阿姆斯特丹超越義大利的威尼斯,一度成為世界會計的中心,複式記帳法在實踐中變得更加精深,荷蘭也因此產生了全世界第一家股票交易所,以及後來舉世聞名的東印度公司,有詩為證:

　　這就是名震一時的伶俐發明,讓威尼斯、熱內亞與佛羅倫斯,以及西歐沿海地區得以繁榮富庶,而此刻這項藝術也造就了荷蘭的興起與強大。

　　這項伶俐的發明和藝術,指的就是複式記帳法。

　　繼荷蘭之後,英國也大規模普及複式記帳法。據歷史學家統計,1740 年英國有 10 多所會計專科學校,到了 18 世紀末,專門的會計學校超過 200 所,會計成為青少年未來從事商業活動的準備課程,這些學校向社會輸送懂得科學記帳的專業人才。也有歷史學家認為,英國獲得強大商業能量和工業崛起的主要原因,就在於它超越荷蘭成了新的會計文化與教育中心。

　　英國人認為,只要經商,就必須學會計。懂得會計的人才能管理自己的事務,才能追蹤國際貿易與國家事務,才能成為社會的治理階層。

　　因為掌握了嫻熟的會計技術而走向成功的商人,歷史上確實有很多。美國的鋼鐵大王卡內基(Andrew Carnegie, 1835 -

1919）、石油大王約翰・洛克菲勒（John D. Rockefeller, 1839 –
1937）都在自己的回憶錄中談到少年時代學習記帳的經歷，洛
克菲勒 16 歲開始工作，第一份工作就是記帳。他在父母的教
導下，6、7 歲時就有了一本專門的「記帳本」。7 歲時，有次
他賣了自己飼養的火雞，認認真真地把帳款記錄下來，寫得一
清二楚。他在自傳中提到，自己後來之所以能掌控一個龐大的
石油帝國，是因為終身受益於記帳的知識和分類帳本。

　　洛克菲勒也非常關注數字。有一次他去考察一家工廠，這
家工廠的主要業務是將煤油按 5 加侖（約 19 公升）一桶進行
分裝密封。洛克菲勒在一台機器前停下腳步，他問生產線上的
專家，需要幾滴焊錫才能封一個油桶，那位專家回答 40 滴。

　　「那試過 38 滴嗎？」

　　專家搖搖頭。

　　「那就試試吧，用 38 滴焊錫，然後將結果告訴我。」

　　這位專家經過檢測，向他報告用 38 滴會漏油，但 39 滴就
不會。從此，其石油集團旗下所有煉油廠建立了一個新標準：
用 39 滴焊錫密封油桶。洛克菲勒算了一下，這 1 滴焊錫每年
為整個集團節省了 25,000 美元。❸

　　由於商業活動的普遍性，西歐國家也開始鼓勵女性學習會
計，人們認為女性學習會計有助於管理和保護自己的家庭，特
別是寡婦，不致成為別人財務掠奪的獵物。2019 年 4 月，我

---

❸　洛克菲勒，《我將財富播撒人間：洛克菲勒自傳》〔M〕王曉玉，編譯。
　　呼和浩特：遠方出版社，2017。

應邀到上海國家會計學院交流，當確認此一邀約的時候，我突然好像又聽到那根弦的聲音，不，不是一根弦，那一瞬間，我彷彿聽到一首會計的合奏樂章。

要知道，這一點特別重要，因為真正改變一個民族的未來的，是千千萬萬雙推動搖籃的母親之手。當愈來愈多女性學會複式記帳法，像是西歐家庭許多兒童很可能從幼年開始，就在媽媽的懷抱之中學習記帳，這種啟蒙的力量可以伴隨終身。

這完全不誇張。美國的開國元勛富蘭克林在自傳中提到，他曾經在 1733 年和人合夥開辦印刷廠，他負責出錢及設備，但不能親自到場。他的合夥人在南卡羅來納州，很有學識素養，為人也誠實，但對記帳一無所知，導致一直經營不善。在這個合夥人過世之後，工廠由合夥人的遺孀繼續經營。富蘭克林發現情況竟然完全改觀：

> 她出生在荷蘭，並在那裡接受教育。我聽說，那裡的女子需將會計知識作為受教育的一部分。她不僅盡可能把過往的帳單弄清楚寄給我，而且把日後每個季度該定時給我的帳單都記錄得一清二楚，她的業務經營得很成功……。我說出這件事情的主要目的是想鼓勵年輕女子去接受這方面的教育，如果不幸守了寡，這門知識對她們自己和孩子，比唱歌跳舞更有用。❹

---

❹ 班傑明・富蘭克林，《富蘭克林自傳》〔M〕亦言，譯。北京：中國友誼出版公司，2013：121。

不僅女性、孩童都在學習這門學問，這個時期的歐洲，會計也是時代和社會的「驕子」。會計的地位，可以從當時的畫家、小說家和哲學家的作品當中得到印證。

例如，中世紀留下了大量關於會計和帳冊的名畫，畫裡的會計總是帶著微笑，桌上也總是攤開著帳冊，一副勝券在握的模樣。這些畫傳遞了那個時代一個重要的訊息：一名優秀的會計，不僅可以取得商業上的成功，甚至有能力掌控整個世界。

在法國大文豪巴爾扎克（1799 – 1850）的筆下，有錙銖必較的葛朗台，還有用記帳的方法來測量大眾幸福程度的政治家。為了有效管理一座城市的居民，巴黎行政長官帕皮諾開發了一套「民情會計系統」，在這個系統裡，所有居民的痛苦都被轉化為數字，並被填寫進一本帳本裡頭，就像商人對不同債務設置不同帳目的方法一樣，系統為每一種不幸設立一個帳

(1)　(2)　(3)

(1)〈錢幣兌換商和他的妻子〉，桌上擺著帳本。創作於 1539 年，現藏於西班牙普拉多博物館。
(2)〈一位商人的肖像畫〉，他在記帳。創作於 1530 年，現藏於華盛頓國家美術館。
(3)〈基什肖像〉，壁板上有書籍、帳本，題簽上面寫道：任何歡樂都是由痛苦換來的。創作於 1532 年，現藏於德國柏林美術館。

圖 5-6

目。巴黎行政長官用這套方法來衡量居民的怨恨和怒氣,以免他們造反,把怒氣撒到當權者身上。痛苦和歡樂也可以入帳,這是不是有點量化一切的意思?

英國小說家狄更斯(1812－1870)筆下也有許多會計的角色和故事,據後人考證,狄更斯的父親就是一名會計。在他的著作《塊肉餘生記》裡,狄更斯借由男主角之口,講出他關於會計的終極經驗——「人生就是一本大帳本」:

記住,如果一個人年收入 20 英鎊,花費 19 英鎊 19 先令,結局是幸福。但假如他花費 20 英鎊 1 先令,結果就是痛苦!

狄更斯這句話也表明了當時流行的一種看法,即複式記帳法也可以用來衡量人類的「快樂和痛苦」。1781 年,哲學家邊沁(1748－1832)就主張建立一個能計算快樂與痛苦的帳目,將其中一邊所有快樂的價值全部加起來,再將另一邊所有痛苦的價值加起來,從這兩者的差別,就可以判斷一個人是否幸福。一個人不僅需要在財務上記帳,也需要不斷清點自己的人生帳目。

當複式記帳法在全社會普及,就不再只是商人計算利潤的工具,而是成為大眾製作「幸福痛苦量表」的一種方法,成為哲學家思考、計算個人幸福和價值的一種方法。生命的挑戰其實和商業的挑戰一樣,都是要找出二元對立的平衡點,人生可以記錄、分析的事情實在太多!

複式記帳法在歐洲的廣泛普及,對歐洲人的影響是非常深遠的,它在不知不覺中塑造了歐洲人的性格、文化,甚至歐洲

國家的國運。

追溯到這裡，我認為馬克思對「道地英國人」的總結是令人信服的，勤於記帳的特點確實屬於全體英國人，這是高數商民族的一種體現。

黃仁宇找答案

複式記帳法，就是對一個行為記錄至少兩次，聽起來、看起來、說起來平淡無奇，但這個小小的創新改變了世界。

因為記帳準確，每一筆資本的回報率都可以追蹤，每一家公司的運營情況都可以透過標準報表來透視和評價。這為所有的商業組織建構了一個孿生的資訊系統，任何感興趣的人都可以查看。這種透明度增加了投資者的信心，因為業務行為被記錄，就可以被分析，整個經營也就可以被託管。這意味著公司的所有權和經營權因此可以分離，權益可以更合理地分配，這些特點和功能為現代公司，特別是「股份公司」的出現奠定了基礎。

無記錄，就無分析、無評價；無記錄，就無權益的合理分配，無後續的股份公司創新。

股份公司隨之在歐洲興起，這也推動了世界貿易的第一波全球化。當時最成功的東印度公司是早期資本主義的象徵，代表其公司形象的畫像就是一個「左手拿著帳本，右手拿著刀劍」的人，帳本代表了他對利益的計算和追求，這是貿易的真正動力，而刀劍則代表武力，這是海上航行的護衛。憑藉帳本

和刀劍，東印度公司把貿易推向全世界。

　　15 世紀末，哥倫布發現新大陸，人類開啟了大航海時代，哥倫布曾先後 4 次橫渡大西洋，這需要大量的融資和借貸。1492 年，當西班牙女王答應資助哥倫布出海之時，她派去潛伏在哥倫布船隊的第一名也是唯一一名心腹，就是一名會計，他負責記錄航海的開支、計算航行的成本，這是哥倫布的船隊和女王分配航海收益的依據。

　　可以說，正是複式記帳法，使這項風險投資有了技術基礎。也可以說，沒有複式記帳法，很可能就不會有「地理大發現」了。有了複式記帳法，人類才真正開始把「錢」當作資本來經營，可以追蹤其收益和損失。帳本成全了資本。

圖 5-7

國家，也可以被理解為一家超大型的公司。既然複式記帳法在商業公司的管理上這麼方便，那為什麼不能用來管理國家呢？頭腦靈活的歐洲人於是開始製作國家的「帳本」：對整個國家的經濟活動進行鉅細靡遺的記錄，對國家和社會的每一筆財富進行追蹤，以此分析一個國家所有資本的增減變化、流動去向等，實現整個國家資源的數據化管理。

著名的經濟學家熊彼得（1883－1950）認為，資本主義起源於複式記帳法，複式記帳法是資本主義「高聳入雲的紀念塔」。甚至還有學者認為，沒有複式記帳法，就不會出現資本主義，是複式記帳法創造了資本主義。

總結一句話：複式記帳法是西方國家開啟現代商業、走向繁榮的一塊重要基石。

也不能說中國人不喜歡記帳，對金錢的渴望，東西方都是一樣的。可惜中國的記帳方法是淺嘗輒止，長期沿用的就是流水帳，流著流著就無影無蹤了。一直到 20 世紀的第一個 10 年，複式記帳法正式從日本傳入中國，流水帳的落後方法才被全面取代。可是這距離複式記帳法最早被發明時，已經過去了500 多年。

這 500 年跟中華文明走下坡的歷史節點高度重合。為什麼會走下坡？特別是近代 200 多年，中國人飽受落後的屈辱，備受各種打擊。曾經領先世界的中國為什麼落後？不同的人有不同的觀點和看法。1997 年，華人歷史學家黃仁宇（1918－2000）提出的「數目字管理」（Mathematically Management）曾經引起關注和討論。

「數目字管理」主張跳脫道德和法制，從數據和統計的技

術層面去解釋中國落後的原因。黃仁宇認為，資本主義的領先，集中體現在以事實為基礎、以數據為核心的精確管理上。而中國最大的弊病在於：當西歐和日本都已以商業組織的精神，一切按實情主持國政的時候，中國仍是處於億萬軍民無法在數目字上管理的狀態。因為缺乏數目字管理的能力，從 14 世紀起，中國開始落後於西方文明。換句話說，記不清、算不清帳的中國開始糊里糊塗地走向衰落。

　　我認為，複式記帳法是小數據時代人類文明的一個瑰寶，這個方法科學地解決了對商業活動事實進行記錄的問題。人類從此開始用量化的方式來看待並記錄事實，這和遠古時期人類發明數字和文字是多麼一致，它深刻地改變了英國人觀察世界的角度，影響了他們的思維方式，塑造一批又一批、一代又一代「道地的英國人」。這些人成了英國建設的中堅力量，推動

圖 5-8

　　黃仁宇是國民黨的一名軍官，參加過抗日戰爭，在戰爭結束後赴美求學。他從大學讀起，46 歲時才在密西根大學取得博士學位。雖然中年才學成，但黃仁宇非常用功，筆耕不輟，在學術上幾經波折，最後開創了一家之言。

這個國家一度成為雄霸全球的日不落帝國。隨著本書後續故事的開展，你會發現：所謂的「事實」就是那些具有某些定量特徵的客觀現實，即事實是一定可以被量化的。

然而，記帳的風氣和習慣，並沒有普及到普通家庭和個人，可以說，整個社會還缺乏記帳的啟蒙，沒有養成凡事記錄的習慣。要完成這項工作，我們還需要做綿延細緻的長期工作。對個人和家庭來說，要記的帳，不僅僅是金錢帳，還有時間帳、任務帳、道德帳。生活就是一本需要記錄和分析的大帳，我們要在全社會普及複式記帳法的方法和原則。

接下來我們要講科學革命。複式記帳法把商業體系變成了數據，緊跟著這個步伐，科學家開始把整個物理世界變成數據。你會看到商業記帳的方法，跟創造經典物理學體系的哥白尼、克卜勒，甚至牛頓所用的方法，本質上並沒有不同，其核心都是「記錄——用量化的方式記錄」，這種方法不僅促進了商業社會的誕生，還催生了近代科學的出現。

下一章我們將繼續闡述這種方法和精神的深刻內涵。

　　流水帳最大的問題是：一筆交易來了，不知道該如何記，因為既可能是開支，也可能是收入，處於模稜兩可的境地！

　　我的經驗是，使我們陷入麻煩的通常不是我們不知道的事，而是那些我們知道但不確定、模稜兩可的事，模稜兩可就是不確定，記錄和量化最大的作用就是減少不確定。

　　所以，凡是碰到模稜兩可的事情，就應該嘗試透過量化來讓它變清晰。只有清晰了，才能有效地管理。

　　你有沒有想過為你每天的日常生活建立一個記錄體系？有哪些事情必須記錄？有哪些事情可以記錄，也可以不記錄？除了金錢和時間，還有哪些記錄可以量化？這些記錄應該怎樣分析？

06

數據與宇宙大發現

　　我們前面討論了商業革命，在這之後，很多人會立即聯想到 18 世紀的工業革命。但在工業革命之前，還有一扇大門，正是它的開啟，為後續的變化奠定了基礎。那就是科學革命。

　　科學革命起源於天文學，人類對科學的認知是從我們頭頂的一片天開始的。天文學是一門古老的學科，人類觀測天體、記錄天象，算起來已有五六千年的歷史。早在遠古時期，我們的祖先就把視線投向了天空。一方面對星體的觀察產生了曆法，例如「二十四節氣」；另一方面，人們相信星體的分布和變化是上天的信號，預示人間萬事萬物的變化，東西方因此都發展出專門的占星術，像是中國古代小說中常提到，如有彗星隕落，人間就有巨大的變故。

　　觀測天體，就要確定各種星體運行的軌跡，所謂軌跡，就是一系列帶有時間標記的位置資訊。並不是所有的物體都會移

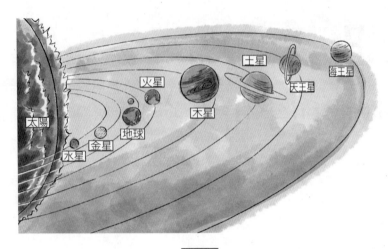

圖 6-1

動,但對一個會移動的物體而言,要研究它,就必須跟蹤它的軌跡。一代又一代人僅憑肉眼的觀察,最後畫出一些主要星體運行的大致軌跡。

　　當時最大的障礙,是我們的感覺,人類感覺不到地球在自轉。歐洲人早就知道地球很大,但是巨大的地球竟然在飛快地旋轉,這個轉動的速度(在赤道上是每秒 466 公尺)竟然比馬跑的速度還要快幾十倍,這樣地面上的人和其他的一切還能存在嗎?為什麼不會被甩出去呢?如果地球在轉,為什麼飛鳥和雲朵不會因為地球的高速旋轉而落到後面呢?總之,所有人的感官都在告訴所有的人,地球和我們一樣是靜止的。如果有人說地球在動,那是嚴重違反人類直覺和常識的。幾千年以來,除了極少數的先知,人類完全沒有意識到自己感受到的靜止其實只是一種假象。人類對這個假象始終渾然不覺。

然而事實上，地球和其他行星都在萬有引力的作用下，在橢圓形的軌道上以基本恆定的速度圍繞太陽運行，同時地球又圍繞自己的中心軸在自轉，一天自轉一周，轉得很快。從地球上觀察太陽系所有的星體，它們的運動軌跡都是地球自轉和各個星體圍繞太陽公轉這兩種運動的疊加，這種疊加使得確定各個星體真實的運動軌跡非常困難，這是當時阻礙天文學進步的第二個障礙。

於是，在這樣的局限下，中國的古人產生了「天圓地方」的宇宙觀，而在西方，地心說成了造物主存在的有力證據，任何動搖地心說的說法都被視為對上帝的挑戰，被貼上異端邪說的標籤。歷史曾經陷入黑暗之中，直到波蘭天文學家哥白尼（1473－1543）提出日心說，科學的歷史才真正揭開了篇章。

天文學的故事可能有很多細節你已經相當熟悉，但迄今為止，這一宏大歷史篇章還非常缺乏從數據視角的解讀，本章正是希望填補這一歷史留白。

叛逆者為何如此溫和

哥白尼是波蘭人，他是一名職業神父，在教堂裡度過了一生大部分平靜、舒適、優渥的時光。為他帶來巨大聲響的天文學發現和著作，都是他利用閒暇時間完成的。作為一名教堂的管理者，他要記帳，哥白尼還曾經專門研究過貨幣，提出一套貨幣改革方案。可以說，正是教會的穩定生活讓他有時間追求天文學的知識。他就住在他工作的教堂旁邊，家裡的樓頂就是

當時的天文觀察透過簡單的幾何原理，用角度來估算天體之間的距離，在這個基礎上，第谷後來發明了六分象限儀。

用儀器估算距離、高度等各種數據，真是太方便了，這真是偉大的發明。

圖 6-2

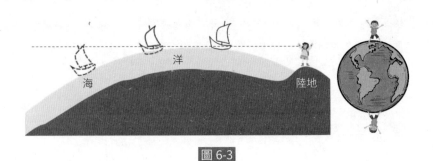

海　洋　陸地

圖 6-3

他日夜仰觀天象的地方，只要天空沒有雲彩，即使在寒冷的冬夜，哥白尼也會穿上大衣，戴上棉帽，在寒風中通宵達旦進行觀測。

受限於當時的條件，他的儀器非常簡陋，都是自己手工製

作的，他將其中三件命名為：三弧儀、捕星器和象限儀。

20 多歲的哥白尼曾經想辦法證明地球是圓的。在波羅的海，他一次又一次在岸邊觀察帆船，有一次他請求一名船主在帆船桅頂綁上一個光源，他凝視著帆船慢慢駛遠，「隨著帆船的遠去，那個亮光逐漸降落，最後完全隱沒，就好像太陽下山一樣」，如果大地是平的，帆船就不可能一點一點降落，類似的觀察使他確信：不僅地面，就連海面也是圓的。

地面是圓的，那站在球底的人怎麼不會掉下去呢？海面也是圓的，水怎麼不會流走呢？這在當時嚴重違反了普通人的直覺，這些反問也沒有人能清楚地回答，所以大家對這種主張皆斥之以「荒謬」。

直到哥白尼 49 歲的時候，麥哲倫領導的船隊從西班牙出發，一路向西航行，然後從東面返回，這才真正證明了地球真的是圓的，而且宇宙中沒有任何東西托著這個圓球，這真是太令人驚訝了！但真正的爭議和分歧還不止這些。

當時，人們都篤信「地球是宇宙中心」，這是古希臘的大天文學家托勒密（約 90 - 168）提出來的，已經流傳了 1,000 多年。歷史上也曾經有微弱的不同意見，例如菲洛勞斯和阿里斯塔克斯（西元前 315 - 前 230），他們認為地球不僅自轉，還和其他行星一起圍繞太陽旋轉，太陽才是宇宙的中心，但是幾乎沒有人相信。

憑藉自己的觀測，哥白尼確信阿里斯塔克斯的論斷。他還從古希臘的畢達哥拉斯獲得啟發，篤信「事物的本身就是數字」。哥白尼提出，地球圍繞太陽旋轉，同時在自轉，但恰恰是地球的自轉，使人們產生了一種熟悉的錯覺，即整個宇宙都

在圍繞地球運轉。他是如何得出這一論斷的呢？

哥白尼認為，人類很難相信地球在轉動。但如果地球是靜止的，那就意味著宇宙中很多星體都在圍繞地球轉動。如果我們擔心地球會因為轉動而四分五裂，那我們為什麼不替其他星體擔心呢？

「他為什麼不替運動比地球快得多、並比地球大得多的宇宙擔心呢？……運動把天穹驅向愈高的地方，運動就變得愈快。反過來說，隨著運動速度的提高，天穹會變得更加遼闊，就這樣，速度使尺寸增大，尺度又引起速度變快，如此循環，兩者都變成無限大……如果碩大無比的宇宙每 24 小時轉一周，而不是它微小的一部分——地球——在轉，那就會令人驚訝了。因此，地球在運動，比靜止不動的可能性更大。」

哥白尼從行星運行的速度得出推論：一定是地球在運動，而不是整個宇宙圍繞著地球運動。這個判斷是天才式的，非常強而有力。到了 19 世紀，後人提到這段歷史的時候，打了一個形象的比方說：「你見過整個爐灶圍著烤肉轉的廚房嗎？一定是烤肉自己在旋轉啊！」

但這是馬後炮，直到今天，又有誰見過地球在自轉，同時又在圍繞太陽旋轉呢？飛機飛得再高，我們連地球是圓的都看不到，更別提看到地球在轉了！

哥白尼是憑藉數據得出如此推斷和結論的。如果沒有數據，人類到現在可能都無法瞭解太陽系的真相，因為這個真相，我們的肉眼永遠看不見，也永遠感覺不到。

哥白尼在 40 歲時把他的觀察寫成一本小冊子，在自己的朋友之間流傳。很明顯，這些觀點有悖於哥白尼終身服務的教

會。哥白尼明白自己的觀點對教會是種挑戰，必然引來仇視，他不想當一名激烈的叛逆者，所以直到快死的時候，他才決定正式出版他的著作《天體運行論》（*De Revolutionibus Orbium Coelestium*）。

1543 年 5 月 24 日，是他生命的最後一天。他在彌留之際，摸到了出版商剛剛送來的新書封面，隨之與世長辭。

在《天體運行論》當中，哥白尼詳細記錄了從 1497 年至 1529 年間 50 多次觀測的數據，其中包括日食、月食，還有火星、金星、木星和土星的方位等，哥白尼觀測得到的數據精確度相當高。例如，他計算得出的恆星年時間為 365 天 6 小時 9 分 40 秒，比今天的精確值多約 30 秒，誤差只有百萬分之一；

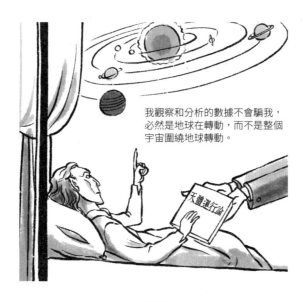

我觀察和分析的數據不會騙我，必然是地球在轉動，而不是整個宇宙圍繞地球轉動。

圖 6-4

他得到的月亮到地球的平均距離是地球半徑的 60.3 倍，和今天 60.27 倍的準確值相比，誤差只有萬分之五。在字裡行間，即使是今天的讀者也仍能感受到哥白尼對精確觀測和數據的渴望。哥白尼清楚地知道，只要有數據，就能發現更多真相，但受限於當時簡陋的觀測儀器，即使增加觀測的次數，也無法獲得更有價值的數據。

之所以說哥白尼開啟了科學革命，是因為他開創性的工作激起了連鎖反應。他啟發了第谷、克卜勒與伽利略，這些人的貢獻又為牛頓（1643 - 1727）的工作奠定了基礎。牛頓後來提出的三大運動定律和萬有引力定律，破解了整個太陽系的祕密，完成整個經典物理學的構建。今天的科學界普遍認為，哥白尼的《天體運行論》是科學革命的起點，也是現代科學的象徵，這不僅是因為他提出新的宇宙觀，更重要的是，其理論構建中，凸顯了透過觀測獲得數據，進而使用數據這種方法的重要性。

哥白尼是第一名現代意義上的科學家，但在那個時代，無論是科學家還是數學家，社會地位都遠遠不及哲學家。雖然哲學家僅僅用形而上的邏輯，對天空和星體的本質進行解釋，但他們反而看不起科學家和數學家，批評科學家和數學家只用數據對表面現象進行數學的描述。

在科學革命之前，科學跟占星術、宗教和哲學混雜在一起，科學和數學的關係也沒有理清楚，但在哥白尼之後，這種情況逐漸改變。所謂科學，就是要透過測量、記錄客觀現象，透過分析數據去獲得客觀規律，再透過觀測和實驗來驗證規律，最後把規律用於對世間萬事的精準預測。請大家記住科學

的定義，這一點非常重要，它有助於我們理解下文即將展開的
東西方文明不同的發展路徑。

最精準執著的觀星人

　　雖然哥白尼正確指出是地球圍繞著太陽轉動，但他大大低
估了太陽系的大小，同時錯誤地認為行星的運行軌跡是圓形
的。如此一來，哥白尼的一部分觀測數據就不能完全符合他提
出的日心說架構，即它們是矛盾的，哥白尼無法自圓其說。這
給了很多人嘲笑他的理由。

　　要解決這些問題，當時的天文學家意識到需要獲得更多
的數據，其中最為執著的是丹麥天文學家第谷·布拉赫（Tycho
Brahe, 1546 – 1601）。

　　第谷非常崇拜哥白尼，他曾經派專人走訪哥白尼在弗龍堡
的故居，並帶回哥白尼用過的儀器。當第谷第一眼看到捕星
器，他的心頭一陣劇烈震顫，他拿起來上下端詳，不敢相信哥
白尼竟然用這麼簡陋的儀器發現了天體的奧妙。他畢恭畢敬地
把哥白尼的畫像供在上位，並寫下這樣的句子盛讚哥白尼：

　　巨人力大無比，能移山填海，雷的劈擊卻能制服他。哥白
尼，他一個人把地球的所有山嶽舉了起來迎向群星，雷的劈擊
也不能將他制伏。和傳說中所有的巨人相比，他不知要堅強多
少、偉大多少、幸福多少！

圖 6-5　第谷在前人基礎上發明了六分象限儀，
提高了觀測和計算的精準度。

　　「把山嶽舉起來迎向群星」，說的就是哥白尼的判斷：地球自己在轉。今天的我們，可能對哥白尼在宗教信仰和科學發現之間的溫和妥協感到不解，但哥白尼的勇氣事實上已經十分驚人。要知道，當時對哥白尼進行諷刺和詰難的是整個社會，不僅僅包括如馬丁‧路德和喀爾文一類的宗教名人，還有一系列的科學巨匠和文化名人，例如莎士比亞、培根、蒙田等，他們都嘲笑哥白尼是「占星術的暴發戶，一個試圖反對整個天文學的傻瓜」。即使在哥白尼逝世之後的半個世紀，全世界總共也只有寥寥幾十人相信日心說，1597 年，哥白尼已經去世 54 年，伽利略在寫給克卜勒的信中如此評價他：「哥白尼僅僅在少數人心目中獲得流芳百世的不朽名聲，卻被許多大傻瓜終身嘲笑。」

第谷崇拜哥白尼的精神和成就，也認同日心說，但他認為地球本身不存在自轉，他知道當務之急就是獲得更多的數據。1576 年，第谷說服丹麥國王，花了一大筆錢在丹麥海峽的汶島建設當時全世界最好的天文臺。第谷此後堅持了 25 年的夜間觀察，並把這些數據全部記錄下來。

長時間的觀測是極其枯燥的，但第谷不厭其煩，他對著一顆恆星觀測了 6 年，獲得其極為精確的位置數據，然後以它為基準，測量出另外 1,000 多顆恆星的位置。

賈格爾的成功來自於觀察和記錄，但他僅僅觀察了一個星期；第谷觀察了 25 年，而成功還不屬於他，後來證明第谷只是一名鋪路人。

第谷留下的觀測數據，是天文學歷史上不可磨滅的重大貢獻。他的肉眼觀測精度之高，前無古人後無來者，正是因為這些數據，天文學從對古代數據的依賴當中解放了出來，消除了一系列由於錯誤數據導致的錯誤結論。後人評價說，第谷編纂的星表數據已經接近肉眼解析度的極限，同時代的其他人皆望

圖 6-6　今天的汶島天文臺遺址

塵莫及。他過世後不久，伽利略就製造出望遠鏡。可以說，第谷是人類歷史上最後一位，也是最偉大的一位用肉眼觀測天空的天文學家。

在數據叢林跋涉八年

當第谷在丹麥建設了最好的天文臺時，科學革命的另一個重要人物——克卜勒（1571－1630）正在一所高中教書，他也是日心說的支持者。1596 年，克卜勒把自己的思考寫進《宇宙的奧祕》（*Mysterium Cosmographicum*）書裡，並且寄了一本給第谷。第谷被裡面的數學計算公式和幾何推理打動了，他邀請克卜勒擔任他的助手，但克卜勒謝絕了。一直等到 1599 年，第谷被聘為皇家數學家，克卜勒這才投奔了第谷。

克卜勒篤信數據和數學公式，不僅在科學研究中是這樣，在日常生活中也如此。他有 10 個孩子，在他第一個妻子病逝之後，他決定續弦，而他相信要找到最好的妻子是有一個公式的，他的方法是「面試」11 位候選人。每見過一名女性之後，他都會做記錄。這個記錄是一系列觀察的總合。例如，他見到第一位候選人後，記錄下這位女性有「口臭」；第二位女性「有著超乎她身分的奢華」……他將所有的觀察記錄列成一張表，然後評分，最後從中挑出一位他喜歡的。這也是整個公式的「最優解」，但這位得分最高的女性居然完全忽視克卜勒的數學公式，她拒絕了成為克卜勒夫人的尊榮。最終，克卜勒只能選擇一位得分較低的女性結婚，在數學上這叫次優解。

克卜勒沒能得到理想的婚姻，他與第谷的相處也不愉快。第谷出身名門貴族，而克卜勒是一個普通平民，兩人的價值觀和生活習慣都不一樣，他們曾經爭吵反目，甚至分道揚鑣，但第谷愛惜克卜勒的才華，最後還是邀請克卜勒回到他的身邊。

兩個人衝突還有一個重要原因，就是第谷不肯和克卜勒分享他的數據。克卜勒曾經斷言，如果把第谷所有的數據給他，只要 8 天他就可以證明天體的運行軌道和規律。我猜想，第谷應該是想把發現宇宙最大奧祕的機會留給自己。他讓克卜勒觀察、計算火星的運動軌跡，只給了他很少的數據。克卜勒也意識到他最需要的就是數據，他寫信給朋友說：「第谷非常富有，但卻不知道如何使用他的財富，大部分富人都是這樣。因此，我要想辦法奪取這些財富。」克卜勒在信中繼續解釋，他認為的財富，並非金錢，而是數據。

1601 年，第谷因病去世。他所有的繼承人都在爭奪他留下的財產，只有克卜勒盯著那些數據。對他來說，第谷的遺產中最有價值的就是數據。最終，克卜勒獲得了這些數據，但他究竟是如何取得這些數據的，至今仍舊是一樁無頭公案。1605 年，克卜勒在一封寫給朋友的信中坦承：「第谷去世後，我利用了他的繼承人缺乏警覺性，小心翼翼地獲取了觀測的數據，或者說占有這些數據……」

在某種程度上，克卜勒是幸運的，沒有第谷 25 年徹夜觀察搜集而來的數據，他不可能得出後來的發現。

但現在他有了第谷的數據，是不是很快就算出星體運行的規律和軌道呢？事實證明，克卜勒完全低估了其中的難度。在第谷去世後，他整整工作了 8 年，直到 1609 年才發表他的震

世新定律。

這是世界上前所未有的最細緻、最精確的數據，克卜勒要回答的核心難題是：「行星到底在一個什麼樣的軌道上運行？」一開始，克卜勒認為透過他的數據分析，一定可以證明在前人的理論當中，至少有一種是正確的，或許是哥白尼的日心說，又或是托勒密的地心說，再或是第谷本人提出的第三種假說，那就是地球是不動的，太陽圍繞地球旋轉，其他行星圍繞太陽旋轉。

但他沒有想到的是，這些理論沒有一個完全正確！

無數個夜晚，克卜勒面對一張張載滿數據、鋪滿桌子的恆星運行表，這是一個數據叢林，他竭力尋找一條與數據相符的真正軌道，年復一年，他想盡辦法，反覆嘗試了 70 多種曲線。我們前面提過，真正的困難在於太陽系的星體都圍繞著太陽公轉，地球自己還在自轉，在地球上的一切觀察，看到的都是兩種運動的疊加。克卜勒後來想到一個很好的辦法，解決了這個問題：火星圍繞太陽運行的週期是 686.98 天（地球日），這稱為一個火星年，即每隔這麼長時間，火星就會回到天空的同一個位置。這就相當於火星不動，把每天取一次的地球位置數據變成每 686.98 天取一次的地球位置，這樣就可以描繪出地球運行的真實軌跡。在得到地球精確的軌道之後，他又反過來，讓地球不動，即地球每 365 天就會回到同一個點，把每天取一次的數據變成每個地球年取一次，觀察其他行星的運行軌道。

這無疑是一個聰明的方法，透過固定、轉換參照，克卜勒減少了研究中的變數，畫出一個又一個行星的運行軌道。克卜勒真正要感謝的還是第谷多年來搜集的數據，後者一共搜集了

20 幾個火星年的數據，沒有它們，克卜勒有再好的方法，也無法實現。

在計算的過程中，克卜勒堅信第谷的觀測數據是正確的，也反覆用數據去檢測自己的曲線，根據這些曲線，他得出一個驚人的結論：只有讓行星沿著橢圓的軌道，而不是圓形軌道運行，哥白尼、第谷以及數百年來留下的數據才能得到一個完美的解釋。但在此之前，2,000 多年的傳統天文學都告訴人類，行星運行是以圓為基礎，而且是均速的，這意味著，克卜勒必

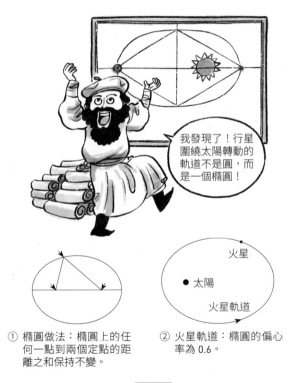

① 橢圓做法：橢圓上的任何一點到兩個定點的距離之和保持不變。

② 火星軌道：橢圓的偏心率為 0.6。

圖 6-7

須和這個 2,000 多年的傳統決裂！

　　告別正圓，引入橢圓，這次決裂所需要的勇氣又是巨大的，但所有的數據和這個假設都吻合，克卜勒堅信它是正確的。因為正確地勾畫了行星運動的軌跡是橢圓而不是圓，克卜勒隨後又確認了太陽所在的位置並非橢圓軌道的中心，而是在橢圓的一個焦點上，地球的轉速也並非恆定，它靠近太陽時速度加快，遠離太陽時速度減慢。這就是克卜勒第一定律和第二定律。

　　克卜勒的方法就是「用數據研究科學」，即從數據層面尋找規律，他的最終發現甚至可以說是透過數據「湊」出來的。用這種方法發現的規律，人類可能也無法解釋，即知其然而不知其所以然，但這些規律可能帶來巨大的啟發。接著，克卜勒繼續用這個方法，又發現了行星繞太陽運行一周所需時間的平方與行星離太陽距離的立方成正比，這就是克卜勒第三定律的主要內容。

　　這三大定律的發現，基本上解釋了整個天體的運行規律，克卜勒因此被後人稱為「天空的立法者」。

　　我們來看看發現第三定律到底有多難：假設地球與太陽之間的距離為一個單位，地球繞太陽公轉一周的時間為一年，其餘任一行星與太陽之間的距離記為 P，其公轉週期記為 R，第三定律可以表達為：$P^3=R^2$。

　　克卜勒當時得到的直接觀察就是表 6.1 的前兩行，上面記著，對水星而言，太陽的距離是 0.3880 個單位，水星公轉週期是 0.2409 年，其他行星也都有一個數據，你可以依次讀出來。

　　假設你是克卜勒，要從前兩行的數據中找出規律，你會發

現這些數據太過凌亂，對著它們看上幾個小時，沒有任何頭緒，可能完全沒興趣，洗洗就去睡了。但如果這時候把視線放到第三行和第四行，你一眼就可以發現那裡上下兩個數字是多麼接近啊，有的甚至完全相同！

但在謎底尚未揭曉前，哪怕想到肝腸寸斷，你又怎麼能發現 P^3 和 R^2 竟然會相等呢？

表 6.1　行星公轉週期與太陽相對距離的關係

	水星	金星	地球	火星	木星	土星
行星距離太陽 （P／天文單位）	0.3880	0.7240	1.0000	1.5240	5.2000	9.5100
繞日公轉週期 （R／年）	0.2409	0.6160	1.0000	1.8809	11.8631	29.4566
P^3	0.0580	0.3800	1.0000	3.5400	140.6080	860.0580
R^2	0.0580	0.3795	1.0000	3.5380	140.7300	867.6900

當時，克卜勒的工作幾乎沒有人理解和支持，不知道經歷了多少次嘗試和失敗，但他堅信自然界一定是有數字規律的。記得嗎？這是古希臘畢達哥拉斯學派的基本主張。他把這些數字在加減乘除中不斷轉換，在屢敗屢戰之後，才逐步逼近、發現這個規律。你可以想像中間有多少艱辛。在發現第三定律之後，克卜勒曾經寫下這樣一段話：

這就是我 16 年前強烈希望探求的東西。為此我才和第谷合作……現在我終於揭示了它的真相，認識到這一真理，就已

經超出我最美好的期望。大功告成，書已寫出，可能當代就有人讀它，也可能要到後世才有人讀它，甚至可能要等一個世紀才會有讀者，但就像上帝等了 6,000 年才有信奉者一樣，這我就管不著了。

但行星為什麼不用借助任何力量就能沿著恆定的軌道不停旋轉，並且速度會有變化？運行一周所需時間的平方和距離太陽距離的立方又為什麼會成正比？克卜勒沒有辦法回答，直到 1687 年，英國大科學家牛頓才給出答案：任何兩個物體之間都會有吸引力，就是萬有引力，引力的大小和兩個物體的質量成正比，和它們之間距離的平方成反比，即物體之間的距離愈遠，它們之間的作用力就愈小。萬有引力的發現完全吻合了克卜勒當年的推斷。

正是萬有引力維護著行星的運行。如果我們在地球上發射一個物體（如衛星），只要火力夠大，它就可以不返回地球，而在太空圍繞地球無限地運行下去。萬有引力也解釋了地球上很多物體的運動，人類終於明白了為什麼地球在高速運轉，人們卻不會被甩出去，又為什麼站在球底的另一端，人們不會掉下去。牛頓把驅動行星旋轉運動的力，和地球上的力聯繫起來，從此，天空和大地在科學定律中得到統一，科學革命迎來第一個高潮，科學的發展進入加速階段，這之後的各種進步、發明與創造蜂擁而至，不勝枚舉。

牛頓的最終發現解釋了天體運行的規律，那人們是否就此「知其然，又知其所以然」了？我認為也不是，因為牛頓本人也無法解釋引力是如何產生的，他只是給出了這種力如何相互

作用的量化公式。至於究竟為什麼會產生引力，他本人當時拒絕提出任何假說，希望由其他人去研究，這是他在《自然哲學的數學原理》中的原話：

迄今為止，我們已經用萬有引力解釋天空和海洋的現象，但是還不能追溯到這種力的根源……我未能從現象中發現萬有引力種種特性的根源，我也不做任何假設，因為凡是不能從現象推斷的東西都只能叫假設，而假設，不論是形而上學還是物理學的，不論是玄奧的還是機械的，在實驗哲學中都是不能存在的……對我們來說，知道萬有引力確實存在並按照我們解釋的定律起作用，大大有助於解釋天體和海洋的一切運動，這就足夠了。

可以看出，科學研究的另一條路徑，即從基本原理的層面出發，賦予自然界和人類社會的各種現象一個完美的解釋，這該有多難！這種方法若可以直擊本質，自然最為理想，但大部分情況下，我們面對的是一個未知世界，有無數種可能，你又如何能知道自己的判斷是離日心說更近，還是離「天圓地方」更近？你憑什麼能看破現象、直達本質呢？

我認為，面對複雜的新問題，克卜勒的模式往往更為有效。天文學是物理學的一個分支，物理學的目標就是尋找萬事萬物的規律，規律的最高形式就是定律，而定律的根基是數。克卜勒專注於觀察數據層面的變化，辨別各組數字之間的關係是互相吸引還是互相排斥，這樣他離事物的規律就會更近。克卜勒的發現不是偶然的。

人們通常認為數字很枯燥乏味，讓人產生畫地為牢、生搬硬套的感覺，會局限我們的想像力。然而，克卜勒的經歷證明一個人必須有想像力，但僅有想像力而沒有數據分析能力，是難以獲得偉大的科學發現的。

驚人的預測和成功

> 天色已晚；
> 天文學家在那人煙罕至的山頂搜尋茫茫宇宙，
> 研究遠處金光閃閃的小島般的天體。
> 他斷言，那顆放蕩不羈的星星，
> 「將在 10 世紀後的這樣一個夜晚回歸原處」。
> 星星將會回歸，
> 甚至不敢耽擱一小時來嘲弄科學，
> 或否定天文學家的計算；
> 人們會陸續死去，
> 但觀察塔中的學者會一刻不停地勤奮思索；
> 縱然地球上不復有人類，
> 真理將代他們看到那顆行星的準確回歸。

這是諾貝爾文學獎得主、法國詩人普魯東（Sully Prudhomme, 1839－1907）的一首詩作〈約會〉，普魯東用抒情、奔放的文字和韻律，稱讚了天文學家不可思議的預測能力，天文學家預測 1,000 年後這顆星體將回到這個地方，就像一個約

會，即便那個時候預測的人早已化為塵土，但星星仍然會如約準時抵達。普魯東的詩帶給我們穿越宇宙時空的悸動，同時讓我們驚嘆，400 多年前的人類，居然可以將廣袤宇宙中巨大星體的運行計算到如此精準的地步。

根據新的軌道和規律，克卜勒可以預測星體的運行了。1629 年，克卜勒預言：1631 年 11 月 7 日將會出現一個非常新奇的天象，這一天，水星將會運行到地球和太陽之間，三者將連成一條直線，在地球上會看到一個黑色的小圓點橫向穿過太陽的圓面，這個小圓點就是水星的投影，這個現象被稱為「水星凌日」。但克卜勒沒能親眼看到他的預測成真，他於 1630 年 11 月 15 日在經濟拮据中死去。

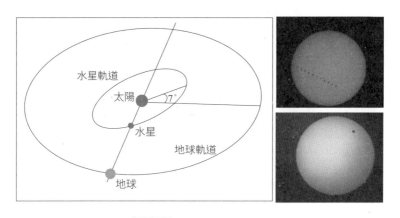

圖 6-8 水星凌日的原理

水星和地球各自都在繞日運行，但兩者的軌道不在同一個平面上，而是有一個 7 度的傾角。二者只有兩個交點：升交點與降交點。因此，只有水星處於軌道上的這兩個交點附近，而太陽、水星、地球三者又恰好排成一條直線時，在地球上才可以觀察到太陽上有一個小黑點在緩慢移動。

1631 年 11 月 7 日這一天，普魯東〈約會〉這首詩中描繪的景象出現了，雖然預測者已經死去，但法國天文學家伽桑狄（Pierre Gassendi, 1592 - 1655）在巴黎用望遠鏡觀測到水星這個小黑點，在太陽的圓面上由東向西徐徐移動的全部過程。

　　就在克卜勒的三大行星運動定律提出後不久，望遠鏡這種新的工具也出現了。1609 年 11 月，伽利略第一次把望遠鏡對準了星空，他透過望遠鏡看到很多新的奇妙景觀，包括月球上的高地和環形山陰影，他還看到有 4 顆衛星圍繞著木星旋轉。伽利略的這個發現是對哥白尼理論的重要支持，意義重大，因為當時有一種反駁言論說，地球如果圍繞太陽轉動，那月亮怎麼可能跟得上地球呢？伽利略證明了其他天體也有自己的「月亮」（即衛星），並不是所有天體都在圍繞太陽轉。這樣一來，地球根本談不上是宇宙的中心。更難得的是，伽利略計算了木星那 4 顆衛星的公轉週期，他觀測得非常細心，數據也相當準確，和現代測量幾乎沒有差別。

　　伽利略起初成名是因為製作望遠鏡。他和英國大文豪莎士比亞出生在同一年（1564 年），他逝世後一年，牛頓出生

表 6.2　伽利略的觀測結果與對應的現代精確值

木星衛星	週期（伽利略測量）	週期（現代測量）
木衛一	1 天 18 小時 30 分	1 天 18 小時 29 分
木衛二	3 天 13 小時 20 分	3 天 13 小時 18 分
木衛三	7 天 4 小時 0 分	7 天 4 小時 0 分
木衛四	16 天 18 小時 0 分	16 天 18 小時 5 分

（1643 年）。伽利略反對以定性的傳統方法來解釋自然現象，認為這很容易走向天馬行空的玄學，不會增加人類的知識。他認為大自然中存在數量關係，他的目標是尋找獨立於定性解釋之外的定量關係，即用數學公式來描述大自然。他本人也非常善於觀察這種定量關係。

有一天，伽利略在教堂參加活動，看到吊燈在擺動，他很快注意到，吊燈擺動一段大弧和一段小弧所用的時間非常接近，那個時候還沒有錶，他於是把住手腕上的脈搏，利用自己心跳的次數來計算吊燈完成一次擺動所需要的時間。他驗證了這條定律，用今天的語言來說，就是一個單擺完成一次擺動所需的時間與擺的振幅無關。這條定律推動了擺鐘的產生，拉開現代鐘錶製造業的序幕。人類有了現代鐘錶，才能對時間進行準確的計算和測量。

伽利略終生都在宣導這種定量分析的方法。他將這種方法寫進自己的作品，這是整個科學革命的思維模式。如果說哥白尼揭開了科學革命的大幕，克卜勒使用了量化的方法，那伽利略則總結了這種方法，因而被後人稱為「現代科學方法之父」。

科學的最大特徵就是量化。因為伽利略，在千年之後，歐洲重新接續了古希臘的科學傳統。從伽利略開始，一個「質」的世界真正開始轉變為「量」的世界，現代科學真正開始起跑了！

1781 年，天文學家發現了太陽系第 7 顆行星，將之命名為天王星。這顆星很暗，運行速度也很慢，因此不容易被發現。根據克卜勒和牛頓的公式，天王星運行的軌道很快就被計算出來，但在隨後的觀測中，天王星常常偏離它的軌道。天文

學家於是推測，它的旁邊應該還有一顆未知的星，是這顆星的引力導致天王星偏離軌道。雖然望遠鏡根本看不到這顆星，但根據軌道數據和萬有引力定律，這顆新星的位置被推算了出來。1846 年，人們在這個位置發現一顆很不顯眼的星，這就是太陽系的第 8 大行星：海王星。如果不是在既定的位置去尋找，這顆星可能永遠不會被注意到，海王星的發現再次創造了科學史上的奇蹟。

　　1801 年 1 月 1 日，義大利的天文學家皮亞齊（Giuseppe Piazzi, 1746－1826）偶然在天空中觀測到一顆新的小行星，但觀測時間非常短暫，之後再也找不到這顆星，也就是說數據非常少。數學家高斯（Johann Gauss, 1777－1855）根據皮亞齊的觀測數據，只花了一個小時就計算出這顆新星的運行軌道，並

圖 6-9

預測它下一次出現的時間和位置。這一年的 12 月 31 日夜裡，天文學家用望遠鏡對準了高斯預言的那一片天空，不出所料，這顆星如奇蹟般出現在鏡頭當中，這就是太陽系中最小的，也是唯一位於小行星帶的矮行星：穀神星。

這項成就同樣震驚了全歐洲。1862 年，幾乎用同樣的方法，天文學家又發現了天狼伴星。

回顧科學革命的開啟歷程，我認為有一點是很清楚的：科學的路徑，開始於觀察和搜集數據，在科學發現的大路上，我們首先需要大量數據。數據愈多，就愈有可能得到正確的發現。我們前進的方向是從數據到規律，從數據層面洞察、分析、總結規律，最後揭示事物的本源性原理。在科學探索的大路上，很少有人能夠逆行。

只有文字，沒有數據的後果

哥白尼開啟的科學革命，是由第谷、克卜勒、伽利略、牛頓接棒完成的。每每讀到這幾代人的努力，我都忍不住驚嘆於他們對數據的執著和發現，但我也常常唏噓不已，為什麼呢？

要說天象觀察，中國古代是走在世界最前端的，中國擁有全世界最豐富、最系統化的天文觀察記錄，既然如此，為什麼沒有產生類似西方這樣的科學成果？

也許下一個故事可以讓你品出端倪。

1572 年 11 月 11 日傍晚，第谷吃完晚飯外出散步，忽然發現一顆耀眼的星出現在他熟悉的夜空，像燈塔一樣明亮，而前

一天它還不在那兒。他感到非常吃驚：

　　我好像怔住了，呆呆地站著，對著天空仰視了許久，我的眼睛專注地凝視那顆恆星，它位於古人稱為仙后座的那幾顆恆星附近，在我確認了這個位置從未有過任何恆星之後，我不由得為這個不可思議的東西感到非常困惑，甚至懷疑自己的眼睛。

　　第谷看見的東西，我們今天稱為「超新星」，也就是一顆恆星走到生命盡頭時發生的大爆炸。銀河系裡幾乎每年都會出現超新星，但肉眼能觀測到的非常少、極為稀罕，從 1800 ～ 1900 年，人類才僅僅觀測到 5 次。

　　但第谷發現的這顆超新星，中國的天文學家也看到了，而且比第谷還早發現 3 天，《明史稿》是這樣記錄的：

　　明隆慶六年冬十月丙辰，彗星見東北方，至萬曆二年四月乃減。

　　明隆慶六年冬十月丙辰即 1572 年 11 月 8 日，這段記錄表明，中國天文學家不僅比第谷早發現這顆星 3 天，而且一直追蹤到次年的 3 月，比第谷多觀測一個多月。現在可以肯定，第一個觀察到超新星的人不是第谷，應該是中國人，因為更早在 1054 年 7 月 4 日，中國宋代的宮廷天文學家楊惟德就記載過，在蟹狀星雲中出現了一顆明亮的超新星。

　　伏睹客星出現，其星上微有光彩，黃色。謹案《黃帝掌握

圖 6-10

占》云：客星不犯畢，明盛者，主國有大賢。

　　大概的意思就是說，有一顆新的星星出現了，這代表要有大賢人出現了！

　　中國對天象的記錄，可以追溯到西元前 14 世紀甲骨文時期。在幾千年天文觀測的記錄當中，科學家已經鑒定，關於超新星的記錄有幾十條之多。第谷發現超新星之後，西方的天文學家很快就發現，中國在超新星的記錄方面有豐富的數據。1846 年，法國學者把中國的天文記錄數據翻譯了過去，做什麼用呢？歐洲的天文學家在對歷史上所有超新星進行計算、預

測和推斷之後，用中國的記錄來驗證他們的計算。❶

　　既然中國的記錄這麼有價值，那現代天文學為什麼沒有在中國萌芽呢？

　　一直到明清，中國人對宇宙的解釋還是「天圓地方」，認為天是圓的，地是平的、方的。從來沒有中國人發現地球是圓的，連地球是圓的都還沒有認識到，更不用說各種星體的關係和運行軌跡，當然也談不上提出一個基於邏輯和數學的宇宙體系了。

　　早在古希臘時代，亞里斯多德就證明地球是圓的。他發現隨著位置的移動，人們看到的星空是不一樣的。例如，在不同的 A、B 兩點，人們看到的北極星高度就不一樣，在 B 點看到的要比 A 點高出很多。中國人也注意到這個差別，唐朝的天文學家僧一行就測量過這個差別。到了元朝，郭守敬還組織過一次大規模的北極星出地高度的測量，他在全國選取 14 個地點進行測量。雖然有了這些數據，但他們還是壓根兒沒想到大地是球形的。

　　有人說，中國人迷信，只知道用天文來卜卦，我認為這說不通，古代的歐洲人也喜歡占星，占星也是卜卦。在《三國演義》中，諸葛亮仰觀天象，便知自己危在旦夕；司馬懿夜觀星相，便知諸葛孔明氣數已盡。寫出天文學權威性典籍《天文學

---

❶ 以上中國天文記錄對世界的貢獻，參見：席澤宗，〈從中國歷史文獻的記錄來討論超新星的爆發與無線電源的關係〉〔J〕天文學報，1954（2）。席澤宗，薄樹人，〈中朝日三國古代的新星記錄及其在無線電天文學中的意義〉〔J〕科學通報，1965（5）。

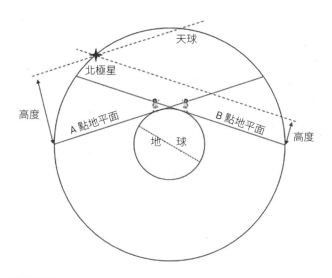

天球

北極星

高度

A點地平面

B點地平面

高度

地　球

圖 6-11 為什麼在地球上不同地點看北極星會有不同的高度

大成》（*Almagest*）的托勒密，還寫過一本流傳千年的占星術著作《占星四書》（*Tetrabiblos*）。克卜勒在業餘時間，也以編輯占星術的書籍賺錢。可見占卜算卦，是東西方共有的文化現象。但為什麼除了北斗問卦，中國的天文學家沒能發展出接近於科學革命的理論？

這個問題和著名的「李約瑟難題」可謂異曲同工。「儘管中國古代對人類科技發展做出很多重要貢獻，但是為什麼科學和工業革命沒有在近代中國發生？」這是英國學者李約瑟（Joseph Needham, 1900 – 1995）在其《中國科學技術史》中正式提出的。

原因可能有很多，我的答案是，文化傳承和政治制度決定了這一切。中國儒家的傳統，只關注個人道德，而不關注自

然法則，例如孔子從不討論大自然，不談論日月星辰和風雨雷電。儒家學派認為，是道德的力量讓君子成為君子：即使不知道任何大自然的知識，君子也還是君子；就算通曉天文地理，小人也還是小人。統治者希望老百姓安於天道，忠於他們的統治，如果讓老百姓去鑽研各種道理，事情就可能會搞亂，所以統治者不鼓勵老百姓主動思考。

在中國古代，一切機構都是為皇帝服務的，皇帝自稱「天子」。按皇家的解釋，天象是天上的父親給地上的兒子傳達的旨意，所以要設置專門的機構、委派專門的天文官員來記錄。這些官員的任務，是透過天象來推測上天的指示、國運的興衰，製作一年一度的日曆，藉由發布天空中出現月食、日食、彗星的預告，來證明「天子」懂天意，是用天授的權力來統治國家的。如果耽誤了天象觀察，是會被砍頭的，所以中國歷朝歷代的天象記錄都比較完整。

受限於這個目標，中國的天文記錄都是文字記錄，從來不重視，也根本沒有引入數字規範。沒有數字，中國最多只能算是有天文，卻沒有天文學。

持續的天文觀測和記錄很重要，但在天文記錄中形成數字規範更加重要。我們知道，僅僅用語言、文字和圖形來描述這個世界是不精確的，且遠遠不夠。例如，有人問姚明有多高，如果回答說「很高」、「非常高」、「最高」，別人聽了只能得到一個抽象的概念，因為每個人對「很」、「非常」和「最」有不同的理解，但如果回答「226公分」，就一清二楚。

你可以用語言、文字、圖片甚至錄影，來描述一個事實，但最準確的還是用數字描述一個事實。

有了數字，例如找到像 12、24 這樣的數字來對應宇宙現象，才可能從中尋找數學關係，最後用精準的數學語言提煉出一個規律，這就是科學的方法論。這種數字傳統，衍生自古希臘；我們都很熟悉阿基米德在浴桶中發現浮力定律的故事，物體在液體中獲得的浮力大小，等同它所排開的液體重量，這就是對數字分析方法的運用。哥白尼、克卜勒和伽利略這些天文學家，重拾了古希臘的精神，在足夠的觀測數據之上，運用數學的方法來構建天空星體的運動模型。因此，沒有準確的數據，當然就不會有計算和模型。

　　在所有科學當中，為何人類率先在天文學上獲得突破呢？因為我們每個人隨時都可以把視線投向天空，重複「觀測、記錄、根據記錄提出模型、用模型預測、再觀測記錄、校正模型」的過程，而且從地球上看，太陽、月亮以及可見的星體都是周而復始，以同樣的規律、可預見的方式運行，這為高精度的觀測、獲得數據提供了可能性。

　　從以上分析不難得出結論，認識太陽系真正奧祕的任務不可能由古代中國人完成。總結一句話，古代的中國人精於字而拙於數，是文商高、數商低啊。

(1) 你有沒有聽過班佛定律（Benford's Law）？ 1930 年代，物理學家班佛發現，在日常生活中，以「1」開頭的數字比「2」開頭的數字多，以「2」開頭的數字又比「3」開頭的數字多，如此一直到「9」。這個發現令人驚奇，因為大多數人會認為，從 1 到 9，以每一個數字開頭的數字出現的機率相同。這條定律已經在很多領域得到驗證，例如在報紙上，以「1」開頭的數字大概占 30.1％，以「2」開頭的占 17.6％，以「3」開頭的占 12.5％，以「4」開頭的占 9.7％……以「9」開頭的只占 4.6％，各種財務報表也符合這個定律。1995 年，有一個財務金融報表的數據不符合班佛定律，引起了再三的審計，最終證明，其中確實存在欺詐行為，造假的人被繩之以法。你可以試試看解釋班佛定律為什麼會存在。

(2) 在哥白尼、第谷和其他天文觀測者進行了幾個世紀的艱苦觀測和記錄之後，像克卜勒這樣的天文學家，歷盡千辛萬苦才在前人的數據中找到數字層面的規律，再後來，牛頓出現，才把這些規律歸納簡化為真正的定律。克卜勒的發現，可以說是用數字湊出來的，但這恰恰說明，善於在記錄當中找到數字規律，是數商的重要維度。下面是一個有規律的數列，請按其規律為這個數列的空白處填上兩個數字：

1，1，2，3，2，7，4，13，8，21，32，_____，_____。

07

測量未來

是有N種可能，還是一切注定？

我常常想念許倬雲先生。住在匹茲堡的時候，我常去他的寓所聊天。有一次聊到「西學東漸」，他說的一段話曾帶給我啟發。

西學東漸起於嚴復（1854－1921）。1897 年，他翻譯了赫胥黎的《天演論》，這本書開啟了西學東漸，自此中國社會開始不斷翻譯、介紹西方的思想，至今已延續 100 多年。

我認為西學東漸並沒有完成，還要繼續做。許先生是歷史學家，他習慣於回頭看，他說前人做了很多西學東漸的工作，但前人產生的一些謬誤也實在難以糾正，有一些小小的不準確對後世影響甚大。

他舉了一個例子，是關於「revolution」這個英文單字的翻

譯。這個字被當時的知識分子譯成「革命」。革命一詞的中文源於西周，《周易》云：「天地革而四時成。湯武革命，順乎天而應乎人。」革是指變化，命指天命（而不是人命），在傳統中文裡，革命就是秉承天意的意思。

在英文當中，「revolution」有多個意思，其中一個是「旋轉」，源於天文學，其準確意思是「圍繞某一中軸的圓周運動，止於其所始」，暗含賦歸之意；還有一個含義是「發生根本的改變」。

但「revolution」這個字傳到中國時，被譯為「革命」，而且受法國大革命的影響，專指法國式的革命。對法國人來說，革命是用激進、決裂、暴力的方式推翻政府和政權，重組國家的政治、法律和社會結構，全然沒有「旋轉和賦歸」的意思。

當時孫中山要推翻清廷，自稱為革命黨，在他們的宣傳之下，「革命」一詞愈加窄化，成了專門指「犧牲一些人的生命，武裝推翻一個政府」，而且這樣的「革命」在大眾的語境裡，還被賦予了正義、進步、神聖的含義，完全不容否定。

這樣的思想大潮洶湧澎湃了幾十年，直到「為有犧牲多壯志，敢教日月換新天」這樣的豪情詩句出現，「revolution」一字的真正含義就被完全淹沒遺忘了。

我這裡講的並不是許先生的原話，他當時提綱挈領，只用幾句話勾勒了一下，便很快反問我，如果當時的知識分子不那麼翻譯，中國近代史的發展軌跡會不會從此不同？一個單字的翻譯會不會改變歷史的走向？

我理解他的意思，如果當時的翻譯換一個詞，更準確一些，如果中國大眾對「革命」的理解更溫和一些，把「革命」

視作一種迴圈、賦歸，在執行層面不那麼決絕、激進，歷史的進程或會改寫也未可知。

要回答這個問題，另一個單字的翻譯可能會給我們很大的啟發，就是「evolution」，它和「revolution」只差一個字母。

長期以來，「evolution」被翻譯成「進化」，其實也是謬種流傳。準確的翻譯應該是「演化」，進化是有方向的，一般指從低到高，而演化沒有，演化是四面八方皆有可能。達爾文的理論被翻譯為「進化論」，這是錯誤的，應該叫「演化論」。雖然一字之差，但謬以千里。

達爾文的原意是，生物隨時間、環境發生的改變是隨機的，並沒有一個固定的方向；有些物種的特徵在很長的生物歷史進程中保持相對穩定，並沒有產生很大的變化。所以談不上是「進」還是「退」。

進化是確定論，未來和下一刻有一個注定的方向，而演化是不確定論，未來有很多種可能。我們考察未來的時候，總會把它想像成一條不斷延伸的鏈條，但真實的情況是，這樣的鏈條不止一條。未來是好幾條甚至好幾十條可能發生的事件組成的鏈條，它們都在向前延伸，每一條都是一種可能性，現實只不過是其中一條真的發生了、實現了，從眾多可能性轉變成唯一結果的過程，這就是歷史和現實的進程。這次發生了這種可能，如果歷史可以重演一遍，發生的可能是另一種可能。如果你同意歷史是演化，而不是進化，那你就可能完全同意許先生所說的：一件小事可能改變歷史的大方向。

在未來變成現實之前，人們都知道下一刻有多種可能，各種不同的事都可能發生，最後發生的結果只是眾多可能性中的

一種。也就是說，有的事本來可能發生，但最後沒有發生。但未來一旦變成現在，我們就會產生一種錯覺，以為現在的一切都是必然的，並且會本能地、不由自主地去為當下發生的事尋找因果關係，彷彿發生的一切都在情理當中，沒有任何偶然。我們往往會忘記，在那一刻其實有多條鏈條同時存在的可能性。如果我們把現實看作很多可能性的一種，把下一刻和未來看作一個可能性的分布，每一種可能性都有可能發生，它們是隨機的，又是偶然的，我們認同了這種可能性，那下一個問題就是：各種可能性的大小是多少呢？當我們想一一量化它們之時，「機率」的問題就出現了。

機率是對未來各種可能性進行量化，未來就是機率的分布。有了機率，人類就可以用數據對未來的可能性進行推算，而對未來進行預測，這標示著最大智慧的開始。

要講數商，不可以不談未來，也就是不能不談機率。要提高數商，就要增強對機率的理解。機率的產生和賭博有關，說出來你可能難以相信，正是對賭博的研究，開創了這門重要的學科：機率論。更具體地說，沒有對輪盤和骰子的研究，就沒有機率論。下面就來講述機率論創立之初的故事。

居然賭出一門大學問

這是 1654 年的一個晚上，在一棟高大氣派的法國府邸裡，正舉行著一場盛大的社交晚宴，富人名流魚貫而入，人們端著酒杯，帶著笑臉，彼此攀談。很顯然，有一位男子正是談

話的中心，他就是聞名歐洲的大數學家帕斯卡（Blaise Pascal, 1623－1662），很多貴婦對這位數學家青睞有加，圍著他爭先恐後地請教一些問題，但帕斯卡顯然心不在焉，他的父親剛剛過世不久，他為此怏怏不樂，莊園的主人很關心他，邀請他來正是想讓他散散心。

這時候，一個男人也走了過來，他叫德梅爾（Chevalier de Mere），是法國社交圈的一位知名人士，他很健談，也是一名資深賭徒，看見女人們圍著這位數學家，正問著一些不鹹不淡的膚淺問題，而帕斯卡已經有點不耐煩，他有心想拯救這場談話。

「帕斯卡先生，」他舉起酒杯向人群的中心致意，「像您這樣偉大的數學家，肯定正在關心很多抽象的幾何問題，但在這樣的社交活動上，您也要吸一吸人間的煙火，例如討論一些通俗的問題，話說有一個問題已經困擾了我很久，我很想聽聽您的見解……」

是一個什麼樣通俗的問題，要向數學家請教呢？這激起了旁人巨大的好奇，眾人瞬間全都安靜下來。

「你們知道，政府已經明令禁止大家玩賭博的遊戲了，但大家覺得非常好玩，仍然在玩，他們玩到興頭上的時候，常常會碰到警察來敲門。」

「什麼？警察敲門，一定是有人告密！」

「警察不是也睜一隻眼，閉一隻眼嗎？」有好幾個人插話說。

「各位，在警察來了之後，他們常常會碰到一個無法解決的難題。」

這時候圍過來的人更多了，他們看見德梅爾正侃侃而談，而帕斯卡在一旁側耳傾聽，可見這個話題是如此吸引人心，所有人都想聽他繼續講下去。

「我事先聲明，這個人並不是我。那天晚上，兩個男人玩了一場搶三分的遊戲，他們都是有錢人，那筆賭注之大，驚動警察是一點都不奇怪的。」

「搶三分？」

「你問什麼是搶三分？就是先拿到三分的人獲勝，具體的遊戲規則今天就不細講了，正當有一個人拿到兩分，另一個人拿到一分時，突然有人跑進來大喊了幾聲『警察到門口了』，

圖 7-1

遊戲於是立刻停了下來，兩個人拿著錢，匆匆忙忙地往後門逃。」

「啊，那你們被抓住了嗎？」圍著的人迫切地提問。

「我已經說過這不是我的親身經歷，」德梅爾大聲回答說，但接著他的臉上又泛起一絲狡黠的微笑，「但老實說，我們真的跑出了一身汗。」

女人們都瞇眼斜視了他一眼，然後發出一陣哄笑聲。

「等他們跑到安全的地點之後，開始商量如何分配賭金。拿到一分的人認為遊戲是被迫中斷的，所以賭金只能對半分，拿到兩分的人認為自己差一點就能拿到全部的賭金了，所以無法接受對半分的方案。請問帕斯卡先生，您能不能從數學上替他們提出一個合理的分配方案呢？」

人群的眼光又轉到帕斯卡身上。聽了這個問題，這位數學家的精神早就振作了起來，他的雙眼已閃閃發光。

「德梅爾先生，這問題太有意思了，可以肯定的是，對半分是錯誤的。」

「那分成三份，得兩分的人拿兩份。」人群當中有人插嘴說。帕斯卡沉吟了三秒，馬上表示，這也不是正確的方法。

「那究竟怎麼分才是正確的方法？你們那天晚上最後是怎麼分的？」有人問。

大家的目光又回到德梅爾的身上。

德梅爾聳了聳肩，說因為沒有找到科學合理的方法，那兩個人至今還沒有分呢！

帕斯卡搖了搖頭，好像又咬了咬牙，立刻表示，他一定會想出一個科學的方法來解決這個問題。

德梅爾提的這個問題非常有名，叫「賭金分配問題」。

其實，在這場對話發生的 60 年前，已經有一個人提出類似的問題，就是前面提到的會計學之父帕西奧利，在帕西奧利寫的那本《算術、幾何、比與比例集成》裡，有很多有意思的算術題，其中有一題是這樣的：

有一個贏者通吃的雙人對戰遊戲，每局的得分是 10 分，先得到 60 分的人獲勝。A、B 兩人正在玩遊戲，突然因為不得已的原因，遊戲不得不中斷，遊戲中斷的時候，A 的得分是 50 分，B 的得分是 30 分。請問獎金應該如何分配？

這個問題和德梅爾提出的問題本質上是一樣的，帕西奧利書裡的答案說，應該按 5：3 的比例分配。那麼他的答案對不對呢？其實，帕西奧利這回也錯了。

準確地說，直到 1654 年，全世界還沒有任何一個人能夠提出一個科學的解決方案。德梅爾當然也沒有想到，帕斯卡的這一承諾，就為日後開闢了一門新的學科：機率論。

帕斯卡帶著這個問題一回到家，就立刻寫了一封信給他的好友費馬（Pierre de Fermat, 1607－1665）。費馬也是一個奇人，他是一名律師，但喜歡在業餘時間研究數學，他一生都沒有受過專門的數學訓練，但他得出了許多專業數學家都難以企及的發明和發現，被後人稱為「業餘數學之王」。

帕斯卡和費馬透過書信來往一共討論了 4 個月，然後兩人各用一種方法找到答案，於是 1654 年這一年，機率論正式誕生了。特別要說一下的是，帕斯卡跟費馬一生都沒有見過面，

這個新的學科和領域是透過書信的討論開拓的。

當時書信是最快捷高效的遠距離交流方式。這個時期,在歐洲的知識分子中,出現了利用書信進行交流的熱潮,這一階段被稱為書信共和國(Republic of Letters)。一位科學家如果有想法想告訴他的朋友,就出錢找人印刷幾百封信,然後再發出去。當時很多思想和學術上的創新,就是由名人在書信當中討論激發形成的,有人甚至留下了上萬封書信。

帕斯卡在信中用簡潔的語言重新歸納了這個賭博問題:

A 和 B 兩人輪流拋硬幣,正面先出現 3 次的話就是 A 贏,反面先出現 3 次的話就是 B 贏,勝利者可以獲得全部的獎金,但當正面出現 2 次、反面出現 1 次時,遊戲不得不終止。請問要怎樣分配獎金才最公平?

他們的方法不是按過去的輸贏分配獎金,而是分析未來的可能性。費馬用最「業餘」的語言解釋了這個過程,硬幣最多再拋 2 次就能定勝負,讓我們想像一下,實際上拋 2 次就會出現 4 種可能性:正正、正反、反正、反反,出現每一種可能性的大小是一樣的,只有出現最後一組情況「反反」時,B 才可能獲得獎金,也就是 B 贏的可能性是 4 分之 1,因此獎金應該按 3:1 的比例進行分配。

至於帕西奧利提出的遊戲,你可以用同樣的思路想一下,他們需要再比 3 局,3 局將會有 8 種可能性,而只有一種可能是 B 贏,所以獎金分配應該是 7:1,而不是帕西奧利提出的 5:3。

帕斯卡很快用數學語言描述了這個過程，這個從來沒有人能解決的「賭金分配問題」，第一次在數學上得到了解決，帕斯卡也因此被認為是機率論的第一創始人。

　　德梅爾的故事並沒有完，在得到帕斯卡關於「賭金分配問題」的答案之後，這位資深賭徒非常信服，馬上向朋友推廣帕斯卡的解決方法，大家一聽都茅塞頓開。德梅爾又乘興向帕斯卡提出一個「骰子問題」，這個問題也困擾他許久，帕斯卡又和費馬開始寫信討論。

　　德梅爾說，一個骰子擲出 6 點，與兩個骰子同時擲出 6 點的可能性，相差 6 倍。

　　既然如此，一個骰子擲 4 次擲出 6 點的可能性，與兩個骰子同時擲 24 次（即 4 的 6 倍）擲出兩個 6 點的可能性應該是一樣的，但是根據他長期在賭場上的經驗，兩者的可能性並不一樣，前者的可能性略大於 2 分之 1，而後者的可能性則略小於 2 分之 1，這是為什麼呢？德梅爾感到深深不解，於是他向帕斯卡提出這個問題。

　　用機率論來總結這個問題就是，一個骰子擲 4 次擲出一個 6 點的機率，與兩個骰子擲 24 次擲出兩個 6 點的機率，究竟誰大誰小？

　　帕斯卡在計算這個問題時，著實花了不少心思，這一次他又拿出完整的數據計算。這裡就要引出一個概念：「對立事件」，對立事件是指兩個不可能同時發生，但必有一個發生的事件。至少擲出一次 6 點的機率，它的對立事件就是一次 6 點也沒有擲出，具體可以這樣來算：

擲 4 次得到至少一個 6 點的機率

＝ 1 - 擲 4 次沒有一個 6 點的機率

＝ 1 -（5 / 6）^{4}

≈ 0.518 ＞ 1 / 2

擲 24 次得到至少一次雙 6 點的機率

＝ 1 - 24 次沒有一次雙 6 點的機率

＝ 1 -（35 / 36）^{24}

≈ 0.491 ＜ 1 / 2

真相來了。0.518 確實是略大於 2 分之 1，而 0.491 又確實是略小於 2 分之 1，這證明了德梅爾的感覺是完全正確的，0.518 和 0.491 這兩個數字之間的差異相當小。德梅爾只憑自己在賭場上的觀察就得出這兩個機率有所差異，這簡直令人無法相信。他需要多少次的觀察呢？今天的機率論也能給我們一個準確的答案，大概是一萬次，這證明德梅爾嗜賭如命，在賭桌前不知道花了多少時間。當然，這也說明德梅爾非常專注，他光靠自己的眼睛觀察和大腦直覺就能得出這樣精確的結論，他的觀察和洞察能力之高、數感之強，實在令人嘆為觀止。

知道這個微小的差別有什麼用呢？德梅爾可以利用這個差別來押注，例如他可以和別人賭「一個骰子連續擲 4 次，擲出至少一個 6 點的可能性」，他知道機率略大於 50%，而別人認為這是隨機出現的結果，是一半一半的運氣。德梅爾可以採用大量投擲骰子的策略，而不是把寶全部押在僅僅幾次的投擲上，賭的時間愈久，骰子投擲的次數愈多，他的贏面就愈大。

這也注定了他必須在賭桌前流連盤桓，成為一名賭場的囚徒。

人性不相信機率

現代賭場的運營已經完全是靠機率的了。你下注的次數愈多，莊家的贏面就愈穩定、愈大；賭徒並非一次都不可能贏，他們完全可能僥倖贏兩把。但要是賭一萬把，一切基於僥倖的波動都會抹平，莊家一定贏，即久賭神仙輸。

這也是為什麼賭場要提供 24 小時服務，還限定賭徒每次的下注額不能太大，因為他們要把賭徒盡可能留在賭場，讓他多次下注，只要下注次數夠多，賭徒就必輸無疑。你贏是靠運氣，偶然的；賭場贏是靠機率，必然的。

很多人都聽說過這個道理，但為什麼那麼多人還是樂此不疲地走向賭場呢？這是因為他們都不相信機率，他們相信「說不清，道不明」的運氣，每一個賭徒都相信幸運女神會站在自己這邊，直接面對運氣，立刻翻牌，看看好運究竟站不站在自己這一邊。這會帶來極強的刺激。還有些人是真懂機率，但他們又堅信自己能夠戰勝機率——這是人性，你想想也可以理解，如果人類對自己的好運都缺乏信心，那整個世界豈不是會死氣沉沉？

前面討論過，機率意識在大部分人的思維裡是非常薄弱的，人們對機率普遍認識不足。當我們聽別人談論一個具體機率的時候，我們好像只是在聽一個數字，無法獲得對它的正

確理解，相較於一個具體的場景或事例，後者對我們的影響更大。

1972 年，心理學家做過一個經典的實驗。他們把人分為兩組，告訴第一組參與者他們一定會遭受一次電擊，而告訴第二組的人他們有 50％的可能性會遭受一次電擊，然後透過心跳、神經和出汗等指標，測試兩組人的緊張程度，結果發現兩組人的緊張程度沒有差別。當把第二組遭受電擊的機率下降到 20％、10％，甚至 5％，再做實驗的時候，兩組人的緊張程度還是沒有差別。❶

這個實驗說明，對於什麼是機率，絕大部分人也缺乏直觀的理解，這個數字只要不是零，對他們就沒有差別，當然，還有另外一種可能，就是我們的神經非常粗略豪放，無法把自己的緊張程度按 50％、20％、10％進行調節。

還有一項實驗，用更直接的結果證明了人們對機率的無視。這是學者艾波斯坦（Seymour Epstein, 1924－2016）設計的。在這個實驗中，有兩個裝有很多糖果的碗，第一個碗中有 9 顆白色的糖和 1 顆紅色的糖，在第二個碗中有 92 顆白色的糖和 8 顆紅色的糖，參加實驗的人可以選擇任何一個碗，閉著眼睛從中隨機抓出一顆糖，如果抓到紅色的糖，一顆就可以讓他贏 100 元。兩個碗贏錢的機率顯而易見，第一個碗是 10 ％，第二個是 8％，但仍然有相當多的人選擇第二個碗，理由是，他們看到那個碗裡有更多紅色的糖。他們事後解釋說：「我選

---

❶ 羅爾夫・多貝里，《清醒思考的藝術》〔M〕朱劉華，譯。北京：中信出版社，2016：101。

圖 7-2

擇了有更多紅色糖的碗，因為它看起來有更多的獲勝機會，雖
然我意識到它同時也盛有更多白色的糖，贏的機率較小。」

很多醫生對此非常清楚，因為這是他們安慰病人，讓病人
接受手術的一大絕招。例如，某個手術的成功率只有 60％，
也就是 10 個人中有 6 個手術成功、4 個不成功，這個機率可
不高，但醫生已經掌握了一個訣竅，百分之百可以留下他的病
人。他只要對新來的病人說，上一個病人手術很成功，恢復得
很好，一個猶豫不決的病人聽到這句話，會立刻感到鬆了一
口氣，因為這句話告訴他一個眼前發生的實例、一個具體的場
景，這個實例和場景的說服力很強，令他很容易就會忽視手術
成功率只有 60％的事實。

光靠人性是戰勝不了賭場和疾病的。也有賭徒贏了賭場的

事例，但靠的絕不是運氣，而是機率。

記得我們一開始討論的賈格爾嗎？他不是一名職業賭徒，一輩子只進了一次賭場，卻賺了大錢，賈格爾靠的就是機率。記得麥金利嗎？他在大學畢業之後加入「麻省理工 21 點小組」，在全國各地賭 21 點，賺了一些錢，同時也對數學產生興趣，才去攻讀博士學位。

賈格爾怎樣贏錢你已經知道了。我們接下來講講 21 點，這是除了輪盤和骰子之外，另一種在世界各地的賭場都非常流行的遊戲。所謂 21 點，很多人多少都玩過，就是抓牌比大小，玩家可以拿任意數量的牌，但如果手上牌點的總數超過 21 就是爆了，爆了就是自動輸了，即便隨後莊家爆牌也算玩家輸。

要贏錢，還是得靠機率來算牌。如何算牌呢？簡單地說，就是前面出過的牌會影響後面牌出現的機率。如果用一副牌（52 張，除去鬼牌）來玩 21 點，這就很好算，例如發牌員發出牌來，你拿到兩個 10 點（10 點包括 10、J、Q、K），莊家亮牌也是一個 10 點，翻出底牌來還是 10 點，那麼下一輪 10 點出現的機率就不再是 13 分之 4（即 52 分之 16），而是 48 分之 12，即 4 分之 1。同樣地，其他點數出現的機率也不是 13 分之 1，而是 12 分之 1。隨著遊戲進行，牌會減少，每張牌出現的機率就可以愈算愈準。到最後一輪，如果你記性好，就能完全算出對方的牌和點數，當然就可以押更多籌碼。

以上例子是最簡單的情況，牌桌上通常會有五六副牌，甚至更多，所以需要記憶和計算的數字量很大，而且遊戲行進過程很快，很容易算錯。

麥金利參加的「麻省理工 21 點小組」在 1990 年代名噪一時。其中最有名的是一位名叫馬愷文（Jeff Ma）的華裔男性，他和班上一幫同學在反覆操練算牌的技術之後，從 1995 年開始出征美國各地的賭城，跟莊家大玩 21 點。

他們的玩法有套路：一到賭場，小組成員便四散開來，在不同的賭桌上算牌，以便鎖定勝算最大的桌子，一開始他們只下小注，或者不下注，因為這時候在算牌。他們根據算牌結果來判斷後面的可能性，一旦確認某張牌桌後面勝算很大，其他人就一起圍攏過來，透過下大注贏錢。馬愷文的團隊有時候光是一晚就能贏百萬美元，現金塞滿整個行李袋，不能託運，只能扛著上飛機。他最後贏了上千萬美元，江湖人稱「賭聖」。2008 年，好萊塢把他的故事改編成電影《決勝 21 點》。

算不算牌，差別當然很大。有人統計過，如果不算牌，和賭場的莊家玩 100 把，贏錢的機率是 49%，即 49 把贏，51 把輸；如果玩 10,000 把，那只有 3 分之 1 的把數贏錢，3 分之 2 的把數都輸錢。玩的次數愈多，賭場的優勢就愈明顯。馬愷文曾經坦承，算牌只幫他提高了 3% 的勝算率，但有沒有這個 3%，差別巨大。當然，賭場很快就識破了馬愷文的套路和他們的身分，「馬愷文們」自然成了各大賭場最不受歡迎的人，即使他們化妝進入，也會很快被認出並遭送出來，馬愷文只好金盆洗手，轉做培訓。

就此而言，賭博顯然是不明智的行為，不值得提倡。賭場擺明就是誆騙低數商的人，高數商的人應該看透這個基於機率的把戲。好賭的人尤其要從觀念上強化免疫力，要知道，贏得賭博最好的方法，就是完全不參加賭博。

中國為什麼沒有產生機率論？

一個問題來了，賭博在中國和歐洲一樣普遍，甚至在中國的歷史還更加久遠，但為什麼中國沒有產生機率論呢？

從有記載的人類歷史開始，賭博就開始在各個國家和地區盛行。中國自古以來就有對隨機事件做出預測的傳統——從商代的甲骨占卜開始，再到周代的《易經》，占卜人投擲龜殼和草稈，然後對它們的排列位置進行解讀。據說卦是伏羲氏發明的，到了周文王手裡發揚光大。算卦當然也算一種賭。後來的骰子、賽馬、鬥雞、賽狗、麻將、撲克，這些流行的遊戲本質上都是賭。

但在中國的歷史記載裡，幾乎沒有任何關於機率概念的記載。民間流傳一則「狄青占卜」的故事。北宋大將軍狄青率軍南征，部隊士氣低落，大軍路過桂林城南一座大廟，有人告訴狄青，當地百姓認為此廟菩薩非常靈驗。狄青一聽，心生一計，吩咐部隊停止前進，親自進廟參拜。他在焚香行禮之後，從口袋裡取出 100 枚銅錢，在菩薩面前占卜說：「我把這 100 枚銅錢拋撒在地上，如果這次出征能大獲全勝，就請菩薩讓銅錢全部正面朝上。」

從前的銅錢，一般都是正面鑄字，反面鑄圖，100 枚銅錢拋撒下去，要全部正面朝上，這幾乎是不可能的事。這一拋豈不是要動搖軍心？左右紛紛上前勸阻，狄青一概不聽。就在眾目睽睽之下，他屏氣凝神，把銅錢拋了出去。當時數百人圍觀，一一看來，果然 100 枚銅錢個個朝上。消息傳了出去，頓時軍心大振，部隊最後打了勝仗。故事最後揭曉真相：原來這

100 枚銅錢都是特製的，正反兩面都是字。想必狄青和當時的鑄幣官關係不錯，才能用這個方法糊弄群眾。

我們知道，啟發歐洲數學家開啟機率論的一個具體例子就是拋硬幣，帕斯卡聽到德梅爾的問題之後，將問題轉化為拋硬幣的場景。中國人也拋硬幣，也留下了這樣的場景和故事，「100 枚銅錢個個朝上」，當時的人們也知道這種可能性很低，認真說來，已經非常接近機率概念了；然而幾千年來，就是沒有中國人想過這種可能性究竟有多低、如何去量化它，沒有人邁出這一步。

另外一則記載，講的是宋代著名女詞人李清照的故事。她曾經發明了一種同時拋擲 3 枚骰子的遊戲，叫「打馬」，並枚舉記錄了這種遊戲結果的不同組合，但她也沒能繼續下一步，也就是關鍵的那一步：量化各種組合的可能性，用頻率求機率。

中國古代的數學家都沒能跨出這一步，必須老實承認的是，中國古代沒有生出機率的概念。中國的賭徒可能知道如何計算自己的贏面，但這種經驗沒有轉化成理性的論述，或是更高級的數學知識。

原因在哪裡？可能是偶然，更可能是必然。機率是對不確定之事發生的可能性進行量化的學問。中國古代有句話：「人算不如天算」。一直以來的習慣和傳統是，只要把一件事歸咎於天意，就可以不求甚解了，有什麼必要對天意進行量化和計算呢？如果機率被研究清楚，許多占卜也就失去意義，沒了市場，不能糊弄人了。這樣的結果，當然很多人不喜歡。

不過更可能的是，我們缺乏數字化的思維，沒有用數字量

化萬事萬物、格物致知的傳統，我們習慣於模糊和混沌的思維，沒有量化的、銳利的頭腦。頭腦是圓的，數據思維卻是方的，因為它有稜角和線條。你或許會反駁，機率有什麼用？不就是用於賭博和遊戲嗎？

當然不是這樣，機率不止用於賭博。2020 年春天，中國爆發了新冠病毒肺炎的疫情，檢測這種病毒要用到咽拭子核酸檢測。有一系列名詞伴隨著這個檢測結果：陰性、陽性、假陰性、假陽性，這些名詞都帶著一個比例，即機率，它們代表了你被真正感染的風險，我們來看一個例子。

假設某種疾病由 xyz 病毒引起，該病毒的攜帶者發病率為 1,000 分之 1，即 1‰，假設現在有化驗方法可以 100%檢測出 xyz 病毒，但是使用這種化驗方法的假陽性率為 5%，也就是說，如果一個人攜帶 xyz 病毒，透過化驗就一定可以被發現，但是一個健康的未攜帶病毒的人接受這種化驗，有 5%的可能性被誤診為 xyz 病毒的帶原者。

現在，從人群中隨機選取一人進行檢測，結果是陽性，陽性意味著受檢者可能是 xyz 病毒的帶原者，那麼在完全不考慮個人資訊和病史的情況下，這位受檢者真正攜帶 xyz 病毒的機率是多少？❷

大部分人的答案是 95%，但正確的答案是大約 2%，算錯

---

❷ 基斯・E・斯坦諾維奇，《超越智商：為什麼聰明人也會做蠢事》〔M〕張斌，譯。北京：機械工業出版社，2015：148。

的人會極大地高估攜帶病毒的可能性，從而加深恐慌，把自己嚇個半死。

正確的計算步驟是這樣的。1,000 人中有一人攜帶病毒，這個人被檢測出的機率是 100％，假設其他 999 人也接受檢測，有 5％ 的誤診率，即有 999×5％≈ 50 人會被檢測出攜帶病毒，所以，如果 1,000 人接受檢測，化驗結果為陽性的會有 51 人，但在這 51 人當中，只有 1 位是真正的 xyz 病毒的攜帶者，所以隨機選一人做檢測並測出攜帶病毒，但其真正攜帶病毒的機率僅為 51 分之 1，即大約 2％。

2％ 和 95％，幾乎是天差地別。之所以會算錯，是因為我們習慣把所有的機率都當作具體實際的數字來處理，但機率是一個比率，而不是一個數字。當我們用機率預測整個社會的風險時，它就可能建構一個產業。

在帕斯卡創建機率論之後，歐洲人很快就應用到金融創新上，例如保險。這個行業的本質，其實就是「賭」，它賭的是未來可能發生的事，人壽保險就是賭你什麼時候過世。人壽保險最早在歐洲興起的時候，很多人都反對：「這不是拿命來賭嗎？」他們認為人的生存是上帝的旨意，如果拿去計算和打賭，那是褻瀆上帝。但這種觀念最後被擊敗了，當英國社會跨過這一步，商業社會就大大進步了。接下來我們就來談這件事。

從死亡中琢磨出的新行業

1662 年，英國國王查理二世收到一封申請信，這份申請

要求冊封格蘭特（John Graunt, 1620－1674）為英國皇家學會的會員。皇家學會是在那之前兩年成立的，是全世界最早的學術團體組織，後來成了英國頂尖科學家的俱樂部，對每一個入選人而言，它都是莫大的榮譽。可是這位格蘭特先生，卻是一名經營皮毛生意的商人，沒有接受過高等教育，冊封一名連學都沒怎麼上過的商人為皇家學會會員，史無前例。

但查理二世在看過這個人的成就之後，批准了這份申請，皇家學會也立刻投票通過這個決議。查理二世還叮囑學會說，如果再發現類似的商人，不管有什麼樣的爭議，一定要把他們吸納進皇家學會。這是一段不拘一格選人才的佳話。當然，這首先和英國皇家學會的宗旨有關，這個學會在成立之初就規定：學會的宗旨是認識事物本身，而不是咬文嚼字，全體成員必須說話率直、用詞精確，要盡量像數學那樣簡單明瞭，「寧願用手藝人、鄉下人和商人的語言，而不用那些學者、詩人的語言」，英國之所以能崛起，成為科學和實驗之國，這個學會起了很大的作用。

那麼格蘭特到底是憑什麼獲得國王和學會的青睞，他是一位怎麼樣的人呢？

格蘭特的成功人生也從記帳開始。他從小在一家商店當學徒，由於機靈勤快，學會了記帳，慢慢自立門戶，成為一名成功的商人。除了記帳，格蘭特的第二項過人之處，是他擁有超強的速記能力。他是一名虔誠的基督徒，能用很快的速度完整準確地把牧師的布道詞記錄下來。這些能力都是數商極高的表現，但他沒有接受過正規教育，完全靠自學獲得這些本領。

格蘭特住在倫敦。當時的倫敦受到黑死病、鼠疫等傳染病

的不斷襲擊，造成大量人口死亡，因此倫敦從 1527 年開始就建立了死亡名冊。直到 1603 年，死亡報告表已經是一週統計一次，當一個社區有人死亡，政府就會派出一位老太太來到死者的家中收集死者的數據，記錄死亡原因。

這些數據並不完全準確，有很大的隨意性。只要死者的家屬請老太太喝一杯酒，死亡原因就可以由「梅毒」變為「肺結核」，為死者家屬守住一些顏面。

格蘭特梳理了 80 多年的記錄，把看起來一團混亂的表格匯總起來，做成幾張清晰的大表，然後得出 106 條讓人一目了然的結論。1662 年，他把這些基於數據的發現寫成一本 90 多頁的小冊子《對死亡公報的自然和政治觀察》，這本小冊子被呈給查理二世，才有了故事開頭的那一幕。

這 106 條結論有很多只是對現象的總結，很難說有什麼深刻的社會意義。國王看了卻覺得很有意思，因為這些結論勾勒出一張社會大圖，歷史上從沒有人這樣總結過。例如：在英國男性比女性多，但醫生看診的男女病人比例是 1：2；女病人雖然多，但死亡人數又是男性多於女性；絕大部分的人不是死於急病，而是死於慢性病；只有 7% 的人是因為年老自然死亡；每 2,000 個死亡者當中，有 1 個死於謀殺；每 4,000 個死亡者當中，有 1 個死於饑餓；有些疾病不分季節，一年到頭都可以致人死亡，如天花和痢疾，另外一些致人死亡的疾病卻有顯著的時令性。

如果僅僅憑藉這些結論，格蘭特寫得再多也難以在歷史上留下名聲，也不太可能打動查理二世，獲得他的批准，進入皇家學會。

真正閃亮的「珍珠」是一張表格，一張可以體現死亡法則的「人口存活數表」，上面記錄了在不同年齡層活下來的人。

這張表比 80 多年的記錄走得更遠，為後世帶來極大的啟發。這不是一張曇花一現的表，它是後來整個英國人壽保險業的基礎。從這個意義層面來說，格蘭特就像數據領域的哥倫布，為近代統計學的開拓立下了標竿性的功勳。

他的創新在於統計了每個年齡層的人口數以及生存的比率。例如，格蘭特發現，能活到 16 歲的，100 個人當中只有40 個，而活到 76 歲的，100 人當中才有一個。這是他從樣本數據中得出的一般性結論，後來被稱為「推論統計」。

透過這張表，人們才認識到，看似孤立的、沒有規律的個體死亡事件，放在群體當中就會呈現出某種規律。這個群體愈大，觀察的時間愈長，規律就愈明顯；只要掌握這個規律，就能預測一個地區居民的死亡事件。這些發現後來成了現代人壽保險體系的基礎。

人壽保險體系，關鍵在於確定保費。其中的道理，簡單來說，如果人人都活到八九十歲，保險公司卻按照六七十歲的平均壽命做保險訂單，保險公司肯定是賠不起的。同理，如果社會平均壽命才 70 歲，保險公司卻按 80 歲來計算繳費額度，那保險公司就太「黑心」了，保險可能賣不出去。人們按照格蘭特的思維，在死亡率和利息的基礎上，計算出每個年齡層的人壽保險價格，也就是生命保險的現價。

一直到今天，人壽保險費率的計算，遵循的還是格蘭特的思維。在人口學定義中，通常以 10 萬（或 100 萬）人作為0 歲的生存人數，然後根據每一年當中的死亡人數、每一年末

表 7.1 格蘭特梳理的人口存活數表

年齡（歲）	每 100 人當中活下來的人數（人）
0	100
6	64
16	40
26	25
36	16
46	10
56	6
66	3
76	1
86	0

的生存人數，來計算各年齡層人口的死亡率、生存率，列成一張類似的表格，直至此 10 萬人全部死亡為止。表上記載的死亡率、生存率就是決定保費的依據，可以說，如果沒有這張表格，人壽保險就無從展開。

考慮到格蘭特梳理的數據跨度有 80 多年，他的工作，很可能就是人類歷史上最早的大數據工作。

格蘭特是第一個對倫敦人口做出推論統計的人，他的工作後來吸引了大物理學家哈雷（就是發現哈雷彗星的科學家）。哈雷放下了自己計算星體的工作，開始為全英國的人口編排一份「生命數表」，這張表使用的是英國全國的死亡記錄，可以用來查閱某個特定年齡的人還可以活多少年，即活到某個年齡的機率。例如，在這張表中可以查到，20 歲的人在一年內死

圖 7-3

亡的機率是 100 分之 1，而 50 歲的人在這一年死去的機率是
38 分之 1，根據這個機率可以確定保險的年金。因為這張表不
斷改善，倫敦成了全世界人壽保險的源頭和中心，開始向外輸
出經驗和制度。

人壽保險對個人來說就是「賭」，但對整個社會來說，可
以說是一種儲蓄。災難保險的實質是一種成本的分攤，保險增
加了個體、家庭、行業，甚至城市抗擊風險的能力，一個沒有
保險的社會是非常脆弱的。

1666 年 9 月 2 日，倫敦發生嚴重火災，全城被燒毀一半
以上，損失約 1,200 萬英鎊，20 萬人無家可歸。整個倫敦都快
垮了。這場火讓很多人損失慘重。格蘭特的店面也被燒毀了，

他的生意從此一蹶不振。災難的不可預知性，使人開始思考用什麼樣的方法才能將損失降到最低。正因為這場火，英國的商人開始攜手合作，共同應對天災人禍。

另一個商人出現了，他也是一名牙醫。1667 年，牙科醫生尼古拉·巴蓬（Nicholas Barbon）在倫敦開辦個人保險，經營房屋火災險，第一家專營房屋火災險的公司出現了。

人類開始用機率抗擊風險，現代保險制度由此誕生。100 多年後，1805 年，英國人在中國廣州開辦了中國第一家保險機構。但購買保險的大眾意識和做法，還需要再等 100 多年，才會被中國社會真正接受。

等待社會科學的克卜勒

格蘭特編制的人口存活數表，還成了後世一個重要學派「社會物理學」（Social Physics）的源頭。1687 年，牛頓發表了他享譽一生的論文《自然哲學的數學原理》，透過萬有引力定律和三大運動定律，他統一解釋了宇宙天體和地球上萬物的運行規律。受物理學知識大爆炸的啟發，社會物理學派認為，所有的社會活動應該都像天體運行一樣有規律可循，其規律可以透過記錄的數據來發現，就像格蘭特的人口存活數表所展現的那樣。孰生孰死難以預料，但每個年齡段的死亡比率相當恆定，這就是規律。心理學、經濟學和社會學都應該以物理學為參照，尋找各種社會現象背後的法則和規律。

比格蘭特晚一輩的威廉·德勒姆（William Derham, 1657 –

1735），是一位製造鐘錶的專家，也是英國皇家學會的會員。也許是鐘錶看多了，德勒姆產生了一種聯想，他堅信社會也是上帝的傑作，整個社會如同鐘錶一樣有規律地運行。德勒姆發現男性的出生率比女性略高，其比例大約是 14：13，他解釋說：這是因為男性要參加戰爭，要承擔額外的死亡風險，所以上帝做出略高的安排；在正常年代裡，每年死亡的人數，都會略略低於出生的人數，正是因為上帝巧妙地安排了現存人口與死亡人口的數字關係，人類才能一個一個來到這個世界，卻毫不擁擠。

格蘭特和德勒姆，一個是皮貨商，一個是鐘錶匠，兩人的身分不免讓我們對當時英國皇家學會會員的遴選標準產生敬意。確實，英雄不問出處，只要真的有成就，做出的貢獻夠大，一個人是什麼出身又有什麼關係呢？

等到另一個數據奇人阿道夫・凱特爾（Adolphe Quetelet, 1796－1874）出現的時候，社會物理學算是有了第一個掌門人，也迎來第一個高潮。凱特爾是比利時人，他年輕的時候多才多藝，寫詩、演戲、畫畫無一不能，但他最後對數字產生了興趣。他選擇了人類社會的三組數字進行追蹤和統計：犯罪、自殺、離婚。他發現觀察面愈大，個體的共性就愈清晰。就個體來說，單個行為都是令人疑惑、不確定、不連貫、無法則可循的，但是一旦加總全社會的情況，就能發現人群之中穩定且連續的規律，這種規律可以透過一個國家對這些事件的記錄來證明。

凱特爾檢查了不同城市、不同月分、不同溫度之下的人口出生率和死亡率，在監獄和醫院中調查不同年齡、不同職業的人在不同季節的死亡率，然後發現了一些令人震驚的規律。無論

圖 7-4

在哪座大城市,倫敦或巴黎,無論經濟好壞,蕭條也好,繁榮也罷,人類自殺的比例幾乎是恆定的,年復一年,在一個或兩個時間單位之內,會看到大致相同數量的自殺者,死法都是投水、上吊、使用火器、使用銳器、跳樓或服毒等,就像存在一種引力吸引人去自殺一樣。至於犯罪,也同樣令人震驚,各種類型的犯罪數量,每年的總數幾乎處於一個恆定的狀態,即年度差別很小,數量非常穩定,他因此做出論斷:同樣的犯罪案件,每年以同樣的次數重複發生,並且以同樣的比例引起同樣的懲罰,這個現象是最奇怪的事實之一……社會包含著一切可能發生罪惡的根源,還有一切罪惡可藉以發展的條件,從某種意義上說,是社會為犯罪準備了場地,罪犯則是犯罪的工具。❸

除了自殺、犯罪，還有人試圖對疾病發生的規律進行總結，向格蘭特的死亡數表學習，想制訂一個疾病數表，最終可以「像對待壽險、火險和航海保險一樣對待疾病」。一開始，多數人認為生死、犯罪和愛情受自然規律的支配，但疾病不是這樣的，對一種疾病可以總結發病的規律，但對另一種不行。不過隨著數據的增多，人們發現確實有規律可循。東印度公司建立了一個大卷宗，從 1823 年開始對倫敦地區 2,461 名員工進行記錄，逐一登記他們生病的時間、天數和病種，記錄達 10 年之久。此外，部隊保存了大量士兵生病的記錄，有人在研究之後發現，一名 32 歲的人，每 8 個星期的工作日就有一天生病，一年恰好有一週生病，而一支部隊所有士兵的生病總時間和頻率，每年也都很齊整。[4] 這些規律的發現，皆導致愈來愈多人相信疾病的發生也是可以測量的。這種測量的結果，就是今天的健康險，以及基於某些特定疾病的重大病險。

這些發現十分可貴，研究對象是整個國家和社會，其中已經蘊藏著今天大數據的概念和方法了。當時的研究者已經認識到，一些事件看起來是隨機的，但如果在更大的規模上觀察它們，其頻率就會接近於一個恆定的比率。這個比率就是帕斯卡提出的「機率」，即偶然中包含著某種必然，這也是「大數法則」的最早雛形。具體地說，在單一個體身上發生的事件可能是沒有任何規律的，即使把它們記錄下來，從一年的數據、一

❸ Ian Hacking. *The Taming of Chance*〔M〕. Cambridge: Cambridge University Press, 1990: Chapter 13.

❹ 同上，Chapter 6。

個地區的數據，可能也看不出太多的章法，但隨著跨年度、跨地區的數據愈來愈多，群體的行為特點就會在數據上呈現出一種「秩序、關聯和穩定」，即這些行為一加總，就會受一種嚴格的規律所支配。

他們因此呼籲建立全國的統計體系，對全民工作和生活的情況進行記錄。當時的知識菁英相信，在大範圍、大跨度的記錄中，就一定能發現如自然定律般的社會規律，範圍愈大、記錄愈細、時間愈長，規律可能就愈多。這些記錄就是社會科學的天文望遠鏡，這些望遠鏡一旦造好，就等社會學的克卜勒出來總結「人世間的三大行星運動定律」了。

此處摘選 1682 年，歐洲一位政府官員關於建立國家統計體系的一段論述。關於大數據的夢想，其實 300 多年前他們就有了：

為了獲得一種精確的規律呈現，統計要伴隨一個人的整個人生。它負責記錄這個人的出身、受洗、疫苗接種、中小學教育，以及其間的成功和勤奮，離開中小學以及隨後而來的高等教育和發展。而且一旦他長大成人，他的體格以及他服役從軍的能力，這些都要記錄。統計學還伴隨著他以後的人生道路，記錄這個人所選擇的職業，在什麼地方成家以及如何管理他的家庭，他何時結婚，娶了什麼人為妻。不論事情是往好的方向發展，還是朝不好的一邊傾斜，統計學都要關注著他。如果他經歷了沉船，遭受過物質、道德或精神的打擊，也照樣要記錄，只有當這個人死去，統計才能停止——在他死後，統計學還要確認他去世的準確年齡，並記錄他的死因。❺

當然，一直到今天，這個夢想還沒有實現。全世界還有一些學者在追隨和發揚社會物理學，今天的社會活動，也遠比 300 多年前複雜得多，人們還在等待社會科學的克卜勒。

　　社會物理學致力於尋找社會層面的規律，這種規律如果無處不在，而且像鐘錶一樣，那就是一種歷史決定論。這種觀點的代表人物是拉普拉斯（Pierre-Simon Laplace, 1749 – 1827），他有一段非常形象的論述：

　　宇宙現有的狀態，我們可以視之為其過去的果以及未來的因。如果有一個「智者」能知道某一刻所有自然運動的力和所有自然物體的位置，假如他也能對這些數據進行分析，那宇宙裡從最大的物體到最小的粒子的運動，都可以用一條簡單的公式來表達。對這位智者來說，沒有任何事物會是含糊的，未來只會像過去一樣出現在他面前。❻

　　拉普拉斯所說的「智者」，被後人稱為「拉普拉斯妖」。

❺　同上，Chapter 4。

❻　原文為：「We may regard the present state of the universe as the effect of its past and the cause of its future. An intellect which at a certain moment would know all forces that set nature in motion, andall positions of all items of which nature is composed, if this intellect were also vast enough to submitthese data to analysis, it would embrace in a single formula the movements of the greatest bodies ofthe universe and those of the tiniest atom; for such an intellect nothing would be uncertain and thefuture just like the past would be present before its eyes.」Pierre-Simon Laplace. *A Philosophical Essay on Probabilities*〔M〕. Mineola: Dover Publications, 1951: 4。

按照牛頓和拉普拉斯的理論，一切都是注定的，前一刻的狀態決定了後一刻，只要有足夠的數據，就完全可以預測歷史的下一秒會發生什麼。萬事萬物，包括人類，都受規律的支配，人類的思想、行為和他們的心臟一樣，都像上了發條的鐘錶一樣工作，沿著預定的軌跡運行，一切皆有定數，一切皆可預測。我們現在之所以不能預測，是因為沒有掌握夠多的關於萬事萬物前一刻的記錄和數據。

本章的開頭討論了進化和演化，它們其實也代表兩種歷史觀：一種是決定論，即一切都是確定的，拉普拉斯就是決定論的代表，抱有這種觀點的人，認為人類只要足夠聰明，努力地搜集數據，就可以預測未來；另一種歷史觀認為歷史可以是演化的，它發展的每一刻都有多種可能，很多時候是隨機的，我們能期待的最好結果，就是用機率這種工具把各種可能性表示出來。就此而言，當我們面對不確定的未來時，機率教會我們如何做出決策，它是我們的生活指南。我個人傾向於支持演化論，人類社會不是鐘錶，人類有主觀能動性。但無論你選擇相信哪一種，即使是拉普拉斯的方法，預測未來也需要數據。數據表示的是過去，但表達的是未來。

最後我想指出的是，早期這種「大統計」研究，也可以稱為大數據的萌芽，它們已經體現出一種整體和集體的思維，即超越個體，從全社會的角度，長時間跨度地分析社會的規律。集體主義、整體思維和系統思維等，這本來是以中國為代表的東方文化所擅長的，西方的傳統是個人主義、自由主義；但率先在整個大社會層面當中發現規律的是西方，而不是東方，原因又在哪裡呢？這個問題，我特別想聽聽你的觀點和意見。

　　觀察、理解機率最好的一個地方就是賭場。事實上，賭場經營的科學性和穩定性遠遠高於其他類型的企業。如果你去一家賭場，挑戰賭場老闆說：「咱們賭一把最簡單的擲骰子，如果你大，你贏一億；如果你小，你把賭場輸給我。」你猜老闆會怎麼說？他百分之百會拒絕你，他靠機率穩穩地賺錢，為什麼要和你賭？做賭博生意的人，竟然也鄙視用賭博的方式來做生意！這是對低數商群體活生生的一種諷刺。

　　如果你想清楚了那些發生在賭場中的現象，那它們同樣可以指導你的生活和未來。已經有很多研究證明，是否具備機率思維，對於能否正確看待未來極為關鍵。一個人愈喜歡機率思維，預測未來的準確度就愈高。

(1) 有一個朋友告訴你，他最不喜歡聽到飛機上介紹「機長已經成功飛行一萬小時」這樣的廣播，因為按照機率，他都已經安全飛行一萬小時了，這一次出事的可能性豈不是更大？你覺得他說的對不對，應該如何安慰他？

(2) 要完成一個專案有十個步驟，每個步驟都有 90％ 的把握可以成功，整個專案成功的可能性有多大？（如果一件事情成功的機率貌似很大，你可以先拆解成幾個步驟，用這個方法對部分和整體進行分析。）

①大約 35%　　②大約 50%　　③大約 5%　　④大約 90%

(3)有愈來愈多女性胸部患上腫瘤，這些腫瘤可能是良性，也可能是惡性的，惡性的就是癌症。研究表明，在 100 名胸部有腫瘤的患者當中，大概只有一名患者的腫瘤會轉化為癌症。醫生一般透過 X 光檢測來判斷腫瘤的性質，如果檢測結果是陽性，就意味著腫瘤將引發癌症。但是 X 光檢測並不完全準確，其準確率是 85%，即它可以準確地判斷 85% 的惡性腫瘤為陽性。當一名女性的腫瘤 X 光檢測結果是陽性，她患上乳癌的機率大約是多少？

①大約 85%　　②大約 50%　　③大約 5%　　④大約 1%

08

實「數」求是

抗 疫 要 數 據 ， 更 需 要 數 商

　　這一章，我們關注如何用數據來對抗危機和災難。

　　2020 年初，全球各地陸續爆發新冠肺炎疫情。截至 5 月 1 日，全球新冠病毒感染人數已經超過 350 萬，死亡人數約 25 萬❶，這場突如其來的災難成了 21 世紀以來，人類面臨的最大挑戰，其影響甚至超過 1930 年代的大蕭條。截至本書出版，疫情何時澈底終結仍未可知。

　　疫情的終結有賴於疫苗，但疫苗的開發需要最少一年的時間。除了疫苗之外，人類對抗瘟疫，數據就是第一支點，也是最有用、最高效的工具和武器。

　　舉個例子，新冠病毒的傳染性很強，當一個人被確診感染

---

❶ 編注：截至 2020 年 12 月 28 日，全球新冠病毒感染人數已超過 8,070 萬，死亡人數超過 176 萬。

之後，我們就要知道他去過哪裡、和誰接觸過，因為他接觸過的人可能會被他傳染，成為新的傳染源，感染更多的人。以前我們只能靠詢問，但遭受感染的人此刻正被病魔所折磨，可能很緊張，也很虛弱，自己記不清也說不清去過哪裡，這時大數據就可以發揮大作用了！

掌管傳染病的是公共衛生防疫部門，他們可以透過電信營運商和網路公司獲取這個人近 14 天的行蹤軌跡，即每天他從哪裡到了哪裡、在每個地方停留多久、使用過何種交通工具，包括日期、航班與車次，還有悠遊卡、網路租車、計程車司機等，都有數據和記錄。根據這些資訊，可以尋找他可能密切接觸過的人，對他們進行隔離，以切斷病毒的傳播管道。此外，藥局也有發燒藥和咳嗽藥的銷售記錄，買藥、乘車也可能留下手機支付的數據，這些數據也可以輔助公共衛生防疫部門追蹤和決策。

疫情初期，中國的數字地圖公司紛紛繪製出人口遷徙大數據地圖，這些地圖可以回溯春節前後武漢將近 500 萬人的流動情況，即他們從哪裡流動到哪裡，這對疫情的防控起到了很大的作用。中國是最早爆發疫情的國家，也是迅速控制疫情的國家，一個重要的原因，就是重點地區封城、全民禁足，即有效地隔離。

在疫情快要結束的時候，人們要復工，在同一個辦公室上班，如果有人攜帶病毒，那會引起群體性感染，是非常危險的。手機健康碼於是應運而生，用的就是上面的原理，每天進入辦公大樓的時候，有人幫你測量體溫，你一提交自己的個人資訊，你的個人軌跡就在大數據的平臺上和其他數據進行交叉

比對，如果你和確診的患者搭乘過同一班車，或去過同一個地方，系統就會提示你需要嚴加關注，可能需要隔離。

當然，在整個疫情的防控期間，也有數據應用不到的地方。我注意到，一開始疫情傳染管道確定說是飛沫，後來，有專家說透過眼睛也可以傳染，接下來，又說透過懸浮粒子（氣溶膠）、接觸，以及糞便的管道傳染。中間有一段時期，大眾的注意力轉向了公共設施，例如電梯按鈕、扶手、火車上的洗手間等，因為怕傳染，甚至連電梯裡的按鈕也不敢按，有近兩個月的時間，傳染管道一直無法確定。一方面，人類對新型傳染病的認識需要時間；另一方面，也有對病例的數據搜集不詳盡、不澈底，分析不到位的因素。

其實數據在流行病的防治過程當中，有非常久遠的應用，歷史上有過很多成功案例。現在我就要告訴你一位我心中的數據英雄，他以數據譜寫了人類在對抗流行病的歷史上第一段數據傳奇。這個故事發生在工業革命早期。

不明就裡就會做蠢事

工業革命是人類歷史上劃時代的變革，在英國率先發生，但你現在一定想像不到，當時的英國首都倫敦，作為全世界首屈一指的大城市，真實情況是這個樣子。毫不誇張，它是一個被糞坑包圍、惡臭彌漫的城市。記得英國作家狄更斯的《雙城記》一開始的那句名言嗎？「這是一個最好的時代，也是一個最壞的時代」，這個描述很無奈，卻又很精準。

說起來，這和抽水馬桶的發明有關。18 世紀末，英國人發明了抽水馬桶，從 1800 年到 1850 年，抽水馬桶快速普及。坐上馬桶，糞便一沖就走，這感覺非常好，但馬桶的普及也帶來了災難性的後果，因為當時的城市，即使先進如倫敦，也沒有一套與之搭配的現代汙水處理系統。大多數抽水馬桶只是把汙水和糞便排到與房子鄰近的糞坑中，而這些糞坑需要淘糞工人來清理，糞便還要用馬車來清運。

　　這個時候的倫敦，正處於快速城市化的階段中。據 1851 年的人口普查，倫敦有 240 萬人口，全世界人口數量第一，但當時的倫敦城市面積只有 90 平方英里（約 233 平方公里），人們擠在狹窄的公寓裡，排泄物就沉積在鄰近的空間中。到糞坑來拉糞便的馬，就是當時最主要的交通工具，這些馬也會隨地排泄。這樣的結果，造成整座倫敦城彌漫著糞坑、下水道、作坊、鍋爐以及牲口穿行街道散發的臭味。

　　惡劣的給水與排水條件導致飲用水和汙水互相滲透，後來人們才知道，正是這個原因造成了一種劇烈傳染病的大流行。這個病就是「霍亂」，當時，霍亂無藥可醫，染上就是等死，而且症狀十分恐怖：患者全身肌肉痙攣，肚子劇痛，同時不停上吐下瀉。一個人體內的水分最後會被排乾，整個過程中，患者的意識都很清醒，差不多就是眼睜睜等死。

　　對英國來說，霍亂也是隨輪船和貿易而來的舶來品。1831 年以前，英國從來沒有霍亂，但這之後，歐洲其他地區爆發霍亂，英國也會出現零星的病例，再之後就是大規模爆發，一共有過 4 次，每次都有數以萬計的人死亡，其中 1848 年至 1849 年尤為慘烈，死亡人數高達 5 萬人，這引發了大規

模的恐慌。

但當時人們一直搞不清楚霍亂大規模爆發的原因。主流的觀點是「瘴氣論」，這個觀點認為城市裡的惡臭空氣是霍亂的源頭，很多人主張用除臭劑來阻斷霍亂的流行，當時的宣傳是：「吃熱喝熱，睡好穿暖，不要在通風的地方睡覺和休息！」可以想像，當霍亂流行的時候，家家戶戶緊閉門窗，希望借此逃脫死神的收割。

然而事實上，霍亂是經由受汙染的水來傳播的。1880 年，德國的微生物學家科赫（Robert Koch, 1843－1910）在顯微鏡下發現了霍亂弧菌，霍亂患者的排泄物中帶有這種細菌，而飲用含有霍亂弧菌的水就會感染霍亂。所以要預防和控制霍亂，最關鍵的點就是保護水源。因為不知道真正的原因，倫敦城幹過蠢事。當地的政府組織民眾進行垃圾大清掃，結果把帶有霍亂弧菌的汙水倒進泰晤士河，這些病菌隨著飲用水又進入家庭，導致霍亂再擴大，死亡人數更多。可以說，因為沒有真正瞭解霍亂傳染的原因，倫敦城的人們是自己給自己挖坑，愈清掃愈糟糕，人們在不知不覺中集體赴死。

直到斯諾（John Snow, 1813－1858）出現，這個錯誤才得以扭轉，斯諾運用數據與奪走數十萬人性命的疾病展開鬥爭，在人類歷史上，他是第一人。❷

---

❷ 本章斯諾的故事主要參考：史蒂芬·詹森，《死亡地圖：倫敦瘟疫如何重塑今天的城市和世界》〔M〕熊亭玉，譯。北京：電子工業出版社，2017。

難以戰勝的人類感覺

　　斯諾是一名醫生，其本業是麻醉。1853 年，維多利亞女王的王子出生，便是邀請他擔任麻醉師，能為皇家服務在當時是極高的殊榮，斯諾算是一名皇家醫生。

　　當時的麻醉技術方才出現不久。沒有麻醉技術時，醫院手術室裡常常會傳出病人慘絕人寰的哭叫之聲。1846 年，美國的牙醫莫頓（William T. G. Morton, 1819－1868）發現可以用乙醚作為麻醉劑，以減輕手術中病人的痛苦，這種方法很快就傳到倫敦。

　　斯諾發現乙醚很神奇，但麻醉效果常常不穩定：有的時候非常完美，整個過程病人都處於昏睡狀態，但有的時候病人會在手術中間突然醒過來，還有的時候病人根本就不會入睡。他推測根本的原因在於劑量，之所以難以控制劑量的多寡，是因為乙醚在不同溫度之下密度相差很大。這意味著在不同的溫度下做手術，乙醚的使用劑量就應該不同，例如在寒冷的冬天，乙醚的使用量就應該比炎熱的夏天少。大部分醫生都沒有意識到這一點，有意識到的人，在實際操作中也是憑經驗控制用量，沒有標準可循。

　　斯諾嘗試解決這個問題，他製造了一款乙醚吸入器，透過水溫來控制乙醚的密度，進而控制病人的乙醚吸入量。為了得到精確的數據，他把剛發明的吸入器固定在自己臉上，釋放出乙醚氣體，幾秒鐘之後，他的腦袋就耷拉在桌子上。等他一醒過來，儘管雙眼迷濛，他也會馬上拿起表格記下失去知覺的時間。他發現溫度每升高華氏 20 度，乙醚的劑量就應該增加一

倍。斯諾把不同溫度之下，乙醚的強度和用量製成一張表，以供醫生使用。

如果說，賈格爾擁有對數據的信仰和機警，達爾文把記錄當作一個常年的生活習慣，第谷擁有數十年如一日的執著，克卜勒有不厭其煩、長夜戰鬥的精神，你會看到，斯諾不僅嚴謹細緻，他還有一種大無畏的精神，願意、也敢於用自己的健康和生命去換取數據，他是一位真正的「數據英雄」，是人類歷史上第一位配得上這四個字的醫生。對於斯諾，我不捨也無法僅僅用「數商」兩個字來評價分析他。

1831 年，倫敦爆發了第一次霍亂大流行。小災進城，大災離城，在巨大死亡陰影的籠罩下，城市的居民都成群結隊向鄉村逃亡。這個時候，斯諾還是一名學徒，他目睹了出城的人流造成交通大壅塞，人走城空，正常的生活被傳染病快速摧毀，這些場景令他心如刀割。

他是一名麻醉醫生，這種傳染病跟他關係不大，但醫者仁心，他開始關注研究這種病。

當時的人們都傳言，霍亂是經由空氣傳播的，城市裡無處不在的臭味和瘴氣是這種傳染病的根源。

倫敦市政府的戶籍登記處有名統計學家，叫法爾（William Farr, 1807 – 1883），他的職責就是記錄人口的最新變化，例如出生、結婚和死亡。這個法爾非常了不起，他在戶政部門工作 30 幾年，建立了完善的倫敦出生和死亡人口記錄體系，他也是上一章提到的，對疾病進行測量的主要宣導者。在他接手霍亂疫情統計之前，辦事員會記錄死者的姓名、地址、年齡和死因，但死因往往很籠統。法爾認為，增加記錄的變數就會增加

數據的價值，他將疾病分成 27 類，並勸說醫生在報告死亡病例的時候，從這 27 類疾病當中選出一個死亡的原因，所以經他統計的數據，不僅有年齡、地址和職業，還有具體的死亡病因，這為倫敦的醫生和衛生機構提供了一個新的制高點，使他們有能力追蹤、調查城市流行病發生的時間、地點，分析其模式和原因。

法爾對死因的記錄方式後來成為世界各國普遍採納的模式，不過當時法爾也篤信瘴氣論，他認為汙濁的空氣會淤積沉澱在低處，更高的地方空氣更好，因此居住在高處的人感染霍亂的可能性較低。為了證明這個推測，他在收集霍亂死亡案例的時候增加了一個要求：記錄病人居住地「海拔高度」的數據項目。

霍亂大流行期間，法爾每週都發布倫敦市的死亡報表。這些數據好像真的顯示出高一些的地區病人更少、更加安全。

1848 年，倫敦爆發了第三次霍亂大流行。斯諾發現，霍亂患者的最初症狀都是腹瀉嘔吐，「如果真的是瘴氣傳播，為什麼最先被感染的不是鼻子和肺，而是腸胃？又為什麼一家人當中會有倖存者，接觸病人的醫生也不會被傳染？」

斯諾斷定，霍亂一定是經口腔進入腸胃的。他推測這極有可能是因為喝了不乾淨的水。但當時的科學設備看不到水裡的微生物，被霍亂弧菌汙染的水，看起來完全和正常的水一樣，仍然純淨透明。斯諾無法說服身邊的人相信他的判斷。

凡是這個世界的事物，表面看起來愈是稀鬆平常、容易明白，要對它們的來龍去脈做出解釋、分析和證明就愈難，愈需要非凡的能力和思想。

斯諾需要的顯然是更多的證據。他深入疫區，挨家挨戶敲門詢問患者和喝水有關的資訊。他發現了一個驚人的事實，1848 年至 1849 年霍亂爆發期間，倫敦市共有 7,466 人死亡，其中 4,001 人都居住在泰晤士河南岸，這意味著南岸的死亡率接近 0.8％，是市中心區的 3 倍，而倫敦西邊和北邊的死亡率僅僅只有 0.1％。

對此，瘴氣論的流行解釋是，泰晤士河南岸聚居了大量的勞工階層，汙濁的空氣導致死亡率更高。

斯諾認為這個解釋是錯誤的，他舉出反證說，倫敦東區比泰晤士河南岸聚居了更多的民工，是全倫敦最貧窮、最擁擠的

雖然我不能親眼見到霍亂的真兇，但是數據告訴了我真相，真兇一定就在水源裡！

圖 8-1

地方，但死亡率只有泰晤士河南岸的一半。斯諾認為真正的原因是，南岸的倫敦人都飲用泰晤士河的水，而北岸倫敦人的飲用水來源並不僅限於泰晤士河，而是有多個來源。他分析了各個來源，發現死亡的數據和供水的路線有高度相關性。

斯諾的調查數據表明，飲用 A 公司水的家庭有 1,263 人死於霍亂，而飲用 B 公司水的家庭只有 98 人死於霍亂。當然，單純比較死亡的絕對人數是不公平的，因為有些地區的人多，有些地區的人少，斯諾又拿每一萬戶的死亡人數做對比，結論是飲用 A 公司水的家庭，每一萬戶死亡人數約是 B 公司的 8.5 倍（315 除以 37）。

表 8.1　斯諾進行的飲用水源分析

	家庭數（個）	死亡數（人）	每 1 萬戶死亡人數（人）
飲用 A 公司的水	40,046	1,263	315
飲用 B 公司的水	26,107	98	37

飲用不同供水公司的水，每一萬戶死亡人數就會有高達 8.5 倍的差距，這究竟是什麼原因？斯諾又進一步追蹤了兩家公司的水源，他發現 A 公司在流經倫敦市中心的泰晤士河下游取水，B 公司則在上游取水，而當時泰晤士河已經被霍亂患者的排泄物汙染了。

法爾對斯諾的觀點半信半疑，他提出：要測定水源對霍亂的影響，必須要有兩組居民，這兩組人生活在同一海拔高度、活動於同一空間、吃的東西一樣、日常活動也要相同，僅僅一

方面不同，那就是喝的水。但在現實中的倫敦，顯然找不到這樣的實驗條件。

然而，斯諾認為，實驗已經擺在眼前。兩家公司的管道都通向所有的街道，進入幾乎所有的院落和小巷，無論貧富，無論房子大小，兩家公司都等而視之地提供自來水服務，而接受不同公司服務的客戶，他們在生活條件或職業方面也無明顯的區別，特別是他們都被同樣的「瘴氣」圍繞，為什麼有的生病，有的沒事呢？

1849 年，斯諾把這些調查和發現編寫成一本小冊子《霍亂的傳播方式》，正式提出水汙染是霍亂流行的真正原因：「再也設計不出比這更好的實驗方式，讓我們徹底地檢測水對霍亂的影響，整套實驗設計已現成地擺在研究者面前，而且這一實驗的規模相當大，多達 30 萬名不同性別、年齡、職業階層和地位的人，從上流人士到底層窮人，被分成了兩組，他們不僅不能主動選擇，而且在大多數情況下對這種選擇毫不知情。」一組得到乾淨的水，而另一組得到被汙染的水，所以斯諾得出結論：水源不乾淨，才是霍亂傳播的真正原因。

斯諾的論斷是天才式的。他在「隨機對照實驗」的概念遠遠尚未產生的時代，就在現實中發現了一次科學實驗。後續章節會闡述，科學的實驗機制要到 20 世紀初才被統計學家確立。但斯諾的這些論述只獲得極少數的人相信，這本小冊子總共才賣出去幾十本。大眾對瘴氣論深信不疑，畢竟，嗅覺是人類一種最原始的感覺，我們相信自己的感覺，就像哥白尼時代的人相信地球是靜止的一樣。人類對感官的迷信可謂根深蒂固，只有一流腦袋才能將數據當作「感覺的替代品」，透過數

據來感知自己的身體和外部環境。

斯諾告訴法爾，為什麼光看死亡人數，瘴氣論好像很正確？那是因為在海拔高的地方，人口密度往往較低，因此死亡人口總數更少；但真正的原因不是這些地方遠離瘴氣，而是居民遠離了泰晤士河下游，水源較為乾淨。他甚至得出結論說，如果 A 公司將其取水口移到泰晤士河上游，就可以挽救 1,000 多人的生命！斯諾最終說服了法爾，在他的統計當中增加一個新的變數：死亡者的飲用水源。

同樣是數據分析，為什麼只有斯諾才能洞察真正的因果關係？我想這源自於他對事實和規律持之以恆的細密追蹤。很多時候，流於表面的觀察都無濟於事，最高水準的成就來自一步一腳印的追蹤和不罷休。「實事求是」，事，就是事實；是，則是規律。實事求是即透過事實分析來發現事物的規律。斯諾的方法，可以總結為實「數」求是：把事實記錄下來，再透過全面細密的數據來尋找規律。

數據英雄的逆行

1854 年秋天，霍亂第 4 次席捲英國，8 月 31 日爆發，3 天內就有 127 人喪生，10 天之後，死亡人數攀升到 500 多人，其中一個名為寬街（Broad Street）的區域，居民死亡案例最多、最集中。

這時候的斯諾，於每週第一時間閱讀法爾的死亡報表，關注死者的飲用水源，希望在表格和數據中找到線索。

雖然法爾收集了供水的來源，但斯諾根據這部分數據做不出任何判斷。為什麼呢？這是因為整個倫敦有 10 幾家大公司供水給城市的不同地區，各家公司的地盤互相交錯，供水管雜亂無章地交織在一起，僅憑地址無法準確判斷供水公司。

　　斯諾左思右想，無計可施之下，為了得到這些數據，他最後決定一家一家上門走訪。斯諾走了多少路，我們今天已不得而知。但他很快又碰到新的困難——即使挨家挨戶去敲開每一位患者的門，得到的數據也還是不完整、不準確，因為很多住戶根本不知道自家的用水是哪個公司提供的，房子可能是租的，水費可能是由房東繳交的，即便是自己付的，也找不到公司的收據，名稱還是不清楚。

　　皇天不負苦心人，斯諾又想出新辦法解決這個問題。他在走訪中發現，某一家公司的水中，鹽分含量是另外一家公司的 4 倍，根據這個差別就能判斷水的來源，如此一來，他碰到不知道自家供水公司的住戶時，就取一小瓶水樣，在瓶上注明地址，然後帶回去檢測。

　　斯諾搜集數據的執著讓人感佩。在大多數情況下，數據都沒有現成的。搜集數據太難了，就像在風中奔跑，搜集隨風飛散的柳絮一樣，你需要逐風而行，東奔西走。但對高數商的人而言，這一點是共性：他們都願意展開搜集數據的行動，都願意付出極大的努力，包括精力和時間。搜集數據所用的精力、體力和時間，可能是分析數據的數倍之多。第谷和克卜勒就是最好的例子。

　　在死亡案例高度集中的寬街，斯諾發現，「幾乎所有的死亡案例都發生在某街頭的一口水井附近。只有 10 名死者的住

圖 8-2

所靠近另一個街頭的水井，而其中有 5 名死者的家屬確認，他們一直使用那個水泵，有 3 戶距離這口水井遠一點，但死亡的孩子所在的學校就在這口水井附近」。

在這條街上，他還發現有一家啤酒廠和一家感化院沒有任何人死亡。他實地走訪了這兩個地方，發現啤酒廠和感化院都有自己獨立的水井，而且啤酒廠的工人平常只喝啤酒不喝水，斯諾因此更加確定，水就是人們感染霍亂的最終原因。

現在，讓我們試想一下，一個社區爆發了有史以來最為兇險的傳染病，驚恐的居民在一片混亂中成群出逃，用馬車拉著家當往一個方向走，但一名皇家醫生選擇逆人流而上，挨家挨戶去敲門瞭解死者的生活細節，他走進的每一間屋子，都還籠罩在葬禮的陰影和哀號當中。

斯諾不僅追蹤每一起霍亂死亡的病例，還創新了記錄的方法。他將死者的地址在地圖上標注成一個一個的點，當所有代表死亡的點都標注上去之後，地圖呈現的資訊立刻清晰起來：霍亂絕不是像空氣一樣平均分布在這個地區的，死神的陰影有濃雲密布之處，它是從一個點發散出去的，這個點就是水井！相較於數據，人類的大腦更願意接受圖表，當面對人群，高數商的人一定得想辦法將數據轉化為圖表。

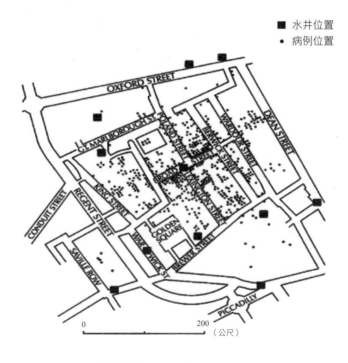

■ 水井位置
● 病例位置

圖 8-3　水井和霍亂的傳播

　　這幅圖出現在今天的各種教科書中，已經成為數據視覺化的一個標竿性作品，展示和代表的並不僅僅是繪圖技術，而是收集數據的科學原則和大無畏的精神。

9 月 8 日這一天晚上，是新一輪霍亂爆發的第 10 天，在政府組織的緊急會議上，斯諾展示了自己的數據和發現，並建議立即封閉寬街上的水井，以此切斷霍亂的傳播。

　　這在當時是一個異常艱難的決定。因為如果斯諾搞錯了，那些備受死神折磨的家庭還將無水可喝、無水可用，這無異於雪上加霜；但如果他是對的，這個舉措就能挽救無數的家庭和生命。斯諾在會議上發言並展示他的圖表，這張圖表發揮了巨大的作用，市政理事會最後經過投票採納了斯諾的建議，當局立即拆除了寬街水井的水泵手柄，以控制水井的使用。

　　寬街霍亂引發的死亡，由此慢慢地平息下來。

　　後續調查證明，1854 年這一場霍亂起源於寬街 40 號的一名女嬰，她被確認感染了霍亂，她的母親把她的尿直接倒進家門口的化糞池，化糞池的穢物滲透到土裡，而距離這個化糞池不到三英尺的地方，就有一口公用水井。

　　女嬰的父親隨後也感染了霍亂，並於 9 月 19 日去世。在丈夫病倒後，這位母親又開始朝化糞池中傾倒汙水，如果當局沒有拆除寬街上的水泵手柄，後果將不堪設想。

　　也就是說，斯諾的判斷有效地阻止了霍亂的再一次爆發。

　　在我看來，斯諾是敢於逆行的英雄，更是一名有頭腦的英雄。所謂數據英雄，就是一個人有足夠的勇氣和專業的判斷，為真正解決問題起到關鍵性、壓倒一切的作用。如果沒有斯諾的行動，倫敦霍亂的局面和後果將會完全不同。

現代流行病學的開創人

在這之後，愈來愈多人逐漸接受斯諾的觀點：霍亂是透過汙水傳播的。

倫敦市政府也因此下定決心建設一套現代化的新地下水道，把汙水處理和生活供水系統澈底分開來。

但在這個工程完工之前，1866 年 6 月，倫敦又爆發了一次霍亂。這次政府立刻按照斯諾的思維，張貼出通知，要求居民不能飲用任何沒有煮沸過的水，隨後調查發現，在首例死亡案例的發現地，那戶人家有抽水馬桶，其馬桶的排汙管道距離一家供水公司的水源僅僅幾英尺之遙，而高達 93％ 的死者都是這家供水公司的用戶。

由於迅速切斷了汙染源，這場霍亂很快就平息了。愈來愈多人信服斯諾的判斷，著名的醫學雜誌《刺胳針》（*Lancet*）發表了評論文章：

斯諾的調查富有成效，位列現代醫學調查的榜首。由於他的嚴謹分析和歸納，霍亂經汙染水源傳播的理論因而得到證實。他對人類做出了莫大的貢獻，因為他，我們才能找到霍亂傳播的源頭和途徑並迎戰，斯諾為我們帶來的福音，我們應該銘記不忘。

但在這段評價發表幾年之前，斯諾已經離開了人世。他是病死的，時年 45 歲，據稱他的早逝與他年輕時做實驗吸入太多麻醉氣體有關。今天，斯諾被全世界尊稱為「現代流行病學

之父」。流行病學，就是為了遏制不明原因的流行病而產生的學問，其中的關鍵，是為流行病之所以流行找出真正的原因。斯諾是這一門學問的開創者，從他的故事可以看到，尋找真正的因果關係是一件高難度的事情。我認為，斯諾之所以能戴上後人給予的這頂桂冠，關鍵在於他對數據的細膩、嚴謹、執著和信仰的態度。

斯諾的故事並不是單一案例。1840 年代，維也納總醫院盛行產褥熱，很多孕婦在醫院中死亡。這家醫院的產房有兩個部門，一個部門由醫生為孕婦接生，而另一個部門專由助產士接生。奇怪的是，由醫生接生的部門，死亡率是 12％，而由助產士接生的，死亡率是 3％，兩者差距極大。當時有一名醫生叫塞麥爾維斯（Ignac Semmelweis, 1818－1865），他注意到這組異常的數據。1847 年，一名教授在幫一名死於產褥熱的

圖 8-4　紀念斯諾的水泵和酒吧

倫敦現在還可以看到當年拆除了手柄的水泵，它位在布羅德維克街（Broadwick Street）上。隔街相對，有一間以斯諾的名字命名的酒吧。

婦女驗屍時，不慎劃傷了手指，隨後死亡。由此斷定，孕婦死亡的真正原因是醫生的手上沾染了不乾淨的東西。他於是遊說醫院推出一項新的規定：醫生在對孕婦進行檢查之前，一定要用氯液洗手。在實施這項規定之後，兩個部門產婦的死亡率皆大幅降低，分別下降到 1.27％和 1.33％，醫生終於做得比助產士更好了。

但塞麥爾維斯的做法同樣不為當時的大眾和同行醫生所接受，因為那時候人類還看不到細菌，大部分人認為塞麥爾維斯的說法很可笑，直到他死後 15 年，人類才從顯微鏡下看到導致產褥熱的鏈球菌。

塞麥爾維斯被後世稱為「母親們的救世主」。但如果你生活在塞麥爾維斯的時代，你會相信他的推斷嗎？高數商群體的一個特徵，就是能用數據代替感官來進行思考。

1868 年，整個倫敦市的地下水道體系建成使用，倫敦的惡臭漸漸消失，飲用水的品質逐步提高。這套系統一直使用到今天，至今還是倫敦汙水處理的中流砥柱。

1892 年霍亂再次來襲，德國漢堡成為重災區。當這個消息透過電報傳到英國，倫敦市民無比焦慮，因為在這之前的 60 年裡，只要漢堡發生霍亂，病菌就會越過英吉利海峽傳到倫敦。但這一次，新的地下水道真正成為一道防線，完全把病菌隔離了。自此之後，對倫敦而言，霍亂澈底成為歷史，再也沒有在英國流行。

1892 年德國漢堡的這一場霍亂，帶走了當地近一萬個生命。這個代價相當巨大，因為漢堡的人口只有倫敦的 7 分之 1。在 1870 年代，德國漢堡也學習倫敦，修建了一套現代化的

地下水道系統，但是後來發現其系統設計有缺陷，沒有保證汙水和生活用水完全分離，這正是導致霍亂再次爆發的原因。

中國人對霍亂的理解和治療

在歷史同一時期，中國正處於清朝，當時對霍亂這種疾病的解讀和治療，只能用一團亂麻來形容。

霍亂傳入中國的最早時間，學者並沒有定論，但比較一致的看法是 1820 年，即清嘉慶二十五年，世界性的霍亂傳入中國，其高傳染性和導致死亡的慘烈程度，也引起醫生和民眾的巨大恐慌。

據記載，當時的疫情非常慘烈，廣東、福建、臺灣等沿海地區是重災區，感染霍亂者十之八九都沒有辦法救治，棺材銷量劇增，奔喪探親也可能感染疫情。

傳統的中醫認為，霍亂的表徵為腸胃疾病導致的吐瀉，其原因是飲食不節制、陰陽失調。對於嚴重吐瀉所造成的脫水症狀，中醫解釋說，「霍亂而轉筋者」乃是「冷氣入於筋故」，血氣虛弱和陰陽失調。例如光緒年間，名醫徐士鑾著《醫方叢話》一書，就分析了節氣、地理環境、個人易感體質、飲食習慣與感染霍亂瘟疫的關係。他認為南方「地卑氣薄」是導致居民多發吐瀉痧症的重要原因。

基於以上的解釋，中醫的治療方法主要有以下四點：一是刮，邪氣進去的地方，必然也可以出來，「肩、頸、脊、背、胸前、脅肋、兩肘臂、兩膝彎等處，皆宜用棉紗線或苧麻繩或

青線或瓷碗口，醮菜油自上向下刮之，以紅紫色綻方止，項下及大小腹軟肉處，以食鹽研細，用手擦之，或以指醮清水撮之」；二是灸，以燈芯草蘸油點燃刺激身體的若干穴位，或者「炒鹽適量，用布包後熨灸心腹，待熱氣透達後，又以一包熨灸背部，待手足回溫後，再服神香散一錢，寒重則再服」；三是洗，「生大蒜，杵爛，貼兩足心，或吳茱萸一兩，研末，鹽鹵和，塗兩足」；四是針刺，刺血瀉邪，即用針刺某些穴位，把邪血放出來。❸

　　除此之外，民間到處都流傳著各種稀奇古怪的猜想，有人指出天有異象，「四月朔，日月合璧，五星聯珠」，有鬼兵出行；在江浙地區有雞翅生爪的傳聞，「民間盛傳雞膀生爪，三爪可食，四五爪不可食，食之殺人」，以致民間爭先恐後殺雞；還有人猜疑是海鮮魚類及瓜果等飲食致病，有「巨魚」入港，「人多臠而食之，災後未幾，遽發大疫」，或者「甜瓜剖之有血，食之立病」；而在山東等地，外國傳教士較多，又產生了紙人作祟、外國人投毒水井傳播疫情的謠言。❹

　　究竟死了多少人呢？根本沒有詳細的數據和統計，很多地區都只記錄死了數萬人，到底多少，完全是筆糊塗帳，只能說成千上萬。

　　也就是說，數據的追蹤和統計無從談起。當時的中國，沒

❸　袁愷等，〈從《隨息居重訂霍亂論》探析王孟英治療霍亂之中醫外治法〉〔J〕。雲南中醫中藥雜誌，2018，39（5）。
❹　單麗，〈清代霍亂病因認知（1820－1911）——以中醫和地方文化為中心的考察〉〔J〕。地方文化研究，2018（6）。

圖 8-5

有建立一套成形的公共衛生體系，中國人不願意把家人的死亡資訊公開，因此對全面的疫情和死亡人數，不可能像斯諾醫生那樣獲得實際的統計。1932 年，霍亂在全國大爆發，上海租界當局為了掌握疫情，不得不規定，每報告一例霍亂，酬銀一兩。

到了 1885 年，廣州流行霍亂。這個時候，德國的科赫已經確認病源就是水中的霍亂弧菌，中國的報紙也開始介紹西醫流行病學如何對霍亂進行治療和處理的知識；但中國大眾對霍亂病因的討論，仍然聚焦在髒亂環境、海鮮、蔬果導致瘟疫流行的討論上，可見傳統的思維如何根深蒂固。

直到 1904 年，廣州霍亂大流行，中國第一位女西醫張竹君女士（1876－1964）指出患者的嘔吐穢物汙染了江河水源，擴大了疫情的傳播，她建議當局用船從廣州郊區運水供市民飲用。她的建議被政府採納，兩廣總督派出 4 艘退役軍艦，拖載 40 艘水船運水供廣州市民飲用。幾週之內，疫情就被控制住了，成為中國流行疫情防控歷史上的經典案例。

我們前面提到李約瑟之問：「中國為何不能產生現代科學？」。這個李約瑟難題，成了近 100 年以來中西比較研究的焦點話題。大科學家愛因斯坦也曾討論過，他認為，形式邏輯體系和透過科學實驗發現因果關係，是近代科學得以發展的兩個基礎，和西方相比，古代中國在這兩個方面都非常薄弱。

過程往往更能揭示真相，細節常常更能說明問題。本章斯諾的故事，講的就是他如何透過數據搜集、分析和邏輯推理對抗災難，拯救人類的生命，他實「數」求是的數據思維，為後世的流行病學打下了深刻的烙印。我認為，斯諾展示給後代的，不僅僅是高數商的抗疫思維，還有大無畏的英雄行徑，他是歷史上為數不多、真正的數據英雄。

很多人讀了斯諾的故事，會強烈地感覺到好像一名偵探在破案，因此斯諾被後世冠上「數據偵探」、「偵探醫生」之美名。這種說法還真沒錯，偉大的偵探都要有一種本領，就是透過蛛絲馬跡來判斷因果關係，這當然需要數據。福爾摩斯在面對一宗疑案時，曾經情不自禁地喊出聲來：「數據！數據！給我數據！巧婦難為無米之炊。」今天警察要破案，核心能力就是大數據分析。下面兩道題目幫助你思考如何像偵探一樣找到真正的因果關係。

(1) 在一座小鎮上，有一個警察局長發現，當冰淇淋的銷量上升的時候，當地的犯罪率也會上升。他把當地冰淇淋的銷量和案件的數量關係製作成一張散佈圖，這些點竟真的清晰地表明了兩者的上述關係。你認為下面哪幾個說法是正確的？

① 控制並減少冰淇淋的銷量，可以降低犯罪率。

② 這是兩種獨立的趨勢，不過碰巧同時出現而已。

③ 冰淇淋和犯罪率不是因果關係，而是相關關係，因為天氣變熱，犯罪會增多。

④ 雖然控制冰淇淋的銷量不能減少犯罪，但可以用冰淇淋的銷量預測犯罪。

(2) 氡是一種放射性氣體，可以從地基滲透到建築物中，並在房屋關閉的時候累積相當高的濃度。有醫生認為過濃的氡氣會導致肺癌。氡氣在美國科羅拉多州很常見，在香港則不常見。研究人員比對了這兩個地方的肺癌發病率，發現基本上是相同的，因此得出結論：氡氣不是導致肺癌的原因。你認為：

① 憑藉這組數據可以得出這個結論。

② 憑藉這組數據不能得出這個結論。

09

一個高數商模範生
的超級成就

第 5 章說到達爾文有一個名叫高爾頓的表弟，他設計了一份問卷，寄給達爾文，請他作答。

還記得這份問卷嗎？他要求達爾文回答一系列關於背景、生理特徵、教育和興趣的問題，並比對達爾文和他父親的差別。高爾頓不僅把這份問卷寄給自己的表兄，還寄給英國皇家學會的 200 多名成員。透過問卷的方式進行大規模數據收集，他是歷史上的第一人。高爾頓為什麼要做這次問卷調查呢？說起來他是受到他表哥達爾文的刺激和啟發，1859 年，達爾文發表了他的震世名著《物種起源》。這本書最重要的一個觀點就是，人不是上帝創造的，而是由猿猴進化而來的，各個生物種類在大自然中物競天擇、適者生存。達爾文的論據絕大部分都是各個物種有形的特徵，高爾頓由此推想，人類除了身高外貌這些有形的特徵之外，一些無形的特徵，例如智力和心理，

很可能也遵循一種世代之間的特殊規律，即上一代會影響到下一代，每一代人都會受遺傳的影響。

他的這些想法，為後世帶來巨大的影響。

達爾文認真詳細地填寫了他表弟的問卷，他列明了自己的身高、髮色、眼珠的顏色、政治傾向與宗教信仰，在左邊一欄按條目列出他自己的特質，右邊一欄則列出他父親的特質。達爾文回答自己的性情是「有點神經質」，而父親的性情則是「自信」；自己「非常好學」，而在父親那一欄，他坦白寫道：「不是很好學，思想的包容度也不強，但他是奇聞逸事的大收藏家。」

不難發現，達爾文這位天才級的人物，並不認為自己的才華遺傳自父親。達爾文認為遺傳對智力的影響實在非常小，大部分人的智商相差不大，他曾經用這樣的話特別回答了高爾頓的詢問：「一個人到底能取得多大的成就，主要取決於他的熱情和專注程度，這兩個因素才最為重要，而不是智商。」

後來證明，智商是一個非常「危險」的話題，如果智力可以遺傳，那就是「龍生龍，鳳生鳳，老鼠的兒子會打洞」。高爾頓確實被後世稱為遺傳學、優生學的創始人，他的學說和主張後來也被納粹德國採納，甚至被扭曲成為判斷種族優劣的理論根據之一。雖然和高爾頓當初研究的初衷並不一致，他也並不知情，但這在一定程度上影響了他在後世的名聲。

雖然受到納粹的拖累，但高爾頓仍舊在歷史中熠熠生輝。除了遺傳學家、優生學家，他還是一名探險家、發明家、氣象學家、統計學家和心理學家，戴在他頭上的高帽子非常多。科學史上像他一樣涉獵廣泛的人不少，但能在每個領域都做出貢

獻，第一名拿到手軟的人確實不多，究其原因，我認為是他數商極高，堪稱一個高數商的模範生。

高爾頓從小就是一個行動主義者。16 歲時，他的父母打算讓他成為一名醫生，將他送進一所醫學院學習。高爾頓非常好奇各種藥的特性，他企圖透過親自嘗試每一種藥物來檢驗它們的作用。他翻開藥典，打算從字母 A 開始，一種一種試，結果他在字母 C 停下來了，因為他碰到「croton oil」，即巴豆油，這是一種強力瀉藥，吃了就會不停地拉肚子，這次恐怖的經驗讓他最終放棄了嘗試整個藥典的計畫。

這令我想起神農嘗百草的故事。神農氏本是三皇之一，相傳出生在烈山的一個石洞，而且牛頭人身。由於特殊外形和勤勞勇敢的性格，他長大後被推選為部落首領，而因為他的部落居住在炎熱的南方，稱為炎族，眾人便稱他為炎帝。神農氏為了找到最好的醫藥，誓言要嘗遍所有的草，最後因嘗斷腸草而逝世。他們都敢想敢做，都有一種對真理的執著。其實所謂創新，更重要的是「創」，而不是「新」，先要敢創，才能出新。創才是原因，新只是結果。

高爾頓 22 歲時，他的父親去世了，留下一大筆財產，他馬上離開醫學院，走向社會。受到達爾文搭乘「小獵犬號」環球考察的啟發，他去了非洲，花了很多時間在那裡遊歷探險，獵殺非洲南部荒野的獅子、大象和犀牛。他把遊歷探險的經歷寫下來，這為他帶來了莫大的聲譽，當他返回英國時，在大眾的印象裡，他已經是一名小有名氣的探險家了。

但這名探險家有一點很不一樣，他非常相信測量和數據，甚至用這種方法對女性的身體進行探索。他在遊記中曾經談到

自己在 1850 年遊歷南非時，遇見一名霍屯督（Hottentots）女性，她非常漂亮，身材一流，線條幾近完美，令高爾頓讚嘆不已。

眼前出現一個美女，高爾頓的第一反應居然不是去認識她，而是想對她身體的那些完美部位進行測量。但這明顯是一個唐突的行為，不可能得到對方的同意，而且高爾頓也不會說霍屯督族的語言，於是他立即拿起身邊的六分象限儀，也就是第谷發明的那個儀器，從遠距離開始測量這位美女的身段。他在遊記裡是這麼記錄的：

我崇拜的對象就站在一棵樹下，一直不停地、全方位地轉換著方向，恰如希望被人崇拜的女性那樣……。我從各個角度對她的身材進行了一系列的觀察，包括自上而下、正反向交叉、對角線過渡等。我小心翼翼地畫了一個輪廓，以便詳細地標注，生怕出一丁點兒的差錯，做完這些之後，我壯著膽子拿出軟尺，從我剛才站立的地方丈量到她剛才站立的地方，由此測出直線距離和夾角距離，隨後我用三角演算法和對數演算法計算出最終結果。❶

遊歷探險始終只是他的業餘愛好，這種奢侈刺激的生活之所以可能，是因為他財力雄厚。但高爾頓沒有沉迷其中，達爾文的發現和成就刺激了他，他也想成為一名科學家。結果在數據的帶領下，他進入一個又一個領域，在這些領域當中，他對

---

❶ Francis Galton. *Narrative of an Explorer in Tropical South Africa*〔M〕. 1853.

圖 9-1

測量樂此不疲。憑藉數據，他一次又一次實現了自己的價值。

第一個領域是氣象預報。天氣預報在今天看來再平常不過了，但在 19 世紀以前，如果有人說他可以預測天氣的變化，那就是天方夜譚，會引來一陣哄堂大笑。這是一個人類知識遠遠無法企及的領域，長期以來，人們認為颳風下雨完全是上帝的旨意，雷電、暴雨、冰雹、旋風、海嘯、颶風……這些極端的天氣令人恐懼，一場颶風可能奪去數萬人的生命，人類對此根本束手無策。

天氣預報之所以在高爾頓的時代變為可能，是因為美國人摩斯（Samuel Morse, 1791 – 1872）在 1930 年代發明了電報。

在此之前，人類傳輸資訊的速度就是一匹馬奔跑的速度。在古代中國，遍布全國的驛站就是一張資訊情報網，為了讓資訊傳遞得更快一點，人們只能不停地在驛站換馬。1812 年美英戰爭結束後，雙方的主將已經握手言和，舉行了簽約儀式，但兩週之後，紐奧良那頭的戰士還一直在廝殺，因為消息傳遞到那裡，至少也需要一個多星期。當然，有更快的，例如「烽火戲諸侯」中的烽火，可是一把火能傳遞的資訊量實在太有限了。

電報發明之後，資訊跑得就不知要比馬快多少倍了！人們發現，很多惡劣的天氣就像風一樣，會從一個地方吹到另一個地方，例如一場風暴在英國的西部港口登陸後，可能會行進到中部和東部，但它需要時間，這就給預報提供了可能性。借助電報，中部與東部地區就可以提前預知風暴可能會颳過來。

當時倫敦有一個非常知名的氣象專家，用的就是這個思維。他叫菲茨羅伊（R. Fitzroy），曾經是一名海軍將領，因為海上航行的經歷，他癡迷於對天氣的研究，在退役之後獲得當地政府的支援，利用電報的網路搜集歐洲各地的天氣數據，並建立了惡劣天氣預警系統，每天在報紙上公布他預測的各地天氣。可以說，他建立了全球第一份官方天氣預報。

菲茨羅伊為天氣預報事業做出開創性的貢獻，但他的下場可悲可嘆。因為預測常常不準，他被攻訐為騙子、偽君子，浪費公共資源，天氣預報也同時被汙名化，被稱為「英國的禍害」。在社會、媒體、政府、大眾以及家族等多重壓力和質疑之下，這位認真的天氣預言家在 1865 年的一個晚上，用一把剃刀結束了自己的生命。

菲茨羅伊死後，有人為他打抱不平，重新核對他的預報，

結果發現菲茨羅伊在 3 年裡發布的預報中，其實有高達 75％的預報是正確的，即 100 次有 75 次後來得到天氣的印證。

但人們為什麼對那 25 次錯報或漏報如此不寬容呢？之所以把一名預報員逼上死路，是因為有很多人真的不理解天氣預報的機制和原理，也不懂我們前面提到的機率，直到今天，類似的無知也普遍存在。例如，常常會有人說「天氣預報真的一點都不準，說今天下雨，結果也沒下。」真相是，即使沒下雨，也不代表預報不準！

天氣預報可能是這樣說的：明日降雨的機率為 90％。那麼請問如何理解這個數據 90％呢？下面有三個選項：

1. 明天有 90％的時間會下雨；
2. 明天有 90％的地方（按土地面積算）會下雨；
3. 明天出門的人，會有 90％的人淋到雨。

其實這三個都不對！即使第二天是個大晴天，也不能說天氣預報是錯的，因為預報也說了有 10％的可能不會下雨。現在你明白了，光憑一次預報是不可能下結論的，但我們又沒辦法讓同一天反覆出現，因此也不能靠這種方法來判斷預報員的對錯。我們只能聽他預報明天、後天、大後天，連續 10 次，如果氣象預報員預報了 10 次「明日降雨的機率為 90％」，那麼至少應該有 9 次是下雨的；如果少於 9 次，你才可以下結論說：預報不準！

所以上述預報真正正確的意思是，在 100 個類似於明天這種氣象條件的天氣裡，有 90 個會下雨。至於 10 次當中不下雨

的到底是哪一次，預報員也不知道，如果他知道，那他就能判斷明天 100％ 下雨或不下雨了！

日常生活中這樣的描述很多，比如醫生會說這個手術的成功率是 50％，或是這個藥有 70％ 的可能對你有效（我們前面討論過）；經濟學家會在報紙上發表評論說，當前的經濟情況表明，我們有 60％ 的可能陷入衰退，也都是類似的意思。

高爾頓對當時的預報也極為不滿，他很快投入了這項工作。他認為報紙上的氣象數據太枯燥了，人們根本不願意看，也很難進行研究。他想用圖表的形式來記錄氣象數據的細節，讓閱讀者看一眼就能在腦海中形成天氣好壞的畫面。

他決定用真實的數據來做模型。高爾頓選擇了 1861 年的 12 月，希望描繪出這個月整個歐洲各大城市的氣象狀態和變化。他寫信給歐洲各地的天文臺和氣象學家，希望他們提供當地數據，不僅用英語寫，還用法語、德語寫。可以想見，有很多國家，例如法國、瑞士、丹麥、瑞典都對他的要求置之不理，但高爾頓沒有放棄，他又透過自己朋友的網絡來搜集當地的報紙。最終，他建立了 1861 年 12 月歐洲每一個地方、每一天的數據庫，然後對這些數據進行歸類、計算、刪減，繪製在他的地圖上。

這項工作漫長又枯燥，直到 1863 年 10 月，他的努力終於結出了果實。他一共繪製了 93 幅圖表，展示 1861 年 12 月歐洲大陸各大城市每天早晨、中午、晚上的天氣情況。他用特定的符號表示陰晴雨雪、雲層厚度，以及氣壓、溫度和風向，這樣的天氣圖無疑非常生動，很容易理解，不但可以輕鬆地走進千家萬戶，還方便研究者比較各地的氣候變化及規律。

高爾頓把這套方法寫成一本書《氣象圖繪製方法》。這套方法和框架首先被報紙借鑒，一直到今天還在使用，這也是數據視覺化在氣象領域最早的應用。在這近 2 年的辛苦工作過程中，他還發現一種新的氣象模式，並將之命名為「反氣旋」。他是歷史上第一個系統化闡述反氣旋模式的人，這個名詞一直沿用至今。

除了畫出歐洲的天氣地圖，高爾頓還曾經畫出美女在英國的分布地圖。他和他的表哥達爾文如此不同，達爾文非常專注，可以數十年一心一意研究演化論，高爾頓卻興趣廣泛，不停地變換著自己追逐的目標。也不知道他大腦中哪根筋突然轉動了一下，他突然想知道英國哪個城市的漂亮女孩最多，而他的方法就是實地調查。他來到一座座城市的大街上，目不轉睛地盯住從他身旁走過的每一位女孩，然後一一幫她們打分數。

收集數據這個過程本身可能是枯燥的，但收集數據的方法很需要創造性。為了不嚇跑女孩，高爾頓發明了一個叫做「刺孔針」的裝置，這種裝置由一根安在套管上的針和一張十字形的紙構成。在這張紙的不同部位刺孔，分別代表「迷人」、「漂亮」、「中等」以及「令人反感」。他把手放在口袋裡，偷偷地、快速地擺弄他的記分器，刺孔記下自己對每一個女性路人的外貌評價，然後回家處理數據。

幾個月之後，他畫出一幅不列顛群島的「美女地圖」。他的地圖顯示美女最多的城市是倫敦，而美女最少的城市是阿拉丁。

在研究氣象的過程中，高爾頓注意到一個全國性的爭論：當時很多人認為天氣是上帝的旨意，但人類可以透過禱告來祈求上帝改變天氣。這真的管用嗎？禱告真的能改變天氣？那又

該如何向上帝祈求呢？和高爾頓同時代的一位氣象學家曾經這樣質問一位教堂的牧師：

請允許我做一個假設，比如某個地方下了很長時間的雨，我們是請求上帝改變海洋的潮汐、大陸的形態、地球旋轉的速率，還是改變太陽和月亮的作用力、光照和速度？或者這所有的一切一個都不能少？我想問的是，我能請求上帝改變天空和天氣嗎？哪怕只有一天！

如果是上帝控制天氣，那氣象研究就是研究神的意志。向神禱告、求神保佑，到底有沒有用呢？高爾頓把注意力轉向大眾的祈禱行為。當時英國的每個孩子每天上課前都要禱告，在禱告詞中無一例外，他們請求上帝賜福維多利亞女王，讓她健康長壽，成人的禱告也大多如此，因此，女王是得到最多禱告和祈福的人。

維多利亞女王活到 81 歲，在那時候算是高壽了，難道禱告真的管用？高爾頓統計了所有國王和王后的年齡，發現他們的平均壽命是 64 歲，他又統計了貴族和上層人士的壽命，發現他們的平均壽命居然比國王和王后要高，而國王和王后竟然是所有過著錦衣玉食生活的人當中，壽命最短的，但他們明明是得到最多禱告和祈福的人啊！高爾頓斷言，顯然，禱告並沒有什麼用。

在這個過程中，他發現除了王公貴族，壽命最長的普通群體居然是牧師，他們大部分人都可以活到 70 多歲，難道是因為他們會用很多時間向上帝禱告，求神保佑嗎？

高爾頓認為也不是如此，他認為真正的原因是，大部分牧師擁有閒散的生活節奏與和諧的家庭生活。為了獲得證據，他走訪了好幾家保險公司去調閱索賠文件。他發現有相當一部分索賠都是由牧師或是在教堂工作的人員提出來的，沒有任何證據證明牧師會得到上帝額外的庇護。牧師出海同樣需要買保險，當保險公司向一艘遠航的船隻銷售保險的時候，他們也從來不會問這艘船上是否有牧師，或是否有人替他們禱告，只是關心這艘船的裝備情況，以及船長、船員是否具備足夠的遠航經驗。

　　這些事實都證明，禱告其實沒有什麼用。

　　高爾頓也拿自己做實驗，他在第一個星期向一尊神像禱告，然後停一個星期，完全不禱告，他發現他的生活沒有任何變化。他於是公開向英國的國會呼籲，建議通過一項法律，要求英國的教堂也像他一樣做個實驗，一個星期禱告，另一個星期不禱告，然後看看國家發生了什麼事，是進步還是退步、是穩定還是動亂，最後再決定是否要宣導全體國民禱告。

　　做實驗是收集數據、驗證假設的一個重要方法。可以想像，他的這些建議不僅不會被國家採納，還得罪了很多人，高爾頓於是被攻訐褻瀆宗教和神靈。這要是發生在距當時 100 年前，他很可能被捕入獄，但那個時候已經開啟工業革命，對宗教的質疑和討論在英國已經開始平常化了。

　　說到這裡，你可能已經意識到，高爾頓是一個精力非常充沛的人，他拿到什麼就研究什麼，而且他的信條是：首先收集數據，只要能計數，就一定要計數。

　　達爾文曾經評價自己最大的優點是記帳，高爾頓也評價過

自己最大的優點，同樣是兩個字：測量。他是一個由測量所驅動的數據狂人，可以想見這樣的人一定也為統計學做出了非凡的貢獻。

沒錯！在他讀了達爾文的《物種起源》之後，他就把研究方向對準了人，致力於有關人體的數據收集和分析。1884年，他正式設立一個人類學測量室。在測量室內，人們可以測量記錄自己的身高、臂長、體重、肺活量、拉力、握力、聽力、視力、色覺等多種生理指標。在 6 年的時間裡，該測量室共收集了 10,000 名男女的詳細數據，為人類的個體差異研究提供了大量數據。

高爾頓相信機率，他認為「在最具野性的混亂之中，機率以寧靜和完全平淡的方式實施帝王般的統治」。他首先研究了身高和遺傳的關係，高爾頓和他的學生皮爾森（Karl Pearson, 1857 – 1936）搜集了 1,078 對父子的身高數據。透過分析這些

圖 9-2　高爾頓被後世認為是統計學的創始人之一

數據，他首先發現了一個總趨勢，那就是如果父親身材高，兒子通常也高。這很平常，但高爾頓在對數據進行深入分析之後，發現了一般人不會發現的一些有趣現象，並且為統計學的發展奠定了幾塊非常重要的基石。

他的發現是，當父親的身高比較高時，他兒子的身高比他更高的機率就會比較小；當父親比較矮時，他兒子的身高比他更高的機率就會比較大，即「高爸爸的兒子更可能比高爸爸矮，矮爸爸的兒子更可能比矮爸爸高」！高爾頓把這一現象稱作「向均值回歸」（regression toward mediocrity）。也就是說，就身高而言，子女往往不如其父母異常。

可別小看這句繞口令一樣的結論，它包含著深刻的哲理，你想想，如果「高爸爸的兒子更可能比高爸爸高，矮爸爸的兒子更可能比矮爸爸矮」，人類身高就會隨著世代傳承而迅速兩極分化，高的更高，矮的更矮，這非常可怕。回歸平均值確保了物種的相似和穩定。

這種情況在人類的能力和智力領域也同樣存在，一個人才能出眾，他的子女就不太可能像他一樣出眾，例如音樂家巴哈的子女在音樂上可能比普通人出眾，但他們更可能不如其父親那樣出眾。高爾頓追蹤了很多家庭，他發現傑出人物的兒子當中，只有 36 ％的人仍然是傑出人物，在其孫輩當中，還能稱得上傑出的只有 9 ％。大自然彷彿有一種約束力，人類會「向平凡回歸」。

諾貝爾經濟學獎得主康納曼教授（Daniel Kahneman）也講過一個類似的例子，令人印象深刻。他有一次在空軍授課，建議軍官對下屬多鼓勵、少批評，並強調已經有充分的證據顯

示，正面鼓勵比打罵批評更有效。這時候有位軍官當場表示不同意，他說：「我的經驗正好相反，如果一名飛行員有天飛得特別好，我當場表揚他，他第二天往往就飛得沒那麼好，可是如果有一個人飛得特別差，我罵他一頓，他第二天就飛得更好了，這不恰恰說明表揚沒用、批評有用嗎？」

康納曼是心理學家，他一時語塞，不知該如何回答。後來他才想清楚，這就是高爾頓說過的向均值回歸。飛得特別好，這件事不容易發生，表揚或不表揚，他下一次也會向平均水準回歸；飛得特別差，也是小機率事件，批評或不批評他，他也會向平均水準回歸。在向平均水準回歸這個大趨勢面前，表揚和批評都沒有什麼作用。

這就是統計學上最初出現「回歸」時的含義，這個概念與現代統計學中的「回歸」並不完全相同，但它是「回歸」一詞的起源，是高爾頓創造了這個統計學的核心概念。

智力可以遺傳，但智力也將回歸，這麼看來，「龍生龍，鳳生鳳，老鼠的兒子會打洞」也不對，因為即使是傑出的人物，他的後代也會向平均水準回歸，泯然眾人。高爾頓用一段很有說服力的話總結這一發現：

每個孩子的遺傳，部分來自他的父母，部分來自他的祖先……家族歷史愈久遠，其祖輩的數目和祖輩的多樣性就愈多，但最終，後代趨向於從一個種族中普遍抽取的樣本的平均水準……這個法則解釋了一個天才無法將其天賦完全遺傳給他子孫的原因……這個法則是公平的，不論是好的方面抑或壞的方面，在遺傳的時候都會減少。這個法則會讓那些天才失望，

因為他們無法讓後代繼承他們的全部才華，但同時也讓一些人放心，他們不用擔心自己的子女會繼承他們所有的缺陷和疾病，他們不至於恐懼萬分了。[2]

高爾頓又拿出他繪製天氣圖的耐心和本領，把 1,078 對父子的身高數據標在一幅圖上，橫軸表示父親的身高，縱軸表示孩子的身高，每個黑點分別對應了一對父子的身高。

就這樣，高爾頓發明了「散佈圖」。圖中在橫軸上表示的「量」稱為 X，也可以稱為自變數，在縱軸上表示的「量」稱

圖 9-3

❷ Derek William Forrest. *Francis Galton: The Life and Work of a Victorian Genius*〔M〕. New York: Taplinger, 1974: 189.

為 Y，也可以稱為應變數。在揭示兩個變數之間的關係時，散佈圖可以發揮很大的作用。

接著，他用鉛筆畫出一條穿越這一大片黑點的直線。這條直線可以用下面這個方程式來表示：

$$Y（此處單位是公尺）= 0.516 \times X + 0.8567$$

其中 Y 代表兒子的身高，而 X 代表父親的身高，這個方程式顯示，父親的身高每增加一個單位，其兒子的身高平均增加 0.516 個單位。他稱這條線為回歸線。

根據這條線可以預測身高，假如父親身高為 175 公分，則可以預測子女的身高為 175.97 公分。反過來，如果知道兒子的身高，也可以推算他父親的身高。兩者身高是相關的，他稱之為具有相關性。他認為，大自然和社會當中有很多現象都是相關的，相關性表現了兩個變數之間可以相互預測的程度。在後來的研究中，高爾頓第一次使用了相關係數（correlation coefficient）的概念，他使用字母「r」來表示相關係數。時至今日，我們想知道兩個變數之間的關聯有多強時，相關係數仍然是全世界數據科學家首先要計算的一個數值。

除了回歸、相關、相關係數，高爾頓還發明了「中位數」和「百分位數」，用它們來表示數據分布的集中情況。這些概念我們今天都還在使用，事實上，他發明的這些概念幾乎對所有的社會科學都至關重要。

之所以要發明中位數，是因為高爾頓發現，如果一個陣列內有極端值存在，很多時候從平均數看不出整體的水平，例

如：張家有財一千萬，九個鄰居窮光蛋，平均起來算一算，個個都有一百萬。這個例子稍極端，但道理很清楚，一百萬顯然代表不了其他九家的財富水平。

什麼是中位數呢？中位數是按大小順序排列的一組數據中，居於中間位置的數，即在這組數據中，有一半的數據比它大，而另一半數據比它小，極端值對它沒有影響，在大部分情況下，中位數都不等於平均數。

高爾頓還有很多有意思的發明。例如，1860 年維多利亞女王第一次拍攝個人照片，當時個人照片開始逐漸普及，因為照片可以把一個人的面孔和表情記錄下來。高爾頓搜集了很多照片，在細細研究之後，他用一組數字來代表每一張人臉的特徵，然後斷言人臉可以用來識別個體的身分。他是最早提出人臉識別的學者，又創建了一項「第一」。

透過照片，高爾頓也研究人的表情。他曾經去過很多次馬場，但他不是去看賽馬，而是去研究當馬接近終點時，人們面部表情的劇烈變化。別人盯著馬看，他盯著人看。

他還搜集了上千份指紋，他的指紋研究得出三個重要結論：指紋終身不變、指紋可以識別、指紋可以分類。他出版了專著《指紋學》，闡述指紋分類的方法，這極大地推動了指紋在治安和打擊犯罪領域的應用。他還追蹤研究過近 100 對人類的雙胞胎，從而開創了雙胞胎研究法。我們今天常常聽到的「先天」、「後天」這兩個詞，就是高爾頓在這個研究過程中發明的，雙胞胎研究法被證明非常有效，直到今天仍被使用，為心理學的發展奠定了基礎。

1909 年，英國女王授予高爾頓爵士頭銜。兩年之後，他

告別了這個世界。後人統計，高爾頓一生發表的論文超過 340 篇。他的學生皮爾森後來也成為著名的統計學家，皮爾森真正繼承了高爾頓的衣缽，他也是一個狂熱的數據搜集者。當獲知在法國巴黎發現一個巨大的古代墓地時，他立刻趕到現場，對地下墓穴裡的 806 塊男性顱骨和 340 塊女性顱骨逐一測量，然後把數據記錄下來，用於人類腦容量大小的研究。

皮爾森認為高爾頓最大的特點是「博學」。他用一組數據如此評價了他的老師：「高爾頓，比 10 個生物學家中的 9 個更懂數學，比 20 個數學家中的 19 個更懂生物，比 50 個生物學家中的 49 個更懂人類的畸形和疾病。」

高爾頓堪稱英國歷史上的高數商模範生。他的能力在世人

圖 9-4

眼中超凡卓越，而這一切的成就全奠基於數據分析。他讓我們一次次目睹，一堆看似雜亂無章的數據經過分析後，開始呈現規律性的一面，透過這些規律，他解讀出許許多多的祕密。他向我們證明，只要有數據，就可以研究任何問題。如果你像他一樣追求測量和數據，相信你也完全可能於最終取得相同的成就，所有這些成就的背後，其實都是數據獨特的作用和魅力。

在和他告別之前，讓我們再重溫、總結一下他的祕訣：

只要可以計數，就應該計數；只要應該記錄，就必須記錄。

我們要記住：所謂高數商，不僅是要有正確的思維，更需要有行動。

(1)「向均值回歸」可以解釋世界上很多現象。每個國家都要為四年一次的奧運會選拔運動員。一個常見的策略是，在預賽中創造出優異成績的選手，就能代表國家出征。但在每一屆奧運會的賽場上，我們都會看到有運動員失常，無法發揮實力、抱憾收場，這也被稱為「奧林匹克魔咒」之一。你認為這種現象能否用向均值回歸來解釋？

一名田徑運動員在預賽中跑出了自己從來沒有過的最好成績，如果你是教練，知道了向均值回歸之後，你還會不會選他？如果向均值回歸成立，那他之後最大的可能是不是表現平庸甚至失常？當然，奇蹟也可能會連續發生兩次。如果你認可向均值回歸，你認為奧運會選拔運動員的最佳策略又應該是什麼？

(2)在高爾頓的遊記當中，還記錄了他在非洲一個市場經歷的一件事：當時有人在宰一頭巨大的公牛，幾十人在圍觀，很多人都在猜測這頭公牛的重量。高爾頓在一旁觀察，他發現把這些人猜的數字記錄下來之後，平均值是 1,197 磅（1 磅約等於 0.45 公斤），比正確答案 1,198 磅僅僅少一磅。請問這個發現給了你哪些啟示？

(3)你認為東京國際馬拉松賽與奧運會馬拉松比賽中，各個選手完成的時間在離散程度上有什麼不同？請做出解釋。

10

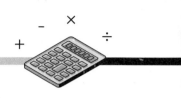

奶茶和糞堆
實 驗 造 就 聰 明 人

還記得斯諾故事中的統計學家法爾嗎？

當時斯諾認為霍亂的根源在於水，但法爾相信是空氣，兩個人辯論到最後，法爾於是建議：要測定水源對霍亂的影響，必須要有兩組居民，讓這兩組人生活在同一海拔高度，活動於同一空間，吃的東西一樣，做的事情也要相同，僅僅一方面不同，那就是喝的水。

法爾的提議非常正確，用分組對比的方法做一次實驗，透過控制兩個小組的狀態和條件，找出不同條件下的差異，然後才能確定真正的因果關係。

人類很早就認識到，除了可以借助觀察、提問的方式收集數據，還可以透過實驗來收集數據，以驗證自己的推斷和猜測。觀察和提問在一般情況下都不會改變自然條件，但實驗完全不同，實驗是故意改變自然條件，干預世界的運行以創造條

件，收集最適合追蹤因果關係的數據。

因果關係非常複雜，常常一果多因，而且各種原因混雜在一起。例如，有人主張說，提高老師的薪資可以提高教學品質，並舉例證明有一些教師薪資高的學校，學生考試的平均分數也高，這個說法對不對呢？教師薪資高的學校，除了薪資高之外，和教師薪資低的學校可能還有其他不同，例如對學生的收費也可能更高。如果這一點屬實，那學生來自富裕家庭的可能性就較高，學生自身素質的差異也導致了考試分數的差別。這個因素和薪資的因素混雜在一起，就使我們無法透過現有數據來確認，提高老師的薪資是否就能提升教學品質。

當然，可以長期觀察，要是兩個學生素質差不多的班級，而恰巧老師的薪資又不同，那就能得出結論，但問題是這需要時間，而且混雜在一起的原因往往還不止學生素質這一個。

這就需要做實驗。實驗可以更快地確定因果關係，加速我們認識世界。問題是，一個有效的實驗應該如何設計？法爾提出的那種條件簡直是無法實現的。

接下來要講的是歷史上最著名的一個實驗，故事的主角是繼高爾頓、皮爾森之後，統計學當之無愧的新領袖費雪（R. A. Fisher, 1890－1962），他被後世譽為「現代統計學之父」。注意，有「現代」兩個字，相較於格蘭特、高爾頓的時代，統計學又產生了革命性的進步。

故事發生在 1920 年代的一個下午。這一天陽光明媚，一群英國紳士和穿著禮服的女士正在室外的餐桌旁暢談，當然，餐桌上少不了美味的奶茶。

一位留著鬍子、戴著厚厚眼鏡的紳士，把一杯泡好的奶茶

遞給身邊的一位女士，她是一位博士。沒想到這位女博士搖了搖頭，拒絕了這杯茶，她向這位男子解釋說：「我只喝先倒奶的茶。一杯奶茶，是先放茶還是先放奶，味道完全不一樣。」

「這不可能。」這位男子笑著回答。根據他學過的科學知識，紅茶和牛奶只要混合在一起，不管先後順序怎麼樣，都不會有任何本質上的區別。

但這位女士仍然堅持自己的觀點，並且強調，一杯茶是把茶倒進奶裡，還是把奶倒進茶裡，她一下子就能品嚐出來。

這時候其他人也聚了過來。這聽起來像是隨口說笑，大部分人沒有當真，便一笑置之，但有幾個人開始認真爭論起來。

「那為什麼不做個實驗，當場檢測呢？」有人提議。

實驗應該很簡單，就在這位女士看不到的地方準備兩種方法泡出的奶茶，讓她鑑定不就行了嗎？

大家都認為這是個好辦法。

於是一群熱心人士開始幫忙準備實驗。他們打算多泡幾杯奶茶，有些是先放茶再加奶，有些是先放奶再加茶，然後將這些奶茶端出來，讓這位女士一一品嚐鑑定。

但問題來了！

給女士的這一杯茶，不管是怎麼泡的，假設這位女士根本辨別不出來，完全靠猜的，她也有 50％ 的機率猜對。兩杯的話，就有 25％ 的機率猜對。杯數愈多機率愈小，那麼到底要給她多少杯茶，才能證明她即使全部判斷對了，也不是靠猜的，而是她真的知道這兩種泡法確實味道不同呢？

這個實驗之所以有名，是因為這是歷史上第一次「隨機對照實驗」。這位戴著厚厚眼鏡的男子就是費雪。

1935 年，費雪將這個實驗寫入他的著作《實驗設計法》。他的答案是 8 杯，其中 4 杯用一種方式混合，另外 4 杯用另一種方式混合，然後把它們隨意打亂，端給女博士辨別。注意這裡的「隨意」兩個字，費雪在著作裡強調，這不是人為隨手決定的順序，而是使用骰子、輪盤等工具來決定的順序，這樣才能確保是真正的「隨機」。

　　還有，泡茶的時候，為了避免許多不相關的因素影響這位女士的辨別，還要嚴格控制每杯茶的溫度、茶和奶量的多少，以及它們充分混合的時間，要確保這些條件都完全一樣。

　　而這位女博士要做的，就是在品嚐之後，將 8 杯茶分成兩組，一組是把奶倒進茶裡的，一組是把茶倒進奶裡的。

　　這其實又是一個機率的問題。從 8 杯裡任意選出 4 杯，就有 $C_4^8 = 70$ 種可能性，而這 70 種可能性當中，只有一種可能是 8 杯全部都分對的情況。也就是說，如果完全靠猜的，她猜對的機率是 $1/70 \approx 1.43\%$。

　　費雪又計算了這位女博士猜對 6 杯的可能性，這種情況是，女士在把奶倒進茶裡的 4 杯當中選了 3 杯，又在把茶倒進奶裡的 4 杯當中選了 1 杯，這種組合的可能性有：$C_3^4 \times C_1^4 = 4 \times 4 = 16$ 種。猜對 6 杯的機率是 $16/70 \approx 22.85\%$。

　　但猜對 8 杯的可能性只有約 1.43 ％，也就是說，如果有 8 杯茶，女博士仍然可能全部猜對，但可能性非常低。

　　也許你會問，雖然約 1.43 ％，可能性確實不高，但也的確有可能啊，也許她就有這麼好的運氣呢？哪怕可能性只有 10 億分之一，也是有可能的，要是恰好就中了這 10 億分之一呢？如此下去豈不是沒完沒了，永遠無法得出結論。費雪當然

這位女士堅稱自己可以分辨一杯奶茶是先加奶還是後加奶。那麼我應該給她喝多少杯奶茶,才能證明呢?

圖 10-1

不會讓這種情況發生,那到底該怎麼判斷她是不是用猜的呢?費雪的重要貢獻之一,是提出了判斷一個實驗是否有效,必須設定一個機率的上下限,他稱之為「顯著水準」,他常常把這個水準訂為 5%。小於 5% 的,他就認為可能性可以排除、不考慮。

因為 22.85% 大於 5%,所以他認為 6 杯不行,要增加到 8 杯,靠猜對的可能性才能下降到顯著水準 5% 以下。順便說一下,如果是 10 杯,那麼全部猜對的機率只有 1/1024。

那實驗的結果呢?

根據現場的人回憶,這位女博士居然準確地判別了 8 杯茶!這確實有點神奇,她究竟是如何做到的呢?英國皇家化學

協會曾經給過一個答案，泡奶茶最佳的方法是先倒牛奶，因為牛奶蛋白會在攝氏 75 度時發生變化。如果後倒牛奶，那麼牛奶就會被高溫的紅茶包圍起來，導致牛奶蛋白發生變化，味道也可能有變化，而將紅茶倒入涼牛奶之中，則不會出現這種情況。

連泡茶都如此講究，這又令人聯想到馬克思筆下那「道地的英國人」。

這個奶茶實驗成為統計學歷史上的一段經典逸事，被後世眾多課本引用，但這並不是費雪最大的成就，要說起費雪最大的成就，也和一群「道地的英國人」有關！

在倫敦市北部的一座小鎮有一個農業研究所，叫洛桑農業實驗站。這個實驗站成立於 1843 年，當時成立的目的是研究不同的肥料對農作物生長的作用。在 20 世紀的第一個 10 年，實驗站的主任是羅素（John Russell），作為一名道地的英國人、一名執著的記錄者和記錄的整理者，他堅持記錄實驗站每天的各項數據，即每天的溫度、降水量、施肥量、土壤檢測數據、收成數據等。

不僅只有羅素這樣，歷任的實驗站主任都堅持把這些數據記錄在皮面封裝的本子上。最早的數據可以追溯到實驗站成立的時候，前後跨越近 70 年。這些筆記本一本本堆在一起，占滿了一間屋子，羅素很想找到一位統計學家，幫他分析這些數據當中究竟隱藏著什麼樣的祕密。

這個時候，29 歲的費雪正在高中擔任數學老師。羅素開出的條件並不高，一年只有 1,000 英鎊，而且不保證一年之後是否續約。當羅素向他遞出聘書的時候，費雪正對教學感到無趣、頭痛，他便欣然接受了。

圖 10-2 費雪正在使用機械手搖式計算器

1919 年，費雪帶著一家老小六口，驅著馬車來到這座農場，開始了他後來稱為「耙糞堆」的工作。

他的妻子在農場種地，每天都要送糞到田地裡作為肥料，但費雪指的糞堆，還有另外一個意思，就是農場裡堆積了近 70 年的數據和記錄。

費雪的工作非常艱辛，那是在沒有電腦的情況下，以人工方式處理大數據。費雪的工具就是一台機械手搖式計算器，後來有個著名的統計學家——薩爾斯伯格（David Salsburg），在一本書裡講述了費雪如何做數據分析：

這是一個原始的機械手搖式計算器，如果想將 3342 與 27 相乘，我們需要把壓盤放在個位的位置，把數字設為 3342，搖動 7 次，然後把壓盤放在十位的位置，把數字設為 3342，

再搖動 2 次……如果完成一次多位數乘法，需要大約 1 分鐘，那麼我估計費雪製作這張表格，需要花費 185 小時。他的一篇文章中，有 15 幅複雜程度類似的表格和 4 幅巨大的複雜曲線圖。以每天工作 12 個小時計算，光是製作這些表格的體力勞動就需要花費至少 8 個月的時間。此外費雪還要花時間研究數學理論、組織數據、制訂分析計畫，糾正難以避免的錯誤。

費雪花了大量時間梳理這些筆記本。他初步發現，這塊地的產量曾經有兩次大起大落，一次是從 1876 年開始，產量明顯下降，1880 年起下降劇烈，從 1894 年開始又顯著上升，到 1901 年又開始下降。其中的原因，可能是天氣，也可能是土壤，還可能是肥料、排水、害蟲、雜草，這些原因互相交織，究竟誰大誰小，誰主誰次，在這之前是一團混亂，沒有人能說得清楚。

當科學家想檢測兩種不同肥料的效果時，他會選擇兩塊地種一樣的作物，一塊地施一種肥，另一塊地施另一種肥，以觀察兩塊地的不同。但問題來了，因為是兩塊不同的地，肥料的影響和土壤品質、排水方式、雜草的影響混雜在一起，沒有辦法區分開來，所以哪種肥料有效，根本無法做比較。我們有時候會看到，一塊地裡的農作物長得很好，結出的穀粒大而飽滿，但離它不遠的另一塊地，作物長得乾癟稀疏。原因可能有很多，例如土質不同、肥料不同、排水方式不同，甚至是雜草多寡。這些因素都可能造成影響，但無法確定每個因素的影響大小，就是這個道理。

你或許會說，不如就在同一塊土地上種同一種作物，在不

同的年分施不同的肥，以觀察作物的生長效果，這不就解決了嗎？地的問題是解決了，但新的問題又出現了，每年有不同的天氣，肥料的影響和天氣的影響混雜在一起，又無法區分了。

費雪認識到這些問題之後，感到非常痛苦，因為他已經意識到那整整一房間寫滿數據的筆記本——他已經花了大量時間梳理、分析的那些數據，並沒有研究價值，已經變成一個真正的糞堆了。因為那些數據不是在實驗控制的條件下搜集的，各種原因你中有我，我中有你，無法拆分以及分析。1924 年，他在一篇論文中寫道，農業研究最需要的是在實驗條件下搜集的數據：

> 關於氣候對農作物的影響，目前我們知道得非常少。儘管這個問題對國家的大型產業發展很重要，但是還沒有得到清晰的研究。部分原因在於這個問題的內在複雜性……以及缺乏大量數據，那些數據應該在實驗條件或工業條件之下才能獲得。

這就是實驗設計的最大挑戰。要做到科學比對，必須控制不同分組的實驗條件，讓其中大部分條件都完全相同。再回到法爾當初的想法，他想設定兩組居民，這兩組人生活在同一海拔高度，活動於同一空間，吃的東西一樣，做的事情也要相同，僅僅一方面不同，那就是喝的水。

但兩次實驗只能發生在不同的時空，要麼是地方不同，要麼是時間不同。古希臘有一句哲理名言：「你不可能踏進同一條河流兩次。」為什麼？因為你第一次踏進的河水其實早就流走了，第二次踏進的是一條全新的河。無論你怎麼安排，兩次

實驗的條件都不可能完全相同。

所以法爾的想法也只能是想想而已，無法實施。

經歷了一次否定，但費雪沒有放棄。他最終提出一個天才的方法，幾近完美地解決了這個問題。他的方法其實很簡單，當然，你覺得簡單，是因為我告訴你了。在費雪之前，沒有任何人提過有效的解決方案。

在研究 3 種人工化學肥料對馬鈴薯產量的影響時，費雪改變了以往將一種化肥用於整座農場的做法。他找了一塊方地，在橫、豎兩個方向各分成 3 等分，一共 9 小塊，都種上相同的馬鈴薯，但對每一行的每一小塊地都施不同的化學肥料。

這個方塊也被稱為拉丁方，這樣無論是橫看還是豎看，三種化肥都齊全了，而且每塊地大小一樣，每一種化肥在各行和各列出現一次，並且只有一次。

最後比的是收成，收成高的，代表那塊地施的化肥效果好。那怎麼算收成呢？把施以不同肥料的 9 個小方格裡的產量各自加起來就行，化肥 1 有 3 小塊地，化肥 2、化肥 3 也各有 3 小塊地。它們分布在不同的角落。

有沒有發現這個實驗的巧妙之處？

假設土壤本身的肥力真的存在差異，是從北到南下降的。那麼馬鈴薯在 3 塊不同肥力的土地上都各有一塊方格。雖然南邊地塊的肥力可能比北邊的好，但把南邊的地塊分成很多個小塊，在南邊既用一種肥料，也用另外兩種肥料，把它們加總起來之後，因土壤本身肥力大小所造成的不同作用，就可以在加總之後互相抵消，最後收成最高的那種化肥，自然就是我們要找的效果明顯的配方。

同樣的，如果想測試同一種化肥對 3 種不同品種馬鈴薯的效果，可以把表格中的肥料 1 換成馬鈴薯品種 1，肥料 2 換成馬鈴薯品種 2，肥料 3 換成馬鈴薯品種 3，然後每塊方格都用同一種肥料，同樣是比收成，將三塊地加總，最後收成最高的那種馬鈴薯就是施肥效果最好的品種。

圖 10-3

馬鈴薯 品種 1	馬鈴薯 品種 2	馬鈴薯 品種 3
馬鈴薯 品種 2	馬鈴薯 品種 3	馬鈴薯 品種 1
馬鈴薯 品種 3	馬鈴薯 品種 1	馬鈴薯 品種 2

圖 10-4 對不同農作物施同一種化肥的拉丁方

世界上不存在絕對相同的兩塊土地，連同一行的三小塊地也可能肥力不等，但費雪透過這樣的安排，把土壤、排水或天氣等因素對產量差異的影響程度降到最低，而讓不同品種的化肥或馬鈴薯的作用在其中凸顯出來。

費雪的拉丁方確保了每行、每列都有不同實驗條件的地塊，這種設計直到今天還在使用。他後來又令人信服地指出，拉丁方每塊地裡種什麼，或者用什麼肥料，不應人為地間隔排序，而是要用真正「隨機的方法」來決定，這將更有效地確保實驗中的干擾因素被抵消，獲得更清晰的對比結果，這個方法被稱為「隨機對照實驗」。1925 年，他把這個方法寫進他的著作《研究工作者的統計方法》，這本書被翻譯成各國語言，成為世界各地科研人員的「聖經」，奠定了現代統計學的基礎。

他工作的洛桑農業實驗站，已經成為全世界最古老、最知名的農業研究機構，直到今天，世界上每年還有很多人去那裡「朝聖取經」。

之所以要討論費雪，是因為實驗是收集數據的重要方法。一個從來不做實驗的人，就是一個愚蠢的人。這句話反過來說也對，一個愚蠢的人，是不會想去做實驗的。

在大數據時代到來之前，只有兩種方法才能收集到數據，第一是觀察（提問）法，像賈格爾或第谷一樣，透過觀察，持續記錄被觀測事件的特徵值，而且這種觀察的行為不會影響事件的發生發展。觀察法操作起來很簡單，要做的僅僅就是重複觀察和記錄，但觀察法限制了我們可收集數據的類型，因為作為觀察者，我們對環境缺乏控制能力，只能收集自然條件下發生的行為。

第二就是費雪開創的科學實驗法。這種方法透過實驗，誘使某種行為發生，收集特定條件下的數據。實驗的組織者一般將實驗分成兩組或多組，其中一組叫實驗組，另一組或其他組叫對照組。對照組在特定的環境中被觀察，實驗組則暴露在另一個不同的環境中被仔細觀察，然後研究人員比對兩組數據，判斷哪個實驗環境更為有利。這種由實驗獲得數據和結論的方法，比第一種觀察法還要妥當、準確、可靠。透過設計科學的實驗收集可靠的數據，費雪為後世開了一條不可多得的新路，他的方法，也極大地拓展了「科學」這兩個字所能覆蓋的領域和範圍。

所以，當一個聰明人面對一個找不到正確答案的問題時，首先應該想到的就是進行「隨機對照實驗」，只要透過實驗收集新的數據，就能找到「怎樣做才更好」以及「收益好處到底有多大」這些問題的答案。當然，這個實驗的設計科不科學，就關係到數據的品質和可用性。數據是米，無米之炊，無處下手。

直到今日，這種方法還在被廣泛使用，甚至網際網路公司也在用。例如電商平臺上的廣告，假設一個電商平臺有 100 萬名用戶，如果它要推出一件商品的特定廣告，可以先推出兩個不同的設計版本，然後在兩個用戶群中進行實驗。其中一個用戶群有 50 萬名用戶，他們看到版本 A，產生了 10 萬次購買；另外一個用戶群的 50 萬名用戶看到版本 B，產生了 12 萬次購買，這就說明版本 B 的轉換率更高、表現更好。然後再把版本 B 和版本 C 做比較，不斷比對下去，直到找出最優秀的設計，再推送給所有的用戶。

網際網路公司將之稱為 A ／ B 測試法。

這種實驗的方法事實上無所不在，我們前面談論過高爾頓，他為了驗證禱告到底有沒有用，先對著一尊神像禱告一個星期，然後停一個星期，完全不禱告，再看看自己的生活有什麼變化，這也是實驗。

甚至孩子也會使用實驗的方法。一名 9 歲的美國女孩愛蜜莉（Emily Rosa）從媽媽那兒聽說了「非接觸式治療」，即有特殊能力的治療師可以經由移動手掌來感知並操縱人體的能量場，從而治癒某些疾病。這在中國被稱為氣功，很常見，也有很多人相信。愛蜜莉覺得很神奇，她花了 2 年的時間聘請了 21 名治療師，開展一項簡單的實驗。她坐在一張桌子的一邊，治療師隔桌坐在另一邊，兩人之間用一張紙板隔開，誰也看不見誰的臉，紙板的下面剪了一個洞，愛蜜莉可以看見治療師伸過來的手，她以拋硬幣的方式，決定每次把手放在治療師的左手還是右手的上方，然後請治療師確定哪隻手感覺到了「人體的能量場」。

如果治療師真的能感受到愛蜜莉的能量場，他就能辨別出自己的哪隻手更靠近愛蜜莉的手。但愛蜜莉一共做了 280 次實驗，21 位治療師的正確率只有 44％，比靠猜的還低，這當然無法證明他們能感知「人體的能量場」。不能感知能量場，「非接觸式治療」就幾乎只能用可笑來形容。

11 歲的愛蜜莉將她的發現寫進一篇論文，正式發表在一本重要的科學期刊上，這件事隨後被《金氏世界紀錄大全》收錄，她成為全世界有史以來最年輕的論文發表人。

愛蜜莉的論文發表之後，引發了「非接觸式治療」治療師群體的集體反對和聲討，他們抱怨實驗條件不公平，但沒有一個人敢再接受愛蜜莉的實驗。其實，他們真的要反駁也很簡單，就是按自己認為公平的條件設計一個實驗，以證明「人體的能量場」確實存在。但迄今為止，沒有一位治療師敢公開提出或接受這樣的實驗。

我們前面提過，愛因斯坦認為中國沒有科學有兩點原因，一是邏輯推理能力差，二是不會做實驗，邏輯推理能力差和智商更為相關，而不會做實驗則和數商的領域更為接近了。

(1) 吸菸是否會導致肺癌，這在歷史上曾經引起激烈的爭議。有人終身吸菸，卻從來沒得肺癌；有人從來不吸菸卻依然得了肺癌。1960 年代，有研究者得出結論：「是」。這遭到費雪的反駁：「沒有進行隨機對照實驗，就算再怎麼認為是在同樣條件下進行的比對分析，結果都不可能準確。」費雪本人就是一名老菸槍，所以很多人嘲笑他是為自己的嗜好辯護，沒有可信度。那為什麼不按照費雪提出的科學實驗方法，找兩組人來做實驗呢？確實，迄今為止我們還沒有做過吸菸和肺癌關係的隨機對照實驗，你認為原因是什麼？

(2) 有很多人相信，用星座可以解讀人的性格和運氣。有人透過做實驗來驗證它的科學性。研究人員為 100 名參與實驗的人做了一次星座分析，並詢問他們這些分析結果是否準確，85 位參與者說分析結果很準確，這是很高的比例，於是研究人員得出結論：星座分析在多數情況下是可靠的。你認為這個實驗設計得合不合理？如果要提高它的科學性，應該如何改進？

(3) 你是否有發現大部分廣告都有誤導性？誤導性的根源就是虛構因果關係。例如有一個廣告，麥可·喬丹（Michael Jordan）正穿著耐吉（Nike）鞋在瀟灑地灌籃。他能灌籃，他穿耐吉鞋……這令你產生聯想：如果我穿耐吉鞋，我也能灌籃。但你可能忘了喬丹的身高以及他所接受的魔鬼般的訓

練，那才是他在賽場上健步如飛、百發百中的真正原因。

事實上，這正是廣告常見的操作手法：透過一個強烈的關聯關係，暗示一個完全不存在的因果關係，利用人性渴望更強大、更聰明、更性感、更漂亮的欲望，誤導普通人消費。所有明星代言都是這個手法。你要記住的是，某件事情對明星有用，並不意味著對你有用，如果你認為對你也有用，那很可能已經犯了一個典型的錯誤：把關聯性當成因果性。你認為以上分析得對不對，你應該如何審視、看待廣告？

11

戰爭背後的高數商

　　本章的主題是軍事。一講到軍事，我首先想到的是我在《數據之巔》中介紹過的謝爾曼（William T. Sherman, 1820 – 1891），他是美國南北戰爭中的英雄，後來擔任過美軍總司令。他發起的「數據遠征」，使他成為高數商將軍的傑出代表，後人也評價他是歷史上第一位有現代意識的將軍，有興趣的讀者可以去看看這段歷史。

　　談到如何才能打贏一場戰爭，你可能會立刻想到「破釜沉舟」這個典故，把飯鍋打破、把渡船鑿沉，不留退路、非打勝仗不可。對意志力的讚美和認可，深深融入我們的血液。這一點從很多電影裡都可以看到，士兵們飽含著對祖國的熱愛，拿起武器，一不怕苦二不怕死，勇往直前，前仆後繼，最後贏得戰爭的勝利。電影之所以這樣拍，是因為「勇敢」很容易讓人熱血沸騰、打動人心，也很容易透過人物的動作和表情表現出

來，進而喚起觀眾情感上的共鳴，是高票房的保證。

但作為一個活在現實中的人，我們一定要能區分人格力量、感情力量和戰爭勝敗的關係。真正的戰爭不能僅靠熱情和勇氣，在戰爭背後的真正主題是資訊和數據。僅僅勇敢但數商很低的部隊，就是有結構性缺陷的部隊，是很難打勝仗的。但和勇敢比起來，在電影或現實生活中實在難以表達如何使用數據，也很難像勇敢這個特質一樣，易於打動觀眾的心。

在二次世界大戰期間，美國人已經非常清楚地認識到，要打贏一場戰爭，不能只靠士兵的勇敢，而是要靠數據。他們在組織機構的設置上，也做了一些強而有力的調整和部署，以保證數據的採集和分析，滲透在各個軍事行動部門之中。例如，美國國防部專門成立了一個統計研究小組（SRG），其成員全都是一流的數據分析專家，他們研究的不是武器，而是數據和方程式。這個小組的權力非常大，他們一提出建議，其他部門就會立即採納並付諸行動。

1940 年，英美盟軍開始對德國展開戰略大轟炸，但由於德國的空軍也很強大，盟軍一度損失慘重，很多戰鬥機被德軍的炮火擊落，於是「飛機應該如何加強防護，才能降低被炮火擊落的機率」的問題被呈交給統計研究小組。

一架戰鬥機進入敵方陣地，很少有不被對方擊中的，美軍希望自己的飛機即使在被敵方擊中之後，也能夠平安地返回。這個訴求很簡單，美軍當時想到的辦法也很直接，那就是幫飛機再穿上一層更結實的裝甲外套。但裝甲外套會讓一架飛機更加笨重，飛起來不僅更慢，還更耗油，這就決定了只能在飛機的某些部位加裝更厚的裝甲，問題是，要裝在哪些部位呢？

為了便於統計小組研究，當時軍方有意識地統計了所有遇襲飛返的飛機中彈情況，這些飛機在經歷一場空戰之後回到基地，機身上常是彈孔累累，但是這些彈孔在機身的各個部位分布得並不均勻。

從機率上看，戰鬥機所有的中彈點應該平均分布在機身各處，但飛機各個部位的面積並不一樣，所以軍方不僅統計了彈孔的總數，還按飛機各個部位的面積進行換算，得出各個部位相同面積上的平均彈孔數，算出彈孔的密度。

從表 11.1 可以看出，機翼和機身等部位每平方英尺的彈孔數最多，因此大部分人認為應該加強機身，特別是機翼的防護，因為這是最容易被擊中的位置；換句話說，裝甲應該裝在這兩個最容易受到攻擊的部位，為了節省成本、減輕重量，其他部位都不應該裝甲。

表 11.1 美軍返航飛機每平方英尺的平均彈孔數

飛機部位	每平方英尺的平均彈孔數（個） （1 平方英尺 ≈ 0.09 平方公尺）
引擎	1.11
機身	1.73
油箱	1.55
機翼等	1.80

統計研究小組的成員都是當時最傑出的統計學家，其中一名來自哥倫比亞大學的成員叫沃爾德（Abraham Wald, 1902 - 1950）。他是一名猶太人，因為納粹的迫害，從奧地利逃亡到

美國。沃爾德認為，在機翼和機身上裝甲是錯誤的，他提出完全相反的觀點：需要裝甲的地方不是彈孔最多的地方，而是彈孔最少的地方，也就是飛機的引擎。

沃爾德指出，一些戰鬥機能帶著滿身彈孔平安返航，是因為中彈的那些部位，即使被擊中也不會導致墜機，所以這些地方恰恰不需要額外的防護。而在引擎等位置很少發現彈孔，其原因並非那些地方真的不會中彈，而是一旦中彈，飛機安全返航的機率就微乎其微，絕大部分都會在陣地墜毀。

換言之，返航的飛機是倖存者。僅僅依靠倖存者做出的判斷是不全面的，那些被忽視的、已經墜毀的飛機，才是統計分析的關鍵，它們根本就沒有回來！

圖 11-1

這在統計學當中被稱為「倖存者偏差」。真相一點就破，但想到這一點卻需要非常睿智，不得不說沃爾德的心思非常縝密，這也正是美軍設立專家小組的用意所在：用科學的腦袋武裝軍隊。

沃爾德的分析非常細密，他還把不同大小的彈孔分開統計。一架戰鬥機進入敵方陣地，要面對來自敵方地面的大炮和空中戰鬥機兩方面的炮火，地面有高射炮，敵方的飛機有機槍和機炮，這三種攻擊對飛機的威脅並不一樣。沃爾德計算了這三種彈孔的分布和它們各自對飛機的威脅程度，計算結果表明，20 釐米口徑的機炮對飛機的威脅最大，其次是 7.9 釐米口徑的機槍，最後才是高射炮。不同來源的攻擊，對不同部位的威脅也不一樣，其中 20 釐米口徑的機炮擊中引擎部位，導致飛機墜落的機率最大。❶

軍方最後採納了沃爾德的建議，加強了引擎的防護，事後證明這個決策是正確的，有更多的軍機飛得回來。盟軍戰鬥機被擊落的數量大大減少，沃爾德的分析不知挽救了多少生命和戰鬥機。

沃爾德所做的工作一直是高度機密，不為人所知，直到 1980 年，美國海軍以備忘錄的形式，重新付梓沃爾德當年這個研究所留下的論文，並且在前言中指出，之所以公開重印，不僅僅是為了回顧歷史，而是因為直到今天，沃爾德的這套方法論仍存有現實價值。

---

❶ Abraham Wald. A Method of Estimating Plane Vulnerability Based on Damage of Survivors〔J〕.Center For Naval Analyses, 1980.

表 11.2　不同種類的攻擊對戰鬥機的威脅係數

	機身	引擎	油箱	其餘部位	此類攻擊的威脅係數
高射炮	0.045	0.118	0.067	0.029	0.045
20 釐米口徑的機關炮	0.077	0.534	0.074	0.029	0.175（最高）
7.9 釐米口徑的機槍	0.194	0.136	0.074	0.030	0.092
擊中此部位的威脅係數	0.114	0.179（最高）	0.074	0.038	0.070

倖存者偏差，意思是指我們看到的結果是經過篩選後存在的，而被篩掉的個體在不知不覺中被忽視了；如果我們分析問題僅僅依賴那些篩選過後留下的資訊，我們的決策就會有巨大的偏差。這就像老師在教室裡說「沒來的同學請舉手」，或者是我們在火車月臺上調查「請問你買到回家的票了嗎？」，你會聽到所有的人回答「買到了」，而那些沒買到票的人可能全在家。

類似這樣的錯誤，你聽起來可能覺得好笑，認為自己不會犯，但其實這類錯誤大量存在於現實生活中，即使很高明的專家也可能犯錯，而且還自鳴得意，完全不自知。

2001 年，美國的管理專家柯林斯（Jim Collins）出版了一本書《從 A 到 A+》。這本書對曾經的世界 500 強公司（共1,400 多家）進行研究，從中選出 11 家代表，柯林斯認為它們是從優秀走向卓越的典型企業，其經營理念和戰略措施值得所有公司學習借鏡。柯林斯在書中宣稱，只要採納並認真貫徹，幾乎所有公司都能極大地改善自身的經營狀況，甚至可以成為

卓越型的公司。

　　沒有人知道是否有公司真正因為學習這本書而成功，不過這本書本身卻非常成功，憑藉柯林斯的名聲和說故事的技巧，其全球銷量超過 100 萬冊。

　　但柯林斯同樣犯了倖存者偏差的錯誤。市場上有很多公司可能會採用相同的做法或戰略，但一家成功了，另外的倒閉了，倒閉的企業悄無聲息地被其他公司取代，柯林斯可能完全不知道。他只從世界 500 強公司中取樣，從已經成功的公司當中尋找戰略和經營的因果關係，一旦找到，他就認為是好的。他沒有向倒閉的公司「取經」，因為它們已經不復存在，否則他就會發現，同樣的戰略帶來的不僅只有成功，還有失敗。那些失敗的企業，就像是沃爾德研究的引擎中彈的飛機，它們根本沒有「飛回來」，無法進入柯林斯的視野。

　　這意味著，如果我們盲目地照本宣科柯林斯的書裡成功企業的戰略，很可能是行不通的。只觀察倖存者會產生偏見，如果僅僅觀察在敵方陣地上陣亡的數據，同樣會產生偏見。在此，我講述一個親身經歷。

　　1996 年我大學畢業後選擇投筆從戎，被分配至武警廣東邊防總隊。這是一支擁有 2 萬多人的大部隊，主要職責是沿海邊防線上的反偷渡、反走私和海上治安管理。1996 年正值香港回歸前夕，反偷渡的任務繁重，主要聚集在深圳和珠海的邊防線上，廣東和香港的警方常常需要會談，相互交流情報。我有幸成為廣東警方的警務代表，經常參加與香港警方的會談。當時的香港警方很精通試算表，每次會談，他們都能拿出非常詳盡的數據和圖表分析。透過數據分析，他們可以定位偷渡黑

點，因此每次會談，他們都能提出具體的警力部署建議，即應該在哪一個邊防哨點加強勤務。而我方的數據常常是偷渡案例的文本總結，數據獲取不足，導致廣東警方的主管顏面盡失，於是試圖開發一套完備的反偷渡資訊管理系統。

這個任務，最後落到我的頭上。

這套系統的核心思路，就是根據在邊防線上抓獲偷渡犯的時間和地點，來調整勤務部署，即哨兵應該在哪裡巡邏，又該如何確定巡邏時間和巡邏密度。注意引號裡的字：根據在邊防線上「抓獲偷渡犯的時間和地點」，來調整勤務部署。

我在系統的需求調查研究中發現，僅僅按照這個思路來開發這套系統，一定不會成功。為什麼？因為抓到的都是偷渡未遂的人，對應於美軍的飛機，那就相當於返航的飛機。還有大量偷渡成功的人，他們的數據才是更重要的。但我們恰恰不知道他們在哪個路段或海邊越過了粵港邊界。所以我提出，光有抓獲的偷渡犯資訊是不行的，要審查香港警方遣返給我們的偷渡犯才行。偷渡成功的人，通常會在香港的建築工地和情色場所工作，而香港警方每隔一段時間都會掃蕩一次，抓一批便遣返一批。只有分析這些偷渡成功者的數據，掌握他們的偷渡地點和時間，根據這些地點和時間對勤務部署進行調整，才能最有效地打擊偷渡。

所以這個系統必須包括對遣返人員的審查資訊，應該叫做「反偷渡和遣返資訊管理系統」。我主持開發了這套系統，一直到 2004 年我離開武警邊防部隊，這套系統仍在使用中。

有時候我覺得數據分析宛如欣賞一幅印象派油畫，近距離觀察是無法理解其中的內涵和聯繫的。你必須退後幾步，站在

稍遠的地方觀察，當你把各個部分視作一個整體的時候，這幅畫的真正意境才會開始浮現。此外，你還必須注意到，每幅畫都有留白，這些留白就是你看不到的地方，你不能忽視留白，因為留白可能代表任何一種情況；想要掌控全域，就必須對留白有正確的估計和想像。

回到軍事。除了空軍，統計研究小組在地面戰爭中也曾創造過經典的奇蹟。

諾曼第登陸是人類歷史上規模最大的一次海上登陸作戰，發生在 1944 年 6 月，一共有 288 萬名盟軍士兵跨過英吉利海峽，在法國諾曼第海灘登陸，大軍如潮水一般湧入法國。兩個月之後，巴黎重新回到英美盟軍手中，德軍遭受重創，損失人員 40 萬名、飛機 3,500 架、坦克 1.3 萬輛，整個二戰的態勢由此發生了根本性的變化。

首批登陸諾曼第的英美盟國先鋒部隊只有 17.6 萬人，因為 288 萬名士兵不可能一股腦兒同時登陸，得有先後順序。這 17.6 萬人是首批上岸的，他們將開闢、打通登陸的地點，並將正面遭遇德軍的炮火。先鋒部隊是否成功，將直接關係到整個後續行動。

在這個決策過程中，一個令盟軍非常頭痛的問題是：德軍到底在諾曼第部署了多少輛坦克？

整個二戰期間，德軍的機械化部隊帶來的是一場場噩夢。27 天征服波蘭，1 個小時拿下丹麥，23 天征服挪威，5 天征服荷蘭，18 天攻克比利時，39 天征服號稱擁有「歐洲最強陸軍」的法國……這種閃電戰，一是靠快，兵貴神速，如果一方的部隊能夠提前到達指定地點，哪怕只有半小時，也能搶占先

機，攻敵不備；二是靠裝備，當時德國最先進的坦克是「黑豹」（Panther），這也是德軍在整個二戰中的王牌武器，它的裝甲不透水，配備 75 釐米口徑的高速炮，被認為是當時殺傷力最強的重型坦克，而盟軍當時裝備的 M4 謝爾曼坦克（M4 Sherman）完全不是它的對手。

盟軍曾經在義大利遭遇德國大量的豹式坦克，吃過大虧，他們非常擔心在諾曼第登陸之後，等待他們的是大量的豹式坦克。

這決定了先鋒部隊的人數，以及應該攜帶什麼樣的武器裝備，尤其是坦克配備。如果不會遇到大量的豹式坦克，盟軍現有的 M4 謝爾曼坦克還可以對付；但如果遇到大量的豹式坦克，那盟軍就必須增加第一批登陸的人員數量，並升級坦克裝備，否則一上岸就可能被敵人圍殲。

整個二戰期間，盟軍一直在採用各種手段獲得情報，以估算德軍豹式坦克的總數。這些手段包括對工廠進行空拍、派出特工刺探、攔截和破譯德軍電報密碼、審訊德軍的俘虜，但由這些管道得出的結論都很一致，那就是坦克產量高得離譜，每月有 1,000 到 1,400 輛坦克出產。這是個讓人感到窒息的數字，如果這個產量屬實，必定會有大量的豹式坦克部署在諾曼第，仗還怎麼打？

就在諾曼第登陸之前，由一線回饋回來的情報也到達了，情報認為盟軍將與大量的豹式坦克正面相遇。這當然令決策人員一籌莫展。

統計研究小組卻提出完全不一樣的看法，他們認為登陸部隊不會正面遭遇大量的豹式坦克，原因很簡單，德軍並沒有大

規模量產這種坦克。

結論是怎麼得出來的呢？

當時德國生產坦克，會在每一輛坦克的發動機、車輪、變速箱和油罐的底盤打上一個序號。盟軍在義大利的安齊奧登陸戰中繳獲了兩輛豹式坦克，在對這兩輛坦克車輪底盤的序號進行分析之後，統計專家得出結論，1944 年 2 月，豹式坦克的產量僅僅為 270 輛。

那麼決策人員應該聽誰的？最終，盟軍放棄一線的情報，採信了統計研究小組的分析。果然，在諾曼第登陸時，先鋒部隊沒有遭遇大量豹式坦克。

在二戰結束之後，從德軍坦克工廠繳獲的生產記錄最後證

圖 11-2

明，1944 年 2 月，豹式坦克實際的生產數量為 276 輛，和統計研究小組的推算僅僅相差 6 輛！

其實不止是諾曼第登陸，盟軍的統計部門一直在分析並計算德軍的坦克生產能力，很多年月的估計都相當準確。

表 11.3　盟軍統計部門在特定年月的統計估計

年／月	統計估計（輛）	情報估計（輛）	德國記錄（輛）
1940 年 6 月	169	1,000	122
1941 年 6 月	244	1,550	271
1942 年 8 月	327	1,550	342

這麼精確的數據分析實在令人嘆為觀止，盟軍究竟是怎麼做到的？

祕密就藏在序號中。比方說，先考慮最簡單的情況：在某個月內，盟軍只繳獲了一輛德國坦克，在某個配件上有一個序號為 48，那麼你是否可以估計德國在這個月生產坦克的總數？你可能會說：「瘋了吧？只有一個數據，有什麼好估計的？只能隨便猜了！」又比如，繳獲了兩輛坦克，那麼根據常識，坦克一個月的產量絕對會大於繳獲坦克的最高序號和最低序號之差。此外，還能推算什麼呢？

一個高明的統計學家絕不靠猜，即使數據很少，仍然可以利用機率進行分析和推斷。我們要做的是，把繳獲當作一次隨機抽樣，如此一來，就能倒推真實產量的機率分布。例如，我們繳獲的同一個月生產的 10 輛坦克，序號之差都在 50 以內，

那一個月生產 1,000 輛以上坦克的可能性就非常小！

假設我們繳獲了敵方 6 輛坦克，這 6 輛坦克的配件序號分別是 17、68、94、127、135 和 212。這些數字和每月生產 1,400 輛坦克的水準相差甚遠，但利用統計學，可以從有限的數據集中裡，合理推斷出最有可能的生產總數。

根據機率統計學，我們先談三種最簡單的方法。

1. 取樣本的平均值，然後加倍。樣本的平均值是 17、68、94、127、135 和 212 的總和，然後除以 6，再乘以 2，得出約等於 218。

2. 取樣本的中位數（即按大小排列的數列中，兩個中間數之和的一半），並加倍。估計有 221 輛坦克。

3. 用統計學原理設計一個方程式。$N = M + (M-K)/K$，其中 N 代表預估的總數，K 代表繳獲的坦克數，M 代表最大的序號，那麼 $N = 212 + (212-6)/6 \approx 246$。

也就是說，用多種辦法測算得來的數據都是 200 多輛，這是有統計學意義的。

當然，我們這裡只簡單介紹其中的原理，美軍統計研究小組事實上採用的辦法要複雜得多，其中涉及貝氏定理（Bayes Theorem）的應用，要解說就得寫一篇高深的數學論文了，但原理不外乎是機率統計。還有，除了配件的序號之外，情報部門還可能會獲得坦克工廠的其他資訊。生產坦克需要鋼鐵、橡膠等原物料，一旦獲得這些原物料的供應、生產和運輸數據，就可能為分析提供參考和佐證，以修正估算的數據。

說完了飛機和坦克，再說說飛行員。

飛機很昂貴，培養一名飛行員的成本也很高，如果一名飛行員足夠聰明老練，就更可能完成任務，並且平安地駕駛飛機回來。為了挑選、訓練最好的飛行員，美國國防部設置了不同的小組。各個小組運用不同的標準和方法遴選飛行員。其中一組僱用了當時著名的心理學家基爾福（J. P. Guilford, 1897 – 1987），他用智力測驗、數據評分以及面試等方法，為空軍遴選飛行員。

基爾福的名氣很大，美國國防部對他也非常信任，而基爾福的遴選效果同樣受到國防部統計部門的評估。令人感到意外的是，在隨後的分析評審中，國防部發現基爾福挑選的飛行員與其他組相比，被擊落犧牲的比例並不低。

更出人意料的是，其中有一組成員的成功返航率最高，但領導這個遴選小組的，不是專家教授，而是一名退役的老飛行員。美國國防部隨即對這個小組的遴選方法進行細密的考察，後來發現，這位退役的老飛行員在一個關鍵問題上採取了和基爾福完全不同的遴選標準，基爾福也詢問了他的候選人這個問題，那就是：「當你進入德軍陣地，遭遇德軍的高射炮攻擊時怎麼辦？」

最本能、最自然的回答是「我會飛得更高」，基爾福選擇的就是這一類候選人，這也是大家當時認為的標準答案。但這位老飛行員淘汰了所有回答「我會飛得更高」的候選人，而挑選了違反飛行條例準則的人，例如那些回答「我不知道，我可能會俯衝」、「我會之字形前進」或「我會轉圈，掉頭避開火力」的人。

事後證明，遵循飛行條例準則的飛行員都是可以被預測的人。德國人也清楚地知道，飛行員遭遇炮火攻擊時第一反應是會飛得更高，因此德國的戰鬥機會在地面炮火發動攻擊時埋伏在雲端，等待美國的戰機升高，然後出其不意，將它們擊落。

　　換句話說，那些不按標準答案處理危機的飛行員，會比那些局限於標準答案的飛行員更可能倖存下來。

　　這就是基爾福失敗的原因。當基爾福知道這個數據時，他意識到因為自己錯誤的方法，將很多飛行員送上絕路，因此無比羞愧，甚至一度想自殺謝罪。

　　退役的老飛行員沒有用複雜的智力測試，僅憑藉自己豐富

圖 11-3

的戰場經驗，便一眼看穿問題的要害。對戰爭的瞭解，確保了他會選擇一些有冒險精神、打破常規思維的飛行員，這事實上也是一種數據分析，是對飛行員的智力測試，只不過用的是經驗，而非書本上的理論。基爾福並不是敗在方法不對，而是敗在不瞭解實際的戰場。一旦得到糾正，科學立即顯現出它的本色。受這個案例的啟發，基爾福後來開創了創新心理學。

正是憑藉數據，美軍不斷優化自己的軍事決定，精確掌控，步步為營。一些看起來毫不起眼的舉動，往往會在戰場上起到決定性的作用、改變戰爭的進程，堪稱神來之筆。而這些決定和舉動，都來自精細的數據分析。

⑴倖存者偏見有極大的適用範圍，可以解釋很多事情。美國海軍曾經透過一個報告宣稱，美國海軍的死亡率是 0.9％，同期紐約市民的死亡率是 1.6％，言下之意是要大家趕緊來參軍，參軍比待在紐約市還安全。但這是真的嗎？首先要說明的是，就數據而言，美國海軍的確沒有說謊，但倖存者偏見可以解釋這一組數據。你覺得應該如何解釋？

⑵在戰場上受傷是否要使用止血帶一直有爭議，因為它的作用並不明顯，綁得過久還可能會導致肢體壞死和截肢，因此很多國家的軍隊不鼓勵使用止血帶。

在伊拉克戰爭和阿富汗戰爭期間，美國發明了一種新的止血帶，要求那些執行危險任務的戰士提前綁好止血帶，為遭遇地雷等爆炸導致的四肢出血提前做好準備。

2015 年有一篇論文專門分析了這種新型止血帶的作用，該文章將受傷程度分成幾個等級，結果發現，在每一個傷情等級的統計中，未使用止血帶的士兵倖存數量都比有使用的略高 0.5 到 1 個百分點，這證明止血帶沒有任何作用。

但有人認為這個研究有瑕疵，因為醫生只統計了來到醫院的倖存者，而沒有統計那些死在半途中的士兵，我們並不知道那些死去的士兵有沒有使用止血帶。你認為這是不是倖存者偏見？止血帶到底有沒有作用？

⑶本章講述美國統計部門透過敵軍坦克配件的序號來推算坦克的總產量。今天大部分的商品也都有序號，現在試想一下，你在一個消費品公司工作，你的老闆委託你們部門調查競爭對手每個月生產多少產品，你該怎樣用最低的成本、最快的方法進行調查？

12

表情編碼
破 解 隱 性 知 識

　　春秋時期，齊桓公上朝與管仲商討攻打衛國，退朝後回宮。來自衛國的衛姬一看見齊桓公，立刻走下堂一再跪拜，替衛國的君主請罪。齊桓公問原因，她答道：「臣妾看見君王進來時，步伐高邁、神氣豪強，有討伐他國的心志，看見臣妾後，卻臉色驟變，一定是要討伐衛國了。」

　　經過衛姬的求情，齊桓公改變了主意。

　　次日齊桓公上朝，管仲問道：「君王取消伐衛的計畫了嗎？」桓公疑惑地問：「你怎麼知道的？」管仲說：「君王上朝時，態度謙讓、語氣緩慢，看見微臣時面露慚愧，微臣因此知道。」[1]

---

[1] 原文為：齊桓公朝而與管仲謀伐衛。退朝而入，衛姬望見君，下堂再拜，請衛君之罪。公問故，對曰：「妾望君之入也，足高氣強，有伐國

這是中國明代的古書《智囊全集》記載的故事。人有七情六欲、喜怒哀樂，這些都是情緒，情緒最直觀的體現就在人的臉上，但表情在人的臉上並不會長期駐留，往往是一閃而過。從這個故事來看，一方面，齊桓公是個把一切都寫在臉上的人，現實生活中類似齊桓公的人其實不少，他們不太藏得住情緒，內心的感受都直接表現在表情、聲音和姿態上；另一方面，即使碰到像齊桓公一樣藏不住表情的人，也不是每一個人都能做出有效的解讀，這些人是「情緒盲」，不能洞察別人的情緒，甚至連自己的情緒變化也不知道。洞察情緒是一種非常高明的智慧，古代人把這種能力概括為四個字：察言觀色。衛姬和管仲當然都是察言觀色的高手，才能參透齊桓公內心的玄機。

　　雖然對表情的解讀，被認為是聰明和智慧的象徵，但這門學問一直沒有成為顯學。其中一個原因，我猜想是大家覺得這門技能很難學習，不好掌握；另一個原因可能也很重要，能夠察言觀色，就能投人所好、趨炎附勢，因而墮入庸俗的關係學，這種能力在一定程度上已經被汙名化了。歷史上一提到小人和奸臣，就會描寫他們具備察言觀色的必殺技。

　　最早對人類表情進行分析的是達爾文和高爾頓。在他們的時代，照相技術開始普及，出現了大量的人臉照片。達爾文

之志也。見妾而色動，伐衛也！」明日君朝，揖管仲而進之。管仲曰：「君舍衛乎？」公曰：「仲父安識之？」管仲曰：「君之揖朝也恭，而言也徐，見臣而有慚色。臣是以知之。」馮夢龍《智囊全集》〔M〕。北京：北京文史出版社，2011。

在進行人臉比對研究之後，得出結論：人類的表情是天生、共通、跨種族、跨文化的。高爾頓也有一個重要的發現：人類最漂亮的臉是平均臉，所謂平均臉，是指從一定數量的普通人臉中提取面部特徵，根據測量數據求平均值，再合成一張臉，這就是人世間最漂亮的臉。高爾頓當年沒有電腦，他的辦法是照片疊加，你可以想像，為了得出這個結論，他琢磨了多少張照片。

達爾文的觀點在其後一百年並不受待見，絕大部分人類學家、心理學家都認為人的表情是從社會文化和社會交往當中學習而來的，不同文化背景的人有不同的表情，每個人對表情的解讀都是在特定的文化情境中發生的。

一個比較雄辯的例子是，不同文化背景的人看到相同景象的時候，會產生不同的表情。有心理學家做過實驗，美國人和日本人一起觀看電影，在出現恐怖、驚悚等刺激的鏡頭時，日本人會比美國人更常用微笑來掩飾自己的負面情緒，場景相同、表情不同，這就證明了文化對人的表情有決定性的影響作用。

一張臉就是一塊皮，既然人類的表情沒有共通性，那就更談不上對皮肉之下真正的情緒進行解讀了。

但這一切被美國心理學家艾克曼（Paul Ekman）扭轉了。

一開始，艾克曼也相信達爾文是錯的。在 1960 年代，艾克曼去了巴布亞紐幾內亞高地，胡里人在此地過著與世隔絕的生活，他們的文明還停留在石器時代。他和這些原始部落的人一起生活，捕捉他們的表情，拍下照片，然後請文明世界的專家進行解讀。他發現這些專家不僅能夠準確地解讀，甚至還能指

出臉上的哪一條肌肉對哪一種情緒起到特定作用。同時，他又把文明世界的人臉表情照片帶到原始部落，請當地居民講述他們看過之後的聯想，讓他們猜測照片中的人發生了什麼事。這些原始部落的居民連照片這種東西都沒見過，但他發現，他們仍能準確地區分快樂、生氣、討厭、悲傷、驚訝、恐懼等表情。

那為什麼日本人和美國人在觀看相同的電影時，會產生不同的表情呢？雖然前人已經做過實驗，但艾克曼自己又做了一遍，他發現這是因為前人的實驗設計有問題，他們讓兩國的觀眾坐在一起，日本人比較顧及他人的感受，所以會掩飾自己的表情，但如果讓日本人單獨看電影，他們就會表現出真實的表情，而這種表情，無論是日本人還是美國人都是相同的。

圖 12-1

此外，艾克曼發現先天失明的盲人也會有表情，而且和其他人的表情高度相似，當然，盲人的表情絕對不是經由視覺學習和社交生活獲得的，這使得艾克曼相信表情是人類共通的，也是人類進化的結果。

既然是共通的，艾克曼於是決心找出量化和測量表情的客觀方法。要量化表情？這在當時聽起來幾乎是無法完成的任務。每個人都有一張臉，但這世界上沒有兩張臉完全相同，人臉又是動態的，幾乎人類所有的情緒變化都可以透過臉部的細微變化傳達出來，人臉太神祕了。

正是因為這種多樣性、豐富性和複雜性，人臉從來不是科學家的「菜」，反而一直是藝術家的領域，從埃及最早的獅身人面像，到達文西的〈蒙娜麗莎〉、孟克的〈吶喊〉，再到各種攝影藝術作品，人臉是古今中外藝術家永恆的主題。也可以說，藝術家對人物和生命的刻畫，主要就體現在臉上，英國藝術家伯格（John Berger, 1926－2017）曾經總結說：

無論畫家在尋找什麼，他找的都是臉，所有的尋找、所有的失去、所有的失而復得，都是關於臉的，不是嗎？那「臉」究竟意味著什麼呢？他找的是它的回眸、它的表情、它內在生命的細微表徵。❷

❷ 原文為：「Whatever the painter is looking for, he's looking for its face. All the search and the losing and the re-finding is about that, isn't it？And'its face'means what？He's looking for its return gaze and he's looking for its expression, a slight sign of its inner life.」約翰・伯格，《抵抗的群體》〔M〕何佩樺，譯。桂林：廣西師範大學出版社，2008。

圖 12-2 臉部刻畫是古今中外藝術家永恆的主題

(1)〈父親〉，油畫，羅中立，1980 年代。
(2)〈大眼睛〉，攝影，解海龍，1991 年。
(3)〈女人像〉，油畫，梵谷（Vincent van Gogh, 1853－1890）。
(4)〈蒙娜麗莎〉，油畫，達文西（Leonardo da Vinci, 1452－1519）。
(5)〈吶喊〉，油畫，孟克（Edvard Munch, 1863－1944），1893 年。

　　舍雷舍夫斯基（Solomon Shereshevsky, 1886－1958）是 20
世紀最有名的記憶大師，他可以記住無比複雜的數學公式、矩
陣，甚至幾十個連續的外語單字。在一個實驗中連續念出 70
個單字，他只要聽過一次就能重複背誦出來，可以由前往後
背，也可以從後往前背。縱使如此擅長記憶，他也坦言他無法
記住人臉：

　　他們是如此多變，一個人的表情仰賴於他的情緒以及你們
相遇時所處的情境。人們的表情不斷地變化，正是不同的表情
使我感到困惑，我很難記住他們的臉。❸

---

❸　Aleksandr R. Luria. *The Mind of a Mnemonist: A Little Book About a Vast Memory*〔M〕. Cambridge: Harvard University Press, 1987.

無法記住人臉的原因是人臉的特徵很難被精確地量化。我曾經請教當代中國的記憶大師王峰先生，他在比賽現場曾經創造了聽記 300 個數字的世界紀錄。王峰告訴我，數字和詞語之所以能夠被精準地記憶，是因為數字無非就是 0 ～ 9 這 10 個數字的排列組合，而詞語無非是由那些常見的字組成。人腦很容易對數字和詞語的特點進行「編碼」，但人臉非常難記，因為人臉的模樣有無限種可能，而我們很難對人臉的特徵進行「編碼」，比如我們只能說這個人的臉比較大（臉型）、眼睛比較大（眼型）、有雙眼皮、嘴唇比較厚（嘴型）等，這些都是相對的，無法精確量化，這就是對識別和記憶的挑戰了。

　　既然這麼難，艾克曼要怎麼做？他首先從解剖學出發，確定了人類面部一共有 43 塊肌肉，他把每一塊肌肉視為一個面部的動作單元，而人類所有的表情都可以被視為這 43 種不同動作單元的組合，如果每一個組合都對應一個編碼，那這些組合就形成一個「面部表情編碼系統」。

　　這樣的組合約有 1 萬個，但艾克曼發現，其中只有 3,000 多個對人類是有意義的，也就是值得解讀的。

　　這 3,000 多個組合，被認為基本上窮盡了人臉所能做的一切動作。為了解讀這些動作代表的表情，艾克曼像斯諾醫生一樣，拿自己來做實驗。他錄下自己的表情，觀察肌肉的運動如何改變臉部的外觀。他從單一肌肉的動作開始，有系統地做出各種臉部動作的組合，一直到 6 種肌肉共同產生的動作。他嘗試調動自己臉上的每一塊肌肉，做出相應的表情，當他無法做出特定的肌肉動作時，就跑去醫院，讓外科醫生用一根針或電流來刺激他臉上不肯配合的肌肉。你如果看到這個場景，肯定

會驚呼「天哪」！

　　他發現人臉上的某些肌肉是很難控制的，只能一條一條單獨地移動，有些肌肉只有少數人能夠調動，這些肌肉叫做困難肌。但在真實情緒到來的時候，那些不容易控制的肌肉就動了起來。所以有些表情是一般人很難偽裝的，例如，額頭和上眼皮的肌肉很難自主調動。此外，只有 10 ％ 的人不需用到頰肌，就能把嘴角往下拉。但透過學習，甚至僅需要幾百個小時的時間，大部分人就能移動這些不容易控制的肌肉。那為什麼要學習呢？首先可能會想到演員的工作需要，但除了演員，還有一些其他職業的人也被要求克制情緒、隱藏表情，例如政治家、外交家等，這就需要接受專門的訓練。

　　針對每一種表情，艾克曼不僅將其分解為不同肌肉動作單元的組合，並賦予特定的編碼，還配上對應的照片和文字說明。艾克曼和他的同事花了整整 8 年的時間創建這個表情編碼系統，而這個系統也可以被理解為表情數據庫。

　　根據這些表情編碼，可以判斷一個人的微笑是發自內心、還是強擠出來的。自發的微笑由情緒引起，其調動的是在顴骨周圍彎曲的肌肉以及眼部周圍的小肌肉，這不可能用意識加以指揮；而強擠出來的微笑調動了一塊叫顴大肌的肌肉，它從顴骨延伸到嘴角。還有一塊肌肉被稱為額肌，位於內眉區域，當它微微抬起的時候，就代表著悲傷。「如果看到這個動作，你就會知道這個人已經非常難過了。」❹ 這套編碼系統一推出，就被電影、動畫片的製作公司採納，被視為指導演員臉部表演、設計動畫人物表情的寶典。這個數據庫非常管用，憑藉它，艾克曼開創了心理學歷史上的諸多傳奇。

柯林頓一定在撒謊，他的動作出賣了他的想法。

柯林頓在聽證會上撒謊，已經成為心理學家的定論。心理學家發現，摸鼻子是人們說謊時常有的動作之一，因為撒謊時，心臟會跳得更快，帶動鼻子更快地抽動。據統計，柯林頓曾經在聽證會上一分鐘內摸了鼻子 26 次。

圖 12-3

　　1998 年，美國前總統柯林頓與白宮女實習生陸文斯基的性醜聞曝光。剛開始，柯林頓反覆否認他和陸文斯基發生過性關係。當艾克曼看到柯林頓在電視上說他沒有與「那個女人」發生性關係時，艾克曼就斷定柯林頓在撒謊：「人們在撒謊時，要做的第一件事就是使用疏離的語言。我們知道他認識陸文斯基，而他用了『那個女人』一詞。」[5]艾克曼回憶道，在柯林頓當選之前，他就在電視上看到柯林頓有過撒謊的表情，他甚至明確指出柯林頓撒謊時所調動的肌肉。

---

[4] Julian Guthrie. The Lie Detective/S.F Psychologist Has Made A Science of Reading Facial Expressions. SFGate〔OL〕. 2002.9.16.

[5] 同上。

精神病院經常有病人自殺。試圖自殺的病人會來找醫生，告訴醫生：「我現在感覺好多了，可以出院走走嗎？」有經驗的醫生都知道，當精神病患者這樣說時，可能確實好了，但也存在另一種可能：他們完全絕望了，希望獲得脫離監護的機會，一旦脫離監護就會自殺。然而，究竟誰是這樣的病人，醫生很難做出預判。

　　艾克曼要求醫生把他們和病人對談的過程用影片記錄下來，然後他反覆觀看。一開始，艾克曼什麼都沒發現，但當他用慢鏡頭反覆播放的時候，突然在兩幀圖像之間看到一個一閃即逝的鏡頭：一個生動、強烈而極度痛苦的表情。這個表情只持續不到 0.07 秒，但它洩露了病人的真正意圖。艾克曼後來在更多場景中發現了類似的表情，他將之定義為「微表情」，這種表情往往在人臉上一閃而過，未經訓練的人無法察覺，但它們隱藏著人們真實的意圖和感情。

　　必須注意的是，艾克曼發現「微表情」的前提一樣是「記錄」。醫生和病人之間的對談影片，是艾克曼用來展開研究最重要的素材，他採用影片而非照片，是因為照片大部分是刻意擺拍的，並沒有拍下自然的狀態，當研究人員試圖捕捉表情的變化，希望藉由人臉豐富短暫的表情解讀一個人的意圖時，一張照片完全無法滿足其要求。當然，影片其實也是照片，當一秒可以連續拍攝 24 張某物件的照片時，那就是影片了。

　　除了測謊，表情分析還有其他非常廣泛的應用。在商務談判中，如果及時解讀臉部表情微妙的變化，你就可能占有優勢。又如，很多消費者不會告訴商家自己對一件商品的真實感受，但透過捕捉消費者拿起、放下商品的表情變化，商家可以

評估消費者的真實評價，更有效地引導消費。再如，大部分時候，人們看不見自己的表情，也意識不到自己的表情究竟對交流產生什麼影響，而表情分析可以幫助人們更善加理解和管理情緒，提高溝通技巧。

進入智慧時代之後，艾克曼創建的「面部表情編碼系統」也成了人工智慧表情識別的基礎，艾克曼本人早在 2004 年就曾經預言：「5 年之內，面部表情編碼會成為一個自動系統，當你跟我說話的時候，一部攝影機會看著你，它會立即讀出你情緒狀態的瞬間變化。」[6]

艾克曼確立了人類表情產生的規則，把關於表情的隱性知識提升為顯性知識，將之變成一門「顯學」。只要具備清晰的規則，電腦就可以理解並模仿人類表情。事實上，和人類相比，機器解讀表情更具有優勢。艾克曼所定義的微表情通常是一閃而過的，我們會臉紅、心跳加速、身體會微微出汗、姿勢會微微顫動，普通人用肉眼都難以察覺這些狀態，但在一個由數據、計算和模型統治的世界裡，攝影機可以迅速又準確地捕捉這樣的變化。可以預見，終有一天，電腦對表情的解讀將比人類還要敏銳，甚至遠超過那些高水準的奸臣。

什麼是隱性知識呢？

讓我們來看齊桓公的另一個故事。有一天齊桓公在堂上讀書，有一個人在堂下砍削木材，製作車輪。做著做著，這名木匠和齊桓公搭起話來。他說，你讀這麼多書沒用啊，因為這

Paul Ekman Interview. Conversations with History. Institute of International Studies. UC Berkeley〔OL〕. 2004.1.

個世界上有很多事情，書本根本講不清楚。例如要做好一個車輪，輪子上的孔要大小適中，插進孔洞的輪輻要不緊不鬆，這裡面有規則，但只可意會，不能言傳。「我沒辦法對我兒子說清楚，我兒子也無法從書本上學到。」他的意思是，這些知識只能在實踐中積累，無法透過語言和文字傳遞。

　　這種只能透過實踐獲得，無法用文字記錄和表達的知識，稱為隱性知識。任何一個有閱歷和經驗的人都知道，隱性知識的的確確存在。它存在於一個人的大腦之中，可以是一種智慧、經驗或感覺，但無法用文本化、格式化、編碼化的方式表達出來。說不出來、表達不出來，但可以做給你看、演示給你看。到了今天，木匠如何做好車輪這件事已經可以說清楚，不再是隱性知識了，但新的隱性知識又會冒出來。當代科學家錢學森也曾經談到相似的體會：

　　比如一名學生和一位科學家老師在討論問題，學生認為這個問題沒有線索、不清楚，但是科學家說很清楚。於是學生仔細分析了一下，也做了實驗，結果證明科學家是對的。那為什麼學生看不出所以然，而老師一下子就看到了？我如果是學生，就會問老師是怎麼一回事。老師的回答是：這說不清楚，你好好學，將來有經驗了、知識變豐富了，你也可以做到這一點。❼

---

❼　顧吉環，李明，塗元季，編。《錢學森文集：卷三》〔M〕何佩樺，譯。北京：國防工業出版社，2012：317。

「將來有經驗了，你也能做到這一點」，但原因說不清楚，這也是隱性知識。

隱性知識之所以大量存在，其中一個原因是語言有局限性。生活中有很多資訊是語言無法表達、文字無法記錄的。人們為什麼喜歡拍照？其中一個原因是，有很多場景用語言是說不清楚的，但用照片，只消一眼，一句話都不用說就懂了。正在到來的新文明是以數據為中心的，數據就是一組由「0」和「1」組成的位元組。確實，有的資訊不能用語言來表達，甚至用圖片也表達不了，但有沒有用「0」和「1」，即用位元也表達不了的資訊呢？

我認為沒有，如果 1 兆位元組不夠，那就再來 1 GB。數文明時代的量化，不僅僅是指數量化，更指數位化；新時代的分析，不僅僅是數量分析，還指對位元流的分析。數據採擷、專家系統、機器學習、人工智慧，這些新工具為隱性知識的顯性化提供了新的手段。可以預見，在數文明的時代，人類把隱性知識轉化為顯性知識的可能性將會大大增加。

2010 年起，全世界各地陸續有多個表情分析系統問世。例如，加州大學聖地牙哥分校研發的 CERT（表情識別工具箱），可以自動檢測影片流中的人臉，即時辨識「面部表情編碼系統」中的 30 個動作單元組合，包括憤怒、厭惡、恐懼、喜悅、悲傷、驚奇和輕蔑等表情。經卡內基梅隆大學和麻省理工學院聯合檢測，CERT 的表情辨識準確率達到 80.6％。除了被用於抑鬱症、精神分裂症、自閉症、焦慮症等疾病的分析，這套系統還可以裝在汽車上，監測駕駛的疲倦程度，也可以用於監測和照顧老年人。畢竟，絕大多數人不會明確指出他們不

開心或不舒服，但表情會透露他們的真實感受。

在分析解讀的基礎上，機器也可以利用 43 塊肌肉組合的方法，再造出和人類一樣的表情，畢竟，艾克曼已經為人類3,000 多種有意義的表情，總結出清晰的編碼和規則。只要我們清楚地掌握一件事情的規則，人工智慧就可以進行模擬和複製，這意味著，機器人未來一定可以具備和人類幾乎一樣的表情。

機器可以解讀人類的表情，意味著機器可以讀懂人類的情緒和內心、理解部分人性。機器人還將具備和人類一樣的表情，如此一來，人機交流的想像空間將驟然增大，未來的世界也將相當狂野！

這狂野的未來完全符合邏輯。機器人的智慧來自於編碼、量化和數據，只要在可以用邏輯、規則和數據表達的領域，機器人就會向人類逼近。換句話說，只要具備數商，機器人就會擁有智商和情商。艾克曼被評為 20 世紀 100 位最偉大的心理學家之一，我認為他也是高數商的代表之一。我們每個人幾乎每天都會看見人臉與表情，也能意識到表情的微妙，但沒有人想過量化、編碼。艾克曼找到量化的方法，這代表著人類對表情真正的瞭解和掌握。任何一件事物，如果我們不能用數字來對它進行描述，就代表我們並不真正瞭解它，也就意味著其中蘊含著模稜兩可、說不清道不明的隱性知識。2008 年，艾克曼的工作和經歷被拍成電視劇《謊言終結者》(*Lie to Me*)。當我們讀到艾克曼這樣偉大的心理學家的故事時，會驚嘆於他對人類心理的瞭解，佩服他將表情這樣人性化的領域變成一門量化、顯性的科學。

這是人類科學進步的重要表現之一：不斷把時代的隱性知識轉化為顯性知識。一個高數商的人，就要具備這樣的能力。

　　本書談到這裡，已經有商人、天文學家、醫生、傳教士、將軍、統計學家、記者、賭徒、心理學家等各色人物登場。很容易發現，除了職業和身分的差別之外，他們有一個共同的特點，就是都來自西方歐美國家。那東方呢？我不是刻意選擇來自西方的人物，相較於歐美歷史，我其實更熟知中國歷史，但正因為熟知，我才可以下一個結論：東方缺乏像達爾文、第谷、韋奇伍德、格蘭特、斯諾、高爾頓、艾克曼這樣的人物。東方的歷史乏「數」可陳，但為什麼連一個都沒有？這有點奇怪，我已經給出了部分答案。在本書的最後，我將繼續回答這個問題。

　　最後要說明的是，這些主題故事雖然來自不同的行業，有不同的主角，分別代表數商的不同面向，給予我們不同的啟發，但它們都發生在 21 世紀之前，即小數據時代。最近 20 年，世界已經發生了非常深刻的變化，如今全世界一年產生的數據，已經比 5,000 年文明史產生的數據還要多了，我們稱之為大數據。在小數據時代，主要是用人腦處理數據，但今天如果還只用人腦來處理數據，唯一的結果只能是搖頭搓手，望「數」興嘆。所以接下來，我將聚焦在新的工具、技能和方法上，它們是智慧時代數商的新維度和新內容。

⑴傳統中華料理的燒製有很多講究，其中之一是「火候」。據說即使大廚把一道菜的配方告訴你，你也燒不好，原因就在於沒有掌握好「火候」。有人認為「火候」是炒菜過程當中的隱性知識，說不清楚，所以大廚也沒有辦法告訴你，只能靠你自己在實踐中摸索。但也有人認為這不是隱性知識，只是隱密知識，那是大廚的看家本領，他不願意告訴你，所謂隱性只是託詞罷了。何謂「火候」呢？詞典上是這麼定義的：採用的火力大小與時間長短。你認為「火候」屬不屬於隱性知識，可不可以量化？

⑵有人去看中醫，被某些中醫講得雲裡霧裡、糊里糊塗。中醫還會說你聽不懂就對了，真正的智慧是說不清楚的，是隱性知識。對此也有一種解釋：中醫的話語體系就是用很多障眼法來保護自己的關鍵機密，其實沒有什麼隱性知識。對上述現象和論點，你怎麼評價？

⑶奧斯沃爾德（Andrew Oswald）是英國華威大學的經濟學教授，他提出一種量化幸福的方法。他的方法不是直接詢問人們願意為幸福支付多少錢，而是根據一個量表來調查每個人的幸福程度，然後請他們說說收入和生活中的一些事情，例如婚喪嫁娶、孩子出生、獲獎、升職、加薪等，這讓他知道人們的幸福感如何因為某些具體事件而發生變化，並讓他將幸福感和收入建立起聯繫，例如他發現，和睦、穩定、長久的婚姻給人帶來的幸福感，與一年多賺 10 萬美金相當。你認為他量化幸福的方法是否合理？哪個部分不合理？更合理的方法應該是怎麼樣？

13

高數商搜尋
為什麼你找不到，別人找得到

你將在一個新的空間裡生活，我不是開玩笑的。

這個新的空間叫數據空間，對應於我們的物理空間，有人稱為網路空間，也有人稱為平行世界，這個新空間就像是我們日常物理世界的數據鏡像。在這個空間裡，一組數據就可以將某一事實立體性地還原。這種立體性，將帶你看到原本在你身後發生的、你曾經看不到的鏡頭，帶你聽到你原本沒聽到的、淹沒在喧囂世界的微小聲音，還可以幫助你捕捉、分析人類作為有限感官生物無法感知的微妙關係。這個空間還可能更加真實，很多人在這個空間裡所展示的形態和行為，比日常更加率性，例如，一個人在網路上的表現可能很張揚、很「憤青」，但在現實中卻是一個溫文儒雅的人。

在我們的物理空間，最典型的建構就是房子。城市裡有一座又一座建築，我們每天從一座建築出來，然後進入下一座，

它們可以有不同的功用，有的是辦公室，有的是住宅，還有的是商場、餐廳、電影院等。想想看，如果你不會利用這些空間裡的種種設施，那你還算是一個現代人嗎？

新的數據空間也像物理空間一樣，建築林立、鱗次櫛比。新的空間是由數據構成的，數據就好比物理空間的鋼筋水泥，它是這個新空間中最重要的資源，這個空間裡的建築都可以理解為「數據庫」，雖然它們的功用各不相同，但本質上都是一個一個堆放數據的倉庫。

這個空間和物理空間大不相同。首先是摸不著，只能靠眼睛看、耳朵聽。在這個空間裡，沒有太陽月亮，也沒有白天黑夜，時間的流逝沒有標誌，因此你常常會忘記休息，還有，就像在物理空間中的光無處不在一樣，數據空間不斷向你輻射數據。朝你輻射而來的數據可能不是你想要的（或者說真正需要的），但可能讓你沉浸其中。想想看，你現在花多少時間在手機上？很多人晚上睡前最後一件事是看手機，早上起床第一件事是看手機，半夜起床喝水上廁所還要看一下手機，一天看手機的時間至少 5 ～ 6 個小時，其中 90% 是在社交通訊軟體、影片和遊戲上。除了睡覺，很多人幾乎整天都無法離開手機，否則整個人會很不自在。各式各樣的資訊眼花撩亂，看手機跟看書不同，書有固定的頁數，總有一天會看完，但手機上的資訊沒完沒了，怎麼看也看不完。

如果這不是新的空間，那這是什麼？如果在這個新的空間，你只會接收數據，卻不會自己主動尋找數據，就是一件非常可怕的事，因為你就是這個新空間裡的巨嬰。有人不斷餵食你資訊和數據，他們並不是你的父母，不確定會給你什麼，要是你

被錯誤的資訊引導，就可能會上演一齣悲劇，後果不堪想像。

我們已經進入這個新空間，並且在這樣的雙重空間中生活，但很多人的思維還來不及轉彎。

在新空間生活

在這個新的空間裡，我們需要很多新的工具。在數據空間裡如果不會使用新工具，一個人就會像城市中的流浪漢，只能在街道上行走、徘徊、觀望，圖書館、餐廳、咖啡廳、電影院……一處都進不去。只有掌握了這些新工具，個體才能真正成為新空間的公民，才能從新空間中獲得能量的加持，成為智慧時代的高能量個體。

我們首先來討論最常見、也是最重要的一種工具：搜尋。

為什麼要搜尋？因為我們面對的一切問題、要做的一切事情，歷史上幾乎都有人已經思考過，或者已經做過了。地球上已經有數千億人生活過，他們留下許許多多的經驗與知識，足以解答我們大部分的人生疑問和難題。陽光之下無新鮮事，只需要看看前人和別人怎麼說、怎麼做就可以，網路上累積的數據已經很多，關於你的問題，你可能在網路上找到連你自己都覺得意外的答案，而不用去做無謂的思考和重複的工作。透過搜尋，你將站在前人、巨人的肩膀之上！

在我 25 年的職業生涯中，我有幸和各式各樣的人一起工作，和我密切合作過的人應該有百餘個。我有一個很深刻的感受，那就是大家面對的是同一個網際網路，資訊和數據就在那

裡，但每個人獲取資訊的能力完全不同，有些人根本不去找，有些人想找卻找不到。還記得麥小嘉嗎？他藉由搜尋得到的啟發，征服了他未來的丈母娘。

未來的人類將在物理空間生存，在數據空間中決策和發展。資訊和數據是決策的基礎，面對不同的資訊和數據，相同智商的人也可能會做出完全不同的決策。「不迷路」是最低的要求，一個高數商的個體，應該在任何時候都能找到最合適的資訊和數據。事實上，毫不誇張地說，搜尋的能力在相當程度上決定了我們是否能夠幸福生活並獲得事業上的成功。

搜尋其實也是一種演算法，下一章會介紹演算法的本質。就像我們可以不必知道一輛車上所有零件的細節和原理，但我們必須知道汽車的基本原理、必須學會駕駛汽車一樣。作為一個現代人，我們要懂得搜尋的基本原理，並學會聰明且高效地搜尋。

唯快不破的武功：分散式運算

你一定用過谷歌的搜尋，輸入一個詞彙，只要按下 Enter 鍵，一眨眼的時間，就能獲得成千上萬個搜尋結果，在這當中通常都能找到你想要的東西。

搜尋引擎之所以快，是因為它已經提前為網路上所有的網頁做好了索引。這個索引，並不是從一篇文章中找出幾個關鍵字，而是掃描全文，統計文章中出現的每一個單字的頻率，即對一個網頁內容的全部單字做全文索引。看到這裡，我相信你

的反應是，那工作量是不是太大了？沒錯，但谷歌在你搜尋之前就已經做好了索引，而且是透過機器自動完成的。

那究竟是怎樣執行的呢？我們來看一個例子，假設有 10 幾個人在一起玩牌，這是一副有幾萬張的大牌，但我們並不知道各有多少張 2、3、4、5……J、Q、K、A。每個人手裡都抓了一堆牌，而且還在繼續摸牌，現在我們要對牌進行統計，看看到底 2、3……K、A 各有多少張，那要怎麼統計最快呢？

最快的方法：一個人固定負責統計一種牌的張數，例如，只要有人一摸到 A，就立即轉到負責算 A 的甲的手裡，一摸到 2，就立即轉到乙的手裡……一個人負責算一種牌，如果大家一起按照這個規則來做，如此一來，每個人手上會各自握有一種牌的全部張數，這樣就可以快速統計出每種牌各有多少張了。谷歌執行索引的方法，就類似上面算牌的過程。當然，這比算牌還要複雜，牌只有 10 幾種，而英語世界的全部單字有 50 幾萬個，網路上的網頁數也已經是以億為單位。為每一個網頁內容的所有單字做索引，這個計算量大得驚人。無論是這個過程的計算還是儲存，用的都是分散式運算技術。

所謂的分散式運算，就是把一個非常大的計算任務，自動分解到成千上萬台計算能力不是很強的電腦上，最後再把各台電腦得到的結果合併起來，取得最終結果。

想像一下，一台電腦需要 10 天才能處理完的數據，如果有 10 台一起算，一天就能完成；如果有 1 萬台電腦同時計算，不到一分半鐘就能完成；如果有 10 萬台，則不到 10 秒就能完成（事實上可能超過 10 秒，任務分解和匯總也需要時間）。

在這個分散式運算的體系裡，有很多電腦在做完全相同的

一件事，它們又被稱為「（電腦）叢集」，叢集有什麼用呢？舉例來說：

　　一個大任務由 10 個子任務組成，各個子任務都不相同，每個任務單獨執行需 1 小時，在一台電腦上執行這個大任務，需要 10 小時；如果採用分散式運算的方案，假設有 10 台伺服器，每台伺服器只負責處理一個子任務，如果不考慮子任務之間的依賴關係，那完成這個大任務只需要 1 小時；但問題來了，如果有 10 個同樣的大任務同時到達怎麼辦呢？

　　那就可以採用叢集方案，提供 10 組伺服器，每組服務器都能獨立處理這個大任務。一組伺服器由 10 台伺服器組成，就是一個叢集。假設有 10 個大任務同時到達，10 個叢集將同時工作，1 小時後，同時完成 10 個任務。

　　圖 13-1 展示了搜尋引擎為每一篇文章做索引的過程：假設 {1. see spot run}{2. run spot run}{3. see the cat} 是三篇文章，這三篇文章中含有 see、spot、run、the、cat 這五個單字，對這三篇文章建立索引，必須統計每個單字出現的檔案編號和次數，要先根據單字進行拆分，然後將同一個單字分發到同一個伺服器上，在不同伺服器上對每個單字進行分散式運算，最後將單字、檔案編號列表、每個單字出現的次數匯總，輸出一個索引結果；比如當我們需要查找「cat」的時候，就可以快速定位到第三篇文章。

　　把一台一台的電腦組織起來，成為叢集，就可以完成某個特定任務；一個又一個叢集組織起來，成為一個計算的陣列，

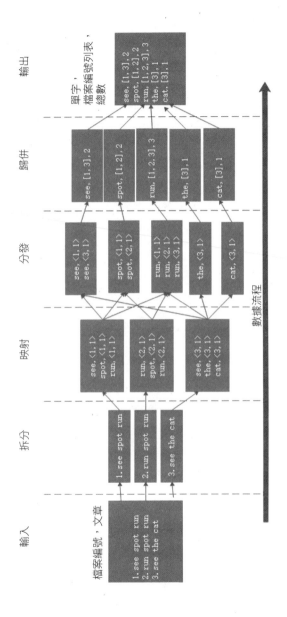

輸入　　　拆分　　　映射　　　分發　　　歸併　　　輸出

檔案編號，文章

輸入
1.see spot run
2.run spot run
3.see the cat

檔案編號

1.see spot run

2.run spot run

3.see the cat

see, ⟨1, 1⟩
spot, ⟨1, 1⟩
run, ⟨1, 1⟩

run, ⟨2, 1⟩
spot, ⟨2, 1⟩
run, ⟨2, 1⟩

see, ⟨3, 1⟩
the, ⟨3, 1⟩
cat, ⟨3, 1⟩

see, ⟨1, 1⟩
see, ⟨3, 1⟩

spot, ⟨1, 1⟩
spot, ⟨2, 1⟩

run, ⟨1, 1⟩
run, ⟨2, 1⟩
run, ⟨3, 1⟩

the, ⟨3, 1⟩

cat, ⟨3, 1⟩

see, [1, 3], 2

spot, [1, 2], 2

run, [1, 2, 3], 3

the, [3], 1

cat, [3], 1

單字，
檔案編號列表，
總數

see, [1, 3], 2
spot, [1, 2], 2
run, [1, 2, 3], 3
the, [3], 1
cat, [3], 1

數據流程

圖 13-1 利用分散式運算對網頁建立索引的邏輯過程

就可以完成形形色色的任務。這就像一支部隊裡的一個班、一個連、一個團、一個師、一個軍，它們一起協同工作，全部的電腦像一支部隊一樣，聽從我們的命令。

由於摩爾定律的作用，電腦已經成為大眾消費品，十分便宜。對一家公司來說，買 1 萬台機器並不難，那真正難的是什麼？就跟部隊一樣，要招 1 萬名士兵不是問題，但要把 1 萬個人變成一個師就很難了。組織得好是精銳之師，組織得不好就是烏合之眾。同理，要把幾萬台、幾十萬台，甚至上百萬台電腦放在一個地方不難，那個地方叫數據中心，但是要把這成千上萬台機器聯接起來，當成一台電腦使用，這就是最難的地方。

用部隊來打個比方，作為一名將軍，如果要把一場複雜的戰役任務分派下去，你不會一一派給每位士兵，而是派給軍長，軍長再派給師長，一級一級往下派，最後整支部隊的每位

圖 13-2

數據中心裡充滿了機架和伺服器，不需要顯示器

士兵都會有很清楚的任務分工，每個人將各自的任務完成就好了。同理，數據中心也需要一個機制，這是一個分工、協同的機制，它把成千上萬台電腦組織得愈來愈像一台電腦一樣工作，這個機制就是分散式運算的「作業系統」。

在機房，可以看到成千上萬台伺服器放在一起。機房裡有一排一排的機架，一個機架分成 12 等分，每一個等分裡面放一台伺服器。一個機架先連成一個整體，一個架子放滿了再放第二個機架，再把機架和機架聯接在一起。但作業系統是一種看不見的軟體，是極其複雜的分工體系。分散式運算中最難的，就是開發設計這個讓無數電腦協同工作的機制，這個機制就是分散式運算的核心。

高數商搜尋

現在你知道了搜尋引擎的原理，相信你也知道該怎麼聰明

地搜尋。

　　搜尋引擎為一篇文章的每個單字都做了索引，所以最有效的方法就是搜尋「關鍵字」！但很多人不知道的是，可以搜尋多個關鍵字，而且還可以透過組合和排除關鍵字來提高準確率，下面是我經過多年搜尋之後總結的「高數商搜尋的 11 條經驗」。

高數商搜尋的 11 條經驗

　　1. 首先要學會的，是使用一篇文章或一本書後面的參考書目和名詞索引表，這既包括線上的數據，也包括線下的數據。一本書列出的參考書目，是所有素材和重要數據的來源，這是最好的搜尋擴展工具；而索引表可以幫助讀者快速定位書的內容。透過這兩個工具，想找數據的人就可以找到一切想找的東西。所以我一直主張，一本好書絕對不能缺少參考書目或索引表。

　　2. 線上搜尋的第二步，是查看線上維基百科，相較於搜尋引擎列出的雜亂結果，維基是網路上的萬畝良田，首先應該從這裡查找。但要注意的是，維基上的數據也不是百分之百正確，其所有內容都是「公開、可編輯的」，對於重要的資訊要多花點心思去核實。

　　3. 把關鍵字和一個特定的數字結合起來搜尋，即把數字也當作關鍵字來搜。包含一個關鍵字的結果會有很多，但同時包含一個特定數字的結果就會少很多很多。我們周圍的世界每天都發生很多事，有看不完的新聞報導和文章。這些文章通常都

會包含數字，我建議留意並記錄這些數字，然後透過搜尋引擎搜尋，瞭解這些數字背後的含義、原因，以及與之相關的特定術語，把它們都記錄下來，比如建立檔案並分門別類，不斷豐富、查閱和溫習。如果你能堅持六個月，相信你會變成一個和以前完全不一樣的人。

4. 對一些有爭議的問題，可以把爭議的關鍵字和「數據」、「回歸分析」、「因果」、「關聯」這些詞放在一起搜尋，很快就能看到一些高品質的實證分析。

5. 把關鍵字放在雙引號中，代表了精準搜尋，也就是說，搜尋的結果只會跟雙引號中出現的字詞一模一樣，連順序也完全一樣，這樣可以提高搜尋的精準度。

6. 如果想同時搜尋兩個關鍵字，但這兩個關鍵字並不連貫，這時候就可以用加號搜尋，格式是：A＋B。例如，搜尋兩個關鍵字：大數據＋社會治理。

7. 當你想要搜尋的結果只含關鍵字 A 而不含關鍵字 B 時，只要輸入減號：關鍵字 A - 關鍵字 B，例如：大數據 - 保險。

8. 有時候，如果只想搜尋文章的標題，即找到包含一些關鍵字的標題，就可以用「intitle」這個指令，例如：「intitle: 大數據」。搜尋結果就會是標題含有「大數據」三個字的文章。

9. 專題文章尤其有用，例如 PDF 格式的論文，我們可以快速找到這樣的檔案類型，只要輸入「大數據 filetype:pdf」，意即含有「大數據」的檔案，其類型為 PDF。也可以指定網站搜尋，例如輸入「大數據 site:yahoo.com」，表示在 Yahoo 奇摩網站內搜尋「大數據」。還可以指定搜尋來源，在關鍵字後加尾碼，比如 edu、gov 等，甚至可以定向選擇來源網

站的類型。如果需要搜尋學術論文，可以輸入「大數據 edu filetype:pdf」，這樣就能找到 PDF 格式的學術論文。如果需要政府網站的檔案，就輸入「大數據 gov filetype: pdf」。

10. 再好的搜尋引擎也有掛一漏萬的時候，因此應該嘗試使用多個搜尋引擎，不要局限於一個，有時候一個搜尋引擎找不到某些資訊，而其他引擎很容易就找到。

11. 圖片、影片也是數據，要學會用關鍵字去搜尋圖片和影片，很多時候會帶來意想不到的收穫。此外，很多網站提供的「以圖搜圖」也有幫助，可以多加嘗試使用。

一方面，搜尋需要技巧，另一方面，我相信還會出現更好的搜尋引擎，當下的搜尋引擎還相當粗略，輸入關鍵字，只會找到一系列魚龍混雜的網頁。未來的搜尋結果應該會走向分類化，例如，古今中外可能有很多人都叫「李小龍」，上網搜尋「李小龍」，要找的可能是電影明星李小龍，也可能是名醫李小龍，還可能是作家李小龍，搜尋引擎如果能把各個領域的「李小龍」分門別類地列出來，以不同的標籤加以區別，就能更加精準有效地提供資訊。這樣的產品對搜尋者來說當然就更好用了。這種以分類為中心的精細化服務，將是搜尋引擎發展進化的大方向。

記錄：從手帳到個人數據中心

在過去，人們很難在短時間內獲得所需的知識，所以有

「書到用時方恨少」一說，但在今天，只要是知識性的問題，你掏出手機一搜就可能找到答案。

搜尋如此強大，但也有一個問題，因為我們不能指望任何資訊和數據都臨時上網去搜。手機是個搜尋、計算、保存資訊的平臺，但只能作為外部記憶體。就像如果你在讀一本書，整本都是不認識的字，要是每個字都去查字典，那是讀不下去的。一個人必須建立自己的資訊記錄體系，即自己專屬的內部記憶體。

前面已經反覆討論過，一個人要善於隨時、隨地、隨手記錄，這種記錄也稱為「手帳」。「手帳」不應該僅僅被理解為財務之帳，它還是時間之帳、任務之帳、數據之帳、想法之帳、道德之帳，這幾大帳是你人生最重要的帳，還記得前面所說的嗎？人生就是一本大帳本。

記錄的過程，就是把事實變成數據的過程，這是一個學習、梳理的過程，有不可替代的作用。我們常常在飯桌上聽到有人講了一個笑話，逗得大家前仰後合、樂不可支。你聽過一遍，以為自己記住了，下次吃飯時你也講了一遍，但效果就差多了，有人笑、有人不笑，為什麼？因為你沒有記錄跟整理，那個笑話並不屬於你。

要讓一個笑話真正屬於你，你必須至少和它有三次親密的接觸：第一次是在你聽到並記錄下來的時候；第二次是在溫習筆記，回憶那個笑得前仰後合的瞬間時；最後一次是你在分享這個笑話，見證它對別人造成影響的時候。

我的祖父涂廉清生於 1910 年，他只上過兩年私塾，便被送到省城的錢鹽商行當學徒，學徒無非是站櫃臺打雜，但幾年

之後，他學會了記帳，打得一手好算盤，地位就不同了。按當時情況，老闆不在家，就是帳房先生說了算，抗日戰爭期間，他先後在幾家大商行做帳，後來獨立出來自己開店。他生前常常說的一句話是「手勤免腦記」，這個意思有兩層：第一層是「手要勤快，腦子才能輕鬆」，用手記在紙上，大腦就不用念念不忘地惦記著，因為大腦是用來想事情，而不是用來記事情的；第二層是「腦記不如手記」，因為記憶不可靠，手記更牢靠。這句話是他畢生經驗的總結。我想，他作為一個普通的農家子弟，沒上過什麼學，能做到帳房先生，又能自己做生意，還做得不錯，靠的就是肯記、勤記、善記。當然，這也說明記帳和會計知識對經營生意的重要性。

我在《數據之巔》這本書中介紹過曾國藩，他規定自己每天要記三則筆記，分別是工作、讀書心得和朋友來訪時講的笑話。曾國藩一生成就斐然，他的人生作風和精神遺澤整個家族，後人英才輩出。一個成功的人，其實不僅讀書要記，聽課要記，談話要記，所有學習、觀察，甚至社交的過程都應該記錄。記不記，差別巨大，記下來就給了自己反省、總結、分析的機會。當然，也不是一記了之，記錄的性質不同，有的要分析，有的要總結，有的要重溫，還有的只是提醒。

我大學剛畢業那幾年，曾經讀過三遍成語詞典，每讀一遍就做筆記。第一遍按詞典的頁面順序讀，按頁面順序記；第二遍還是按順序讀，但按「字」來分類，例如跟「馬」相關的記在一起；第三遍在第二遍的基礎上，按成語的「意」來分類，例如把「一馬當先」、「獨占鰲頭」、「遙遙領先」這些描述同一個意境的成語記錄在一起。這個用手記錄的過程，我終

身受益，事實上，什麼電子化的工具也代替不了。我們前面談過，大數據分析的核心就是分類和聚類，要善於用分類、聚類的方法來做個人記錄。講到這裡，可以做一個結論：科學的核心其實只有兩件事，一是分類，二是量化。

這些年來，我也一直堅持讀紙本書。為什麼？因為讀紙本書可以在書上圈圈點點並做筆記，你會問，電子書不是也行嗎？這就是問題，電子書和網路閱讀確實可以記錄，而且可以複製一整段下來，直接存在自己的檔案裡，但正是因為可以複製，而不是用自己的筆親自抄寫一遍，對書的理解和記憶就大打折扣了。

不僅讀書如此，其他行業也受到類似問題的困擾。有一次我在杭州樹蘭國際醫院調查研究，竟然聽到有人反對醫療資訊化。進一步瞭解後，原來事出有因，因為有了電子病歷，手寫的病歷愈來愈少，醫生在問診的時候，並不用手記，而是在聽完病人的陳述之後，從自己的檔案中複製一段話——電子病歷就這樣產生了；這導致大部分電子病歷中的病情描述千篇一律，沒有任何可讀性。

反觀 10 年前，大部分病歷都是手寫的，正因為是手寫，病情描述有針對性，相對更精確、資訊量也大。醫生一邊寫一邊思考如何對症下藥，為了做好記錄，醫生會關注患者的口頭語言及肢體動作，這大大地幫助醫生做出診斷。但今天因為資訊化和電腦的普及，記錄的過程成了不費吹灰之力、沒有任何創造的複製和貼上。這個問題很嚴重，有的醫院甚至在男患者的病歷當中發現「子宮」兩個字。一查才發現醫生複製錯了！

複製貼上的普遍化，讓我們跳過了很多過程，直接得到我

們以前需要付出更多心血才能得到的結果。這種跳躍，究竟是好是壞？人們愈來愈常在鍵盤上敲打、使用滑鼠點擊、在手機螢幕上滑手指，愈來愈少透過書寫來記錄，這對人類的大腦和思維方式會產生什麼樣的影響？值得研究。

當然，我並不反對使用電子化的記錄工具，我的主張是，重要資訊堅持用「手」記，並以強大的電子工具輔助，這種工具可以用來管理自己的記錄體系。

我個人最喜歡用的電子化記錄工具是微軟的 OneNote，這是我記錄的主力。我之所以喜歡，就是因為它有強大的交叉分類功能，可以建立自己的專題筆記本，筆記本下面再建立分區、頁、子頁。你可以在一個頁面之內任何地方插入或編輯，就像可以拿筆在一張紙的任何地方做記錄一樣。一個頁面可以自由移動、插入任何分區，你幾乎可以隨心所欲地組合、裁剪和布局。

我的輔助工具是 Evernote，它是我在網路上記錄碎片化資訊的管理工具。這個工具很強大，好處是可以和其他應用程式相容，也可以在其他應用程式中抓取資訊，還可以用發電子郵件、拍照、錄音等方式來採集資訊。我的寫作工具是 Scrivener，它也可以用來做記錄，並把多條記錄像文章一樣整合起來。

對我個人來說，OneNote 就是主力軍，而 Evernote 則是我的先鋒和網路抓手，Scrivener 是我寫作輸出的工具。同時，我還有兩本手寫筆記本，一本是行程、重要事項和思考的記錄，這個本子最好隨身攜帶，很多時候一些好的想法如曇花一現，不記下來就消失了，還有一本是讀書筆記。我所有的記錄都在這幾個工具當中流轉。

以上講的主要是數據、重要事項的記錄，另一條記錄的主線是時間。時間是我們最大的財富，如果要記帳，我覺得一個人首先需要記的不是花了多少錢，而是你怎樣使用你的時間。時間之帳也是最容易量化和分析的，因為它本身就是數字。你現在正在閱讀的這本書，是我出版的第七本書，寫作不是我的主業，我要經營公司，參加社會調查、演講和公益等各項社會活動，此外還要兼顧家庭，我是兩個孩子的父親，要和孩子談心講故事，時間從哪來呢？一是別人休息我工作，從晚上努力擠出時間來，當然，為了完成目標，我付出過健康的代價；二是高效使用時間，我追蹤統計自己的時間，每天記錄，一到週末就加總、分析，就像在一線作戰的部隊一樣，後勤部門要時時盤點自己的槍支彈藥和戰略儲備。2020 年疫情期間，我讀到一本書《奇特的一生》，講的是蘇聯學者柳比歇夫（1890 - 1972）的生平，除了工作，無論是讀書看報還是散步聊天，柳比歇夫把所有時間的使用情況都記錄在他的日記裡，並每天分析他的有效工作時間。柳比歇夫一生成就斐然，和時間統計法的使用有很大的關係。我的方法和他如出一轍，關鍵就是對時間進行量化管理。

　　以時間為主軸的這筆帳要記得愈細愈好。如果你管理時間的單位是 10 分鐘，那和時間管理單位是 1 小時的人相比，你這輩子可能會多完成不少工作和任務。

　　個人如此，公司也是這樣，我在《數文明》這本書中曾經提到東方和西方公司的巨大差別。

　　10 年前，我在美國完成學業，進入一家美國公司工作。

我發現每位公司員工每天下班前都需要在網路上填寫一個表格，這就是工時管理（time cards management，也稱 timesheet system）。在這個表格中，員工需要填寫自己一天工作的時間分配，即在各項事務上所耗費的時間。例如，一個項目花了 2.5 個小時，另外兩個項目各花了 1.75 小時，甚至午餐、上洗手間和休息時間的長短都需要填寫。

部門經理可以根據這些數據，統計某個團隊在每一項工作上所花費的時間，分析一個具體專案的進度，控制專案的成本。除了統計、控制成本，我在這家公司工作期間，還見證了這些數據在一次商業談判中發揮的奇效。當時談判的是一份軟體發展合約，對方認為我方報價過高，始終僵持不下，最後我方從系統中調出過去類似專案的人力成本記錄，以輔證報價的合理性，對方看過後，最終信服，接受了我方的報價。

類似的工時管理記錄並不複雜，在美國已經有 100 多年的歷史了。1996 ～ 2006 年我在中國工作，2014 年底我再次回到中國，這期間我發現只有極少數企業和組織採用這套記錄體系和管理方法，詢問原因，企業負責人常常告訴我，員工不可靠，他們填報的數據和事實不符。我認為這個理由不能成立，歸根究柢，還是全民缺乏記錄意識、數據意識的問題。

今天我們已經進入了大數據時代。我相信，一個人需要記錄的資訊將會愈來愈多、愈來愈龐大，未來每個人都會擁有一個數據中心。我期待一個更強大的工具，一個集通訊錄、行程提醒、工作計畫、電子日記、便箋備忘、密碼管理、照片、影片、數據檔案、郵件、搜尋、編輯、購物、消費、接受服務、

存款、醫療、教育、公共事務等各種記錄於一身的工具，它的數據形式有文字、表格、圖像、聲音、影片、社交來往（社交媒體的互動記錄）、空間軌跡（GPS 和手機的空間位置記錄）等。這項工具可以實現對個人資訊記錄體系的全面智慧管理，例如，對記錄資訊按主題歸類、按時間排序、按地點組織、按人和物件呈現、按事情組織，而且支援模糊查詢和自動關聯，我相信這樣的工具不是夢想，人類很快就會擁有！

但我同時永遠堅信，記錄的核心工作不能由人工智慧代替，正如我們可以用燈光照明、用車子代步，但永遠無法讓機器代替我們吃飯睡覺一樣，重要的資訊必須用紙、筆、手、腦來記，因為只有透過這樣的過程，新的資訊才能和你固有知識體系裡的資訊有效融合，真正進入個人的「記憶體」，轉化為自己所有。

你的個人記錄體系，將把你所有的個人數據都匯聚在一起，還將幫助你在數據空間獲得永生。未來，人工智慧可以根據這些數據遺產來複製、重現你。假設有一天，你孫子的孫子想和你對話，他打開電腦就可以實現。只要你留下的數據夠多，人工智慧將模仿你的人格和智慧回答他的問題。而你孫子的孫子，為了這次跨越時空的對話，需要付出的可能只是一顆雞蛋的錢。

釣愚：搜尋賺錢的模式

關於搜尋，還有最後一點要講，那就是千萬不能認為搜尋

引擎是中立的、公益的、免費的，認識這一點非常非常重要，因為有人甚至因此付出生命的代價。

一位年輕人擠出人群洶湧的火車站，來到站前廣場。這是一座陌生的大城市。疲憊的他需要指引，他之所以來到這個城市，是為了求醫。

廣場上有一間服務中心。一位長相富態、貌似優雅的老人接待了他，老人告訴他，這是本市最權威、最全面的服務中心。年輕人環顧四周，確實也沒看到第二家。

老人向他介紹說，這座城市有幾百家醫院：第一家是醫院甲，第二家是醫院乙，第三家是醫院丙……老人逐一遞上許多資料，每一家看起來都很「高大上」。

老人說他的介紹服務都是免費的。但年輕人可能沒意識到，老人在經營一家商業機構，他們其實在賺錢。他們提供免費資訊給年輕人，卻收了資訊提供方——醫院的錢。哪家醫院給的錢多，他們就優先介紹哪家。而不是哪家名氣大、口碑好、醫療水準高，他就先介紹哪家。

醫院太多了，年輕人果然只記住了前面幾家，在宣傳廣告上，他看見第二家醫院有上過電視的名醫，有和國外合作的專案，還有國際一流的設備。他最終選擇了這家。但接下來，他「運氣太差」，花了很多錢，療效不彰，最終不治身亡。

消息傳開了，人們責怪這位老人提供不實的廣告，老人卻反駁道，他沒有做廣告，他所提供的資訊，是這些醫院自己提供的數據以及聯繫方式。他向年輕人推薦的時候，先說哪家，再說哪家，只是酌情調整了次序而已。

當然，在他的推薦中排名在前的醫院，就必須向他繳納更

多錢，這在行內稱為「競價排名」，所謂「競價排名」，就是誰給的錢最多，誰就排第一。

不幸的是，在這座城市，競價排名在法律上確實沒有被納入廣告管理的範疇。如果是廣告，他們就負有檢查資訊是否真實的責任。競價排名在這座城市被定義為「網路推廣」。也就是說：我只是排了一下順序，對資訊本身的真假，我一概不知，也無從負責。

這正是百度搜尋引擎的商業模式。這也是一起發生在中國的真實悲劇：2016 年的魏則西事件。魏則西是西安電子科技大學主修電腦的大學生，成績優異，但 2014 年 4 月，他被檢查出患有滑膜肉瘤。這是一種惡性軟組織腫瘤，目前尚無有效

圖 13-4

的治療方式。他在百度搜尋上發現了「生物免疫療法」，而且強調療效「特別好」，醫院也是百度搜尋推薦的，排名領先。他相信了這個推薦，結果這種療法根本不先進，他在這所醫院進行了 4 次不成功的治療，2016 年 4 月過世。他在去世前披露了自己的遭遇，引發全國的討論。

我們需要搜尋引擎。

假如你在一座龐大的森林中旅行，你需要方向，迷路不是沒有路，而是找不到方向。這座森林，正是我們身處的數據社會的寫照。今天的我們，無時無刻不身陷數據的森林，和地球上的森林相比，數據森林每一天都在以驚人的速度變得更加複雜與龐大。

我們需要找到方向，而指引這個方向的，也必須是搜尋引擎。人類的一切社會活動都伴隨著對資訊的需求，尤其是經濟活動，對資訊的需求其實是無窮無盡的。搜尋引擎正提供了這樣的指引服務。它是我們個性化資訊的供給端，作用強大，但如果不會使用，不瞭解背後的商業模式，搜尋的結果就可能成為別人「釣魚」的陷阱，這甚至就是一個「釣愚」的過程。

作為智慧時代的公民，我們需要體認到，雖然很多數據是免費的，但在為你提供什麼樣的數據這件事上，有人在平臺另一端不斷地付費。你以為你免費獲取的數據是別人善意相「送」的？因為競價排名，資訊世界原本的次序被打亂了，而且這種重新排序及扭曲，是在資訊平臺內部根據搜尋引擎的演算法發生的，一般人根本看不到，也分辨不出來。大部分免費推送到你面前的數據，都有其目的性——消耗你的注意力和金錢、干擾你的注意力和判斷力。一個搜尋引擎如果只管賺錢，

沒有任何公德心，那麼使用者可能處處都要面對消費陷阱。

這是當前網際網路的重要特點之一，認識它的本質，也應該成為這個時代的常識。

如何解決這個問題？線上和線下其實是相通的。回到火車站的場景，我有一種方案，是讓火車站廣場有多家服務中心，讓它們提供的資訊服務產生競爭，接受市場的考驗。如果有充分的競爭，人們有所比較，就可以「用腳投票」，選擇其他搜尋引擎服務，如此一來，好的搜尋引擎就可能出現，網路上的資訊就會愈來愈逼近真正的世界。

14

掌握新空間的
金剛鑽

數據庫是什麼

新空間到底長什麼樣子？打開電腦和手機，我們看到的是
網頁和應用程式，在它們的背後都是數據庫，而數據庫也可以
被理解為一座倉庫，為了方便存放東西，裡面設置了很多個小
格子，每一個格子，稱為一個表（Table）。

表 14.1 就是這樣一個表，顯示的是從網站上抓取下來、
位於深圳的商場數據，每一列代表一個商場，而每一欄數據項
目則代表這個商場的某個屬性，例如商場的 ID、星級、評價
數量、品質評分等。

當我們拿到任何一張表，通常會問幾個問題，以期對這個
表中的數據有所瞭解。每一列代表什麼？一般來說，一列代
表一個觀測值或記錄值，例如表 14.1 每一列代表深圳的一家

商場。每一欄代表什麼？每一欄代表觀測物件的一個特徵或屬性。數據一共有多少列、多少欄，是否有漏掉？某些欄是否需要進行轉換？例如為了便於處理，可能需要將某些欄觀測值的屬性和格式進行轉換。

一個數據庫裡可以有很多個表，這個表和你在 Excel 內看到的表格本質是一樣的，但在一個數據庫裡，表和表之間有「聯接」關係，這種關係是靠表和表之間具有至少一項共同的屬性來實現。一旦數據庫運轉起來，有關係的表就可以互相「聯接」嚙合，每個表都至少和另一個表發生關係，就像一個機械軸承體裡，有很多個大大小小的齒輪，它們互相帶動，形成一個體系。

表 14.1

shop_id	city	star	review_numbers	mean_prices	quality_score	enviro nment	services
1697911	shenzhen	四星商戶	313	386	7.7	7.7	7.9
4540129	shenzhen	四星商戶	31	331	7.6	7.8	7.8
1.1E+07	shenzhen	準五星商戶	76	133	8.7	8.6	8.5
1.1E+07	shenzhen	四星商戶	82	200	7.8	7.9	7.9
1697962	shenzhen	準四星商戶	122	177	7	7.1	7.1
5606986	shenzhen	四星商戶	557	85	8.3	8.1	8.2
1698040	shenzhen	準五星商戶	263	370	8.1	8	8.2
6187091	shenzhen	準四星商戶	71	58	7.6	7.5	7.5
1.4E+07	shenzhen	五星商戶	107	138	8.9	8.9	8.7

掌握一門有「錢途」的語言

我們前面討論過，在小數據時代，獲得數據的方式主要有兩個，其中一個是觀察，也就是賈格爾在賭場所做的，將觀測值一個一個連續記錄下來，但觀察法只能收集自然情況下發生的現象和行為。如果想要控制某種環境、誘發某種行為，再進行觀察，就要用費雪發明的實驗方法。就像斯諾故事中的法爾，需要驗證空氣是不是霍亂的真正病因時那樣。

和小數據時代不一樣的是，今天的數據無處不在，在你收集之前，它們可能已經提前存在了。今天的網路可以被理解為沉澱數據的基礎設施，就好比一台幫助我們進行記錄的數據機器，「網」和「數」的關係，就像「骨」和「肉」那樣，無數的數據依附著網際網路而存在。

也就是說，不需要觀察，也不需要實驗，無論你用不用，數據已經在那裡了，它服務於全社會！但要從網路上獲得這些數據，則需要新的工具，新工具主要有兩種，一是搜尋，二是爬蟲。

搜尋獲得的是片段式的資訊，而爬蟲獲得的是具結構性、可以成庫的數據，其價值無疑更大。還記得本書開頭講到的麥金利嗎？他設計了一個網路爬蟲，從 OkCupid 平臺爬取了幾萬名女性回答的幾百萬個問題，找出自己喜歡的女性回答次數最多的問題，然後自己重新回答這些問題，於是他和他理想女性的匹配度頓時暴增，每天有約不完的會。

很多人或書籍一提到爬蟲，就形容它是在網路上搬運數據的「機器人」，這個形容讓爬蟲顯得非常「高大上」，也令人

產生錯覺，認為爬蟲高不可攀。其實爬蟲就是一個程式，一個會在網路上自動提取數據的程式，而且不難，每個人都可以學習怎麼寫。

這就是在要求你學會一門程式設計的語言。憑藉這門語言，你可以直接和機器、網路展開對話，並自動把數據保存下來。今天的數據太多了，無法靠人手工來保存，必須借助工具，所以一定要學會電腦程式設計，以實現自動處理數據的目標。就像人類有很多種語言一樣，和機器對話的語言也有很多種，其道理都是相通的。

我推薦你學習 Python。今天的年輕人（此處指 2000 年之後出生的年輕人），每個人都需要掌握一門和電腦對話的語言，而其中有相當多人會選擇 Python。Python 是一門年輕的語言，產生於 1990 年代，但它後來居上，增長極快，最近 10

圖 14-1

年已經擁有愈來愈多用戶了。Python 在網頁開發、網路爬蟲、數據分析與數據採擷、人工智慧等應用方面都非常出色。毫不誇張地說，Python 是目前市場上最簡潔、最優雅、最有「錢途」、最全能的程式設計語言，沒有「之一」。

在 Python 語言中，有很多數據獲取和分析的功能模組可以直接調用，可謂簡單易學，設計一個爬蟲的工作量非常小，只要學習一星期，幾乎人人都可以開發網路爬蟲。

為了說明 Python 是一門簡單優雅易學的語言，以下舉一個例子，假如你想去深圳找工作，而且想找和數據相關的工作，可以先設計一個爬蟲，讓它在領英（Linkedln）網站上自動爬取深圳地區招聘職位說明中，包含「數據」這個關鍵字的職位，並分析在這些職位說明的文本中出現的高頻率詞彙，以下就是代碼範例：

```
import requests # 用於從招聘網站中抓取數據
from bs4 import BeautifulSoup # 用於網頁解析
from sklearn.feature_extraction.text import CountVectorizer
# 用於對文本中的詞彙進行計數

texts = [] # 把職位描述裝到這個變數裡面
for index in range(1,101): # 包含數據的職位描述，共爬取 100 頁
page='https://www.linkedin.com/jobs/data-jobs-shenzhen?page
Num='+str(index)# identify the url of the job listings
web_result=requests.get(page).text # use requests to actually visit the url
soup=BeautifulSoup(web_result) # parse the html of the resulting page
for listing in soup.findAll('p',{'class':'job-result-card__snippet'}):
# for each listing on the page
texts.append(listing.text) # append the text of the listing to our list
# 以上代碼實現的功能是打開 100 個網頁，抓取網頁中的職位描述資訊，最重要的變數是「texts」，它儲存了 2,574 份職位說明
```

```
vect=CountVectorizer(ngram_range=(1,2), stop_words='english')
matrix=vect.fit_transform(texts)
print(len(vect.get_feature_names()))
words=vect.get_feature_names()
# 以上 4 行將獲取描述解析為長度一兩個詞彙的長度，並生成詞向量
num=matrix.toarray().sum(axis=0)

dicts={}
for w,n in zip(words,num):
    dicts[w]=n
    # 以上代碼將對每個詞彙統計頻率，生成字典「dict」

def sort_by_value(d):
    items=d.items()
    backitems=[[v[1],v[0]] for v in items]
    backitems.sort(reverse=True)
    return backitems
# 以上函數僅為了頻率字典，按頻率降冪排列，轉換成「list」

words_dict=sort_by_value(dicts)
print(words_dict)
# 輸出出現頻率最高的詞彙
```

　　以上這個爬蟲程式一共才 20 幾行，之所以全部列出來，是因為我想讓你知道這不難，你有大量的模組可以運用，只要學習幾天，就可以寫程式了。以下列出這段程式運行的一部分結果（在 2,574 份職位說明當中，出現 150 次以上的詞彙），這個結果顯示，出現頻率最高、最有參考價值的前 10 個詞彙分別是：經驗、技巧、數據科學、管理、分析、Python、團隊、金融、挖掘、機器學習。從這些關鍵字當中，不難推斷你要找的工作究竟有哪些特點。

[2574,'data'],
[1276,'experience'],
[999,'looking'],
[593,'years'],
[423,'skills'],
[388,'working'],
[379,'science'],
[378,'data science'],
[374,'management'],
[347,'looking data'],
[330,'strong'],
[314,'analyst'],
[293,'work'],
[287,'python'],
[283,'team'],
[282,'learning'],
[263,'financial'],
[251,'business'],
[248,'analytical'],
[224,'analytics'],
[221,'data analytics'],
[209,'experience data'],
[204,'data management'],
[197,'big'],
[195,'data analyst'],
[192,'scientist'],
[192,'mining'],
[192,'data scientist'],
[191,'machine learning'],
[191,'machine'],
[187,'ideal'],
[186,'years working'],
[183,'specialist'],
[183,'highly'],
[182,'mining data'],
[178,'model'],
[178,'attribution model'],
[178,'attribution'],
[176,'retail'],
[163,'currently'],
[163,'analysis'],
[162,'lead'],
[159,'visualization'],
[158,'seeking'],
[156,'help'],
[156,'advanced'],
[155,'platform'],
[155,'analytics data'],
[151,'firm']

演算法：新空間的金剛鑽

先從一個古老的故事開始。

沃爾瑪是全世界最大的零售商，擁有 11,000 多家分店、200 多萬名員工，營收在 2018 年突破 5,000 億美元，超過很多國家的 GDP（國內生產總值）。沃爾瑪也擁有世界最大的商業數據庫，很早就開始使用演算法自動分析挖掘數據。1992

啊哈，尿布給寶寶，
這個慰勞我自己。

啤酒和尿布居然
能來電，真是想
破頭也想不到。

圖 14-2

年，芝加哥有一家分店的數據分析人員突然發現，在星期四至星期六下午 5～7 點，啤酒和尿布被同時購買的機率明顯比其他時間段高。

尿布和啤酒，聽起來風馬牛不相及啊！再有想像力的人也很難將兩者聯繫在一起，這實在令人費解。經過跟蹤調查，研究人員終於發現事出有因：一些年輕爸爸經常需要到超市購買嬰兒尿布，有 30～40％的奶爸會順便買點啤酒慰勞自己。事實的真相居然是如此！沃爾瑪隨即對啤酒和尿布進行了捆綁銷售，果然，銷量雙雙增加。這也是數據科學史上的經典案例。

這個故事的真實性經常受到質疑。有人問過我，說他為了這個案例特地飛到美國的沃爾瑪門市考察，結果發現啤酒和尿布並沒有擺在一起，他因此斷定這是以訛傳訛的無稽

之談。

我認為這個判斷有所局限。如果啤酒和尿布之間的銷售存在這種規律性，也不意味著這個規律有時空的普適性。換言之，並不能因為沃爾瑪現在沒有把啤酒和尿布擺在一起，就否認這種規律性曾經存在過。

再舉一個例子，日本有家超市發現，每到下午 3 點，垃圾袋常常和即溶咖啡一起被買走，為什麼呢？真相是，這家超市附近有不少辦公大樓，裡面有很多公司，這些公司的後勤人員通常於下午 3 點出來採購，因為這時候員工容易打瞌睡，就會有同事託付後勤人員代買咖啡，於是對超市來說，把垃圾袋和即溶咖啡擺在一起可以方便顧客，又能提高銷售。但很顯然，這家超市發現的這個規律性只適用於日本都市，而且只在辦公大樓密集的區域，很可能不適用於其他國家的其他地區，同理，啤酒和尿布的規律性也有時空上的特殊性，簡單地說，人類的消費行為是隨時間和空間不斷變化的。

啤酒和尿布這個例子的重點，在於人們的購物存在規律性，這些規律的微妙精細之處，是坐在辦公室裡想像不出來的。其實，即使是一個街角的小雜貨店，也有它自己獨特的購物規律，就看你能不能發現。一家超市愈大，商品愈多，其規律也可能愈多。例如，僅僅商品的陳列擺放就是一門複雜的學問，如果一名顧客走進一家大型超市，不能迅速找到自己要買的東西，超市就會失去商機和收入。商場的任務就是不斷把商品的「自由組合」變為「最佳組合」，讓消費者可以一次將它們都買走，這就是各種購物網站不斷推出各式令人眼花撩亂的捆綁銷售、套裝組合的原因。注意，是不斷調整、不斷推出，

而非一成不變。

　　這就需要演算法，演算法就是指運用數學和統計學的方法和技巧，用電腦語言編寫藉以解決某一類問題的步驟，即用電腦能懂的語言，例如 Python 來執行特定的過程，對大量數據進行自動化的掃描和處理。

　　要創造新的演算法，就要懂數學和統計學。即使在智慧時代，這也是一項相當具挑戰性的工作。你不用創造演算法，但你要會用演算法。這個道理，就像你會開車，甚至可能會開飛機，但你不會製造車，更不懂打造飛機。你不懂汽車或飛機每個零件的原理，但這不妨礙你開車；演算法也一樣，可以把它視為一個已經封裝的設備、一個數據空間的虛擬裝置，你不用打開這個設備瞭解每一行代碼的原理，你需要掌握的是其功能邏輯，以及知道在什麼場合可以使用、該如何使用。演算法是我們對大數據進行分析和挖掘的重要工具，僅僅靠人類的眼睛和大腦，很難在雜亂無章的大數據裡發現有價值的線索。這個過程太難了，所以我們稱它為「挖掘」，比喻在海量數據中尋找有價值的規律，就像開礦鑿金一樣困難。你可以這樣理解：大數據就像一座礦山，演算法就是我們在礦山中進行開鑿的金剛鑽、挖掘機。

　　發現啤酒和尿布的規律性，沃爾瑪靠的是一個名為「購物籃分析」的演算法。在超市買東西，我們都會用購物籃或購物車裝東西，所以將這個演算法稱為「購物籃演算法」。以下要透過剖析購物籃演算法，來掌握演算法的本質。

金剛鑽是如何煉成的

我們從最簡單的場景開始，只考慮兩件商品：啤酒和尿布。你住的社區有家超市，假設對最近 1,000 名顧客的購物籃進行一次分析，也就是對他們的購物明細進行統計，會發現有 4 種人，情況如表 14.2 所示：

第一種：只買尿布的顧客有 30 人；
第二種：只買啤酒的有 280 人；
第三種：既買了尿布又買了啤酒的顧客，有 20 人；
第四種：兩件東西都沒買的顧客有 670 人。

表 14.2 啤酒和尿布的購物籃分析

	買了啤酒的人數	沒買啤酒的人數	總計（人）
買了尿布的人數	20	30	50
沒買尿布的人數	280	670	950
總計（人）	300	700	1,000

這組數據能夠說明什麼呢？首先我們知道啤酒和尿布是有關聯的，但這種關聯是不是真正的因果關係呢？這有待確認。在所有購物明細中，我們可以清楚看到尿布出現 50 次，啤酒出現 300 次。此處表示次數的 50 和 300 叫做「支持度」。所謂支持度，就是一件商品或一個商品組，在整個數據集中出現的次數，即：

｛尿布｝的支持度為 50；

｛尿布，啤酒｝的支持度為 20。

　　出現次數愈高的商品，支持度也就愈高，人氣也就愈旺。請記住，支持度是判斷兩個物品之間是否有關聯性的第一個門檻，它衡量了關聯程度在「量」上的多少。

　　在購買尿布的 50 人當中，有 20 人都購買了啤酒，搭配購買率達到 5 分之 2（40％）。在購物籃分析中，同時購買其他商品的機率被稱為「可信度」，我們用可信度來衡量一種關聯性的有效程度，即：

$$\{尿布\} \rightarrow \{啤酒\} \text{ 的可信度} = \frac{\{尿布，啤酒\}\text{的支持度}}{\{尿布\}\text{的支持度}}$$

$$= 20/50 = 40\%$$

　　請記住，可信度是判斷兩個物品之間是否有強關聯性的第二個門檻，它衡量了關聯程度在「質」上的可靠性。

　　可信度是 40％，看來這兩件商品的購買關聯度頗高。這時候就要把啤酒和其他商品進行比較，假設我們發現買尿布的人最有可能同時購買的商品就是啤酒，即可得出一個結論：把尿布和啤酒擺在一起，可以提高啤酒的銷量。

　　但還有一個問題需要考慮！因為買啤酒的人本來就遠遠多於買尿布的人，成年男性絕大部分都喝啤酒，因為有了孩子，說不定他們還會戒酒，購買尿布的人當中有 40％買了啤酒，這個比例到底是高還是低，我們無法確認。如果他要戒酒，我

們向他推薦啤酒就失去了意義，所以要引入一個新的指標進行對比，從表 14.2 第三行可以看到：1,000 人當中有 300 人買了啤酒，購買率是 30％，而購買尿布的顧客中同時買了啤酒的顧客，50 人當中有 20 人，為 40％。兩者相比就能得出一個「對比值」，對比值是衡量關聯程度的第三個門檻。現在對比值是 40％ ÷ 30％ ≈ 1.33（倍），這說明買了尿布的人比沒買尿布的人更有可能買啤酒，所以可以推斷它們不僅有關聯，而且具備因果關係！

以上是倒著推演，只列出兩件商品，而真正的購物籃分析是要從所有的商品購買組合中，找出滿足支持度、可信度和對比值都符合條件的組合。

簡單地說，這個分析的步驟如下：

1. 設定一個最小支持度，把那些不滿足最小支持度的集合去掉，我們把這些集合稱為非頻繁集合；

2. 掃描所有交易記錄，計算每個組合（第一次每個組合只有一件商品）的支持度；

3. 把滿足最小支持度要求的集合定為候選集合，把不滿足最小支持度的集合去掉；

4. 對候選集合進行組合，以生成包含兩個元素的集合（每次增加一個元素）；

5. 重複步驟 2、3、4，直到所有非頻繁集合都被去掉，剩下頻繁集合，頻繁集合就是經常出現的組合；

6. 設定一個最小可信度；

7. 對每個頻繁集合計算可信度，那些大於或等於最小可信

度的集合，就是我們要找的具有高關聯性的集合。

簡單來說，購物籃分析就是用支持度這把尺，先從「量」上挑選出頻繁集合，然後用可信度這把尺，從「質」上分別去度量每個頻繁集合。哪些集合大於或等於最小可信度，就說明哪些集合具有高關聯性。

這個過程有多複雜呢？先從最簡單的情況說起，假設有 4 件商品，分別是 A、B、C、D。圖 14-3 展示了這四件商品之間所有可能的搭配組合，共有 15 種。

想必你馬上就意識到了，這張圖裡只有 4 種物品，只需要遍歷數據 15 次（即 2^n-1），計算起來還算簡單，但如果商品的種類增加，有上萬種甚至上百萬種呢？那得有多少組合啊，人腦怎麼算得出來？事實上，一個普通百貨商場的商品就有上萬種，可能的組合就更多了，靠人腦一樣一樣算，是不可能完成的。

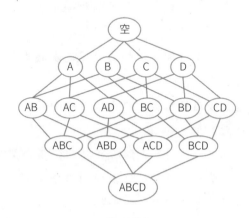

圖 14-3

有沒有辦法迅速減少組合，縮短計算時間呢？ 1993 年，IBM（國際商業機器公司）的數據科學家阿格拉沃爾博士（Rakesh Agrawal）總結出 Apriori 演算法，高效地解決了這個問題。其原理是：如果某個集合是頻繁集合，那麼它所有的子集也是頻繁的，即如果 {A，B} 是頻繁的，那麼子集 {A}{B} 也一定是頻繁的。

　　這個原理聽起來沒什麼用，但反過來看看，也就是說，如果一個集合是非頻繁的，那麼它的所有超集合也是非頻繁的。即如果 {C，D} 是非頻繁的，那麼超集合 {A，C，D}{B，C，D}{A，B，C，D} 也是非頻繁的。所以不要小看這麼簡單的一句話，這可是數據採擷中的經典演算法之一。

　　運用 Apriori 演算法對圖 14-3 進行改良，可以得到圖 14-4，把灰底非頻繁的組合都去掉，只算圈起來的部分，就可

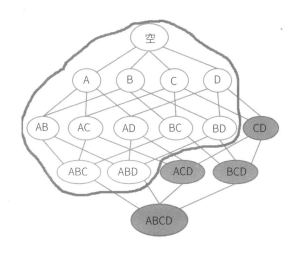

圖 14-4

以把原來 15 個的組合減為只有 11 個。這樣工作量就大大減少了。即使有億萬種組合，電腦也能咻地一下就得到結果。

在這個過程中，有很多步驟都需要程式來執行，下面這一段小程式，就是步驟 1 到步驟 5 的 Python 語言實現：

```
# 過濾掉非頻繁集合
# 返回頻繁集合清單 retList 所有元素的支持度字典
def scanD(D, Ck, minSupport):
    ssCnt = {}
    for tid in D:
        for can in Ck:
            if can.issubset(tid): # 判斷 can 是否為 tid 的子集（這裡使用子集
            的方式來判斷兩者的關係）
                if can not in ssCnt: # 統計該值在整個記錄中滿足子集的次數（以
                字典的形式記錄，frozenset 為鍵）
                    ssCnt[can] = 1
     else:
         ssCnt[can] += 1
numItems = float(len(D))
retList = [] # 重新記錄滿足條件的數據值（即支持度大於閾值的數據）
supportData = {} # 每個數據值的支持度
for key in ssCnt:
    support = ssCnt[key] / numItems
    if support >= minSupport:
        retList.insert(0, key)
        supportData[key] = support
        return retList, supportData # 排除不符合支持度元素後，每個元素的
        支持度
```

演算法是為了解決某些特定問題而編制的一系列代碼，在長期的實踐過程中，這些代碼由不止一名科學家不斷豐富、優化、發展。它沒有最好，只有更好。隨著對問題認識的深入，一個演算法也常常衍生出新的演算法，例如，有一個演算法

叫「時序分析」，和購物籃演算法很相似，那什麼是時序分析呢？比如一名懷孕的女性在購買孕婦裝之後，會購買葉酸、托腹帶、各種嬰兒用品，生產後 4 個月還會購買奶粉；分析這種購買的時序行為，就是時序分析。剛開始，人們經常把購物籃分析和時序分析混為一談，統稱為關聯分析。後來數據科學家才慢慢意識到，購物籃分析是指顧客購買某種東西時，哪種東西被同時購買的可能性更高，這和時序分析有本質上的不同，也才發展出各自的演算法。

即使不做購物籃分析，零售店也知道要把麵包和牛奶放在一起賣，而不會把馬桶和麵包放在一起賣，這是常識。但啤酒和尿布放在一起賣居然能「來電」，即使是一位經驗豐富的超市經理想破腦袋可能也想不到，然而，購物籃演算法就能發現這種隱晦的規律性，所以價值龐大。但我們也要知道，在演算法分析的結果當中，類似於啤酒和尿布這種有價值的組合極少，可能連 1% 都不到。購物籃分析也很依賴數據量的大小，只有數據量夠多的時候，才可能出現有價值的分析結果。打個比方，數據分析就像是披沙揀金，又像是駕船出海，在你決定要做的時候，能不能找到目標和寶藏，有很大的不確定性。

利用購物籃分析，沃爾瑪創造了很多有價值的發現。例如，每次颶風來臨前，手電筒、電池、水，這些商品的銷量會上升，但一種袋裝小零食「Pop-Tarts」的銷售量也會上升。這個事實出人意料，數據科學家回答了這個問題，一是因為美國人喜歡甜食，二是因為在停電時吃這種零食非常方便。此後，只要某地即將有颶風來襲，沃爾瑪就會提前增加當地店面的「Pop-Tarts」庫存，並立即把它和水一起捆綁銷售，在颶風過

後則解除這種捆綁。如果沒有購物籃分析，這種微妙的關係就難以被發現。

除了在大型超市，購物籃分析也在其他領域被廣泛地應用，例如在電信、金融、保險領域，可以用來設計不同的服務組合、投保組合，甚至在醫療領域裡，分析哪些藥物和治療措施放在一起會導致併發症，應用的也是購物籃分析的原理。

一半是科學，另一半要靠藝術和故事

一個高數商的人，會用 A ／ B 測試的實驗方法創造數據，會用爬蟲的方法獲得數據，會用演算法分析數據；但這些還不夠，數據分析的結果只有被真正使用和採納才能產生價值，一位數據科學家常常要向非專業人士，特別是向大眾解釋數據。講不清楚，無人接受，就只能顧影自憐了。

還記得斯諾醫生嗎？他用一張圖說服大眾接受他的分析結果：導致霍亂擴散的不是空氣，而是水源。

我們再講一個斯諾同時代的故事。

1853 年，英國和俄國之間爆發了克里米亞戰爭。這場戰爭共造成 50 多萬人死亡，異常慘烈。南丁格爾（Florence Nightingale, 1820 - 1910）是一名英國的戰地護士，也是一名自學成才的統計專家。她出身富裕家庭，卻立志當一名護士，並跟隨部隊來到遙遠的前線。她在戰場上發現一個驚人的事實：由於惡劣醫療衛生條件導致的死亡人數，竟然遠遠超過戰爭最前線的陣亡人數。南丁格爾將她的統計發現製成一張圖，該

圖清晰地反映了「戰鬥死亡」和「非戰鬥死亡」兩種人數的懸殊對比。當這張圖被刊載在報紙上後，英國民眾憤怒的聲浪此起彼落，他們無法相信人民的勇士並非戰死，而是餓死、病死了。討論的風暴愈刮愈猛，促使當局做出成立戰地醫院的決定，隨後創設了人類歷史上第一所正式的戰地醫院。

南丁格爾後來被譽為現代護理之母，她的這張圖表，是歷史上第一張「極座標圓餅圖」（polar area diagram），也是早期統計學家利用圖形來展示數據的經典探索。

斯諾和南丁格爾的做法，在今天被稱為「數據視覺化」（data visualization），意指以圖形、圖像、地圖、動畫等更為

將軍，戰士們的非戰鬥死亡遠遠超過戰鬥死亡。

每個月的死亡人數以中心角 30 度的扇形表示，內環代表「戰鬥死亡」的人數，外環代表「非戰鬥死亡」的人數，醫療衛生原因導致內外環的面積相差甚大。

數據很清楚，我們需要在前線設立戰地醫院。

圖 14-5

生動、易為理解的方式來展現數據，並詮釋數據之間的關係和發展趨勢，以期大眾更有效地理解、使用數據分析的結果。

一張圖催生了一座醫院，改變了一個制度。南丁格爾的貢獻充分證明了數據視覺化的價值，特別是在公共領域的價值，官僚們麻木的神經尤其需要強烈的視覺效果來衝擊、刺激。生理學也證明，大腦皮層中有 40％是視覺反應區，人類的神經系統天生就對圖像化的資訊最為敏感。透過圖像，資訊的表達和傳遞，將更加直觀、快捷、有效。

圖不僅直觀，而且看起來更值得信賴。這是人性！一名康乃爾大學的教授曾經做過研究，當一則廣告宣傳只用文字來說明產品的效果時，只有 67％的研究對象表示他們相信，但當同樣的文字配上一幅圖一起呈現的時候，有 97％的人都宣稱自己相信。❶

斯諾和南丁格爾的成功，關鍵在於透過視覺化清晰地呈現了事物之間的因果關係。很多時候，我們都需要把數據分析的結果告訴公司的高階領導人或普羅大眾，這是一種交流的過程。高數商的人一定要有能力完成這個過程，但我在 20 多年的職業生涯中，常常聽到老闆的抱怨：「我聽不懂你的分析，能不能說句人話？」很多有能力的數據分析人員都無法清楚表達，在這個環節不戰而退，令人扼腕嘆息。

不注重數據的呈現和交流，使自己的分析結果功虧一簣，

---

❶ Aner Tal, Brian Wansink. *Blinded with Science: Trivial Graphs and Formulas Increase AD Persuasiveness and Belief in Product Efficacy*〔J〕. Public Understanding of Science, 2014, 10.

這類的反面案例也有。

孟德爾（Gregor Mendel, 1822－1884）是現代遺傳學的奠基人，他花了 8 年的時間做豌豆雜交實驗，現代遺傳學的三大定律，他一個人就發現了兩個，實驗成果也被整理成論文發表。他曾在科學會議上宣講自己的重要發現，但因為他的論文和演講只有枯燥繁複的數字，當時學術界無人能夠完整領會，更別說普通人了。他的發現也因而被埋沒，直到他去世 16 年後，有人翻出他的論文，才重新認識到孟德爾那些數據的價值，整個遺傳學事實上被耽誤 40 多年之久！人類天生在第一時間就會尋找對感覺的依賴，視覺衝擊遠遠強過數據。事實上，人類的大腦對很多數據是無感的。

有一則流傳已久的老故事，一名棋手和國王比賽下棋，國王問他贏了的話想要什麼，他說：「只要在棋盤的第一格放 1 粒米，第二格放 2 粒，第三格加倍至 4 粒，以此類推，每一格均是前一格的二倍，直到整個棋盤的格子都擺滿。」

國王當下直覺這名棋手就是一個吃不飽飯、沒見過世面的傻瓜，最多只會用到一袋米，於是欣然答應。然而，始料未及的是，米愈放愈多，如果要擺滿整個棋盤，整個國家的米都不夠。類似的問題，認知專家已經羅列了一打，例如睡蓮問題：「池塘中的睡蓮繁殖速度很快，面積每天擴大一倍，如果覆蓋整個池塘需要 48 天，那覆蓋池塘的一半需要幾天？」正確答案是 47 天，而不是 24 天。又如折紙問題：「如果拿一張普通的紙，假設厚度是 0.1 毫米，你對折一下，再對折，一直對折 50 次，那它會有多厚？」答案是 1 億多公里，接近於地球到太陽的距離。

這種增長被稱為「指數型增長」。對於什麼是指數型增長，很多人是無感的，大部分人只能理解線性增長，為什麼？因為演化沒有賦予我們這樣的經驗。我們祖先的經驗是線性的，如果獵到兩隻兔子，就有雙倍的肉吃，如果花雙倍的時間採摘果子，就有雙倍的收穫，從石器時代、農業時代到工業時代，祖先遺留給我們的經驗，就是如此。

　　不僅如此，我們祖先對「大數據」也是無感的。當數據大一點，以百萬、千萬、億，甚至百億為單位，就超出了我們的日常生活經驗。例如，天文學家告訴我們：「宇宙中有 1,000 億個星系，每個星系又包括大約 1,000 億個星體。」我們對這兩個 1,000 億是沒有感知的，換成 100 億、10 億、1,000 萬，對大部分人來說幾乎沒有差別。

　　那該如何找到感知呢？我的辦法是找參照和對比，例如，今天地球上的人口數量大約 75 億，1,000 億是它的十幾倍，那就想像有十幾個地球站滿了人，每個人都是一個星系或星體。又例如，生物學家認為，人類大腦中大概有 1,000 億個神經元（細胞），和宇宙內的星系數量級正好對應，這樣來對比，就比較容易找到感覺。

　　本書前面提過，人類的直覺天生是反機率的，我們對機率沒有感覺。其實除了機率，還有比例，人類很難理解數字所代表的真正含義。

　　最近幾年，去越南旅遊的朋友愈來愈多，他們回來之後，除了稱讚當地的風土人情，還會不約而同地跟我提到一個感覺：東西很便宜。一個普通人到越南，會頓生富豪之感，因為新台幣 1 元約等於 810 越南盾，人人都感覺自己是百萬富翁。

但好玩的是，他們從歐洲回來後都抱怨東西很貴。如果說歐洲的物價高，那麼在歐洲的花費應該更多才對。結果仔細一算，他們發現自己在越南花的錢竟然比在歐洲花的還多，每個人都搖頭直覺不可思議！

　　我聽了他們的經歷之後，不禁莞爾，這又是感覺戰勝數據的證明。很多人面對購買力強的外幣如歐元、美元時，買任何東西都覺得貴，一換算之後就會放棄購買，所以花費就少。而使用面額較高的外幣時，所有東西看起來都很便宜，這刺激了他們「買、買、買」！結果就是花了更多錢。

　　在很多場景中，感覺都完勝數據。相較於數據，圖片對大腦的影響要強大多了。有多位心理學家做過一個類似的實驗，他們幫某貧困地區的孩童募款。第一組展示的是一組孩子的照片，這些孩子個個骨瘦如柴、衣衫襤褸，眼睛裡帶著哀求和恐懼，身邊的環境一貧如洗；另一組展示的則是一組統計數據，顯示這個地區有數百萬名貧困孩童，數據列出他們的體重、營養狀況、家庭年收入、失學率等詳細的情況。這麼說吧，透過這些齊全的數據，捐款的人們可以瞭解到的資訊遠比照片豐富且深入，照理說，這一組應該可以募集到更多捐款才對，但你可能猜到了，結果恰恰相反；數據這一組募集到的捐款總額連照片組的一半都不到！

　　再例如，勸人買保險很難，特別是養老保險，即使把人生幾十年的大帳算得清清楚楚，說給對方聽，很多年輕人也無動於衷，因為他們對年老沒有感覺。但有公司想到一個好辦法，透過數位化的模擬技術，讓消費者看到自己 80 歲時的老年模樣。實驗顯示，看過自己年老的照片之後，很多年輕人增加了

圖 14-6　圖左：當下的真實照片；圖右：利用數位技術模擬的老年照片。

自己對養老保險的挹注，增加的幅度甚至是之前的兩倍。❷

在美國的新聞歷史上曾有一道禁令，其宣傳部門禁止所有媒體在報紙上公開刊登陣亡官兵的棺材照，但美國政府從來不避諱公開在一場戰爭中犧牲的人數，這些數據可以在各式各樣的新聞報導和專題報告中找到。為什麼呢？傳媒專家都知道，圖片會激起人們強烈的感情，甚至可能催生大規模的反戰遊行，但由數字激起的這種情緒化群眾運動，可能性就會低很多。

大家都知道敘利亞內戰，這場戰爭造成了龐大的死傷人數，也造成了龐大的難民群體，曾經美麗的敘利亞處處斷壁殘垣，人們生活在水深火熱中。可是這些都沒能觸動西方世界，一端是無邊的戰火，一端是隔岸觀火，甚至火上澆油，地球彷彿是兩個世界。

---

❷ Hal E. Hershfieldet al. *Increasing Behavior Through Age-Progressed Renderings of the Future Self*〔J〕. Journal of Marking Research, 2011,11（48）.

直到一張照片出現。

2015 年 9 月 2 日，土耳其海灘漂來一具幼童遺體，這是一名 3 歲的敘利亞小難民，面朝下趴在沙灘上，宛如睡著一般。這名敘利亞小難民，為避開國內戰亂，向加拿大申請難民簽證被拒絕，無奈和家人搭上難民船，前往歐洲避難。但是難民船因嚴重超載而傾覆，遺體被海浪沖上了沙灘。

小男孩趴在沙灘上的照片讓無數人心碎，這張照片迅速傳遍世界各國，成為歐洲難民危機爆發以來「最揪心的畫面」，引起廣泛的震驚與反思，直接改變了歐洲的難民政策，並推動對戰爭本身的反省。

這就是視覺的力量。這也是為什麼新聞可以不需數據，但一定要搭配圖片。

看過這些例子，你仔細一想就會明白人類的偏好。我們的大腦偏愛色彩鮮明、情感豐富的畫面、場景和故事，大腦對它們會產生強烈的反應，但對抽象、複雜、需要解釋的數字，反應極為微弱，因此在大腦決策的那一刻，故事和場景排第一，圖片排第二，文字排第三，數據只能靠邊站。

這也是人類思維的傳統。我們的大腦是憑藉故事中的情節、場景和畫面來思考的，而不是使用數據。這一結論，也是認知心理學家反覆發現的事實。所以，如果你想讓更多人接受你的數據，就一定要考慮讓數據視覺化，把數據變成圖片，放進具體的場景，再把場景化為一個故事。

進入 21 世紀之後，大數據的爆炸使人們愈加需要數據視覺化的工具。目前這已經是一個專業市場，其產品絢麗多彩、百花齊放，從最早的點線圖、長條圖、圓餅圖、網狀

圖、箱形圖等簡單的圖，發展到儀表板（dashboard）、計分卡（scorecard），再到互動式的 3D 地圖、動態類比、動畫技術。曾經冰冷堅硬、枯燥乏味的數據開始「舞動」起來，變得「性感」了。但要從這眾多的可能之中，為你的數據選擇一個最佳的視覺化方法，並不是一件容易的事。一組適合用長條圖呈現的數據，就不適合用圓餅圖呈現。想想看，為什麼在一份年度報告中，有些數據以柱狀圖出現，而有些數據又以雷達圖出現？每一個有效的呈現，都是一個優秀的設計。

這種設計把美學和故事帶進了數據分析，一幅好的數據視覺化作品，不僅能有效地傳達數據背後的知識和思想，而且華美精緻，如一隻舞動翅膀的彩蝶，能刺激視覺神經，調動美學意識，留下栩栩如生的印象，令人過目不忘。

數據視覺化堪稱「數海之花」，我認為這是一門藝術。藝術和科學的區別是什麼？簡單地說，科學是事實的量化，藝術是聯想的激發。音樂是聲音的藝術，詩歌是語言的藝術，繪畫是色彩和形狀的藝術，雕塑是空間和形體的藝術，數據視覺化是一門量化的藝術。高數商的人不僅要懂數據分析，還要精通量化的藝術，要借助生動的圖片和有吸引力的故事將數據呈現出來，集故事講述者和藝術家的特質於一身。

不僅需要視覺化，還需要講好一個故事，你會不會覺得這太難了？如果你感到意外，就想想陸游的那句話：「汝果欲學詩，工夫在詩外。」道理是一樣的。始終要記住的是，迄今為止，人類思維的第一工具是場景和故事，然後是畫面，次之是文字，最後才是數據。

三個似是而非的概念

對數據分析的「小白」來說，他們最想問的問題就是：「統計、數據採擷和機器學習，這三者的聯繫和區別究竟是什麼？」這三個概念互相糾纏，確實有必要釐清。先來看一個故事。

1948 年，杜魯門和杜威兩人競選美國總統，當時的統計明星蓋洛普（George Gallup, 1901－1984）透過抽樣調查預測杜威將當選，新聞界對這項預測深信不疑，為了搶占先機，很多報紙提前一天印好了杜威當選總統的頭版版面，光《紐約時報》就印了 15 萬份，結果卻令所有人跌破眼鏡，杜魯門當選了，這些印有杜威當選的報紙只好全部銷毀。

在《數據之巔》這本書中，我曾經深入討論過蓋洛普對統計學的重大貢獻，他把抽樣技術應用到商業領域。抽樣的發明，是傳統統計學的一次重大變革。試想如果沒有抽樣，當你去抽血，那就意味著要把你全身的血抽乾才能得出一個結論。蓋洛普把抽樣技術用於社會調查，透過選取有代表性的樣本來做問卷調查，而不必像人口普查一樣，把全社會的人都問過一遍。

蓋洛普去世之前，曾經十多次準確地預測了美國總統大選的結果，但這次為什麼會失敗呢？原因就在於，抽樣調查需要經過問卷設計、資訊收集、數據分析等多個步驟，這導致了數據的延滯現象，而真實的情況是瞬息萬變的。在競選的最後兩週，蓋洛普已經停止數據獲取，而杜魯門恰恰在這最後的關頭

扭轉了敗局。

在大數據出現之後，對總統競選結果的預測，已經出現更有效的新方法：在投票前後，用購買或爬取的手段獲得社交媒體上的數據，然後針對這些數據進行分析和挖掘，就可以較為準確地預測出誰能當選。2008 年、2012 年、2016 年三屆美國總統的選舉，都有人透過挖掘推特和臉書上的數據，準確預測了選舉結果。

這種對網際網路數據的挖掘，不需要設計問卷，也不需要挨家挨戶調查，成本很低。演算法一旦開發出來，就可以重複使用，而且一個人就可以完成，不須像問卷那樣出動大量人馬。更重要的是，這種分析是即時的，沒有延滯現象。所以，有愈來愈多科學家相信，因為大數據的出現，統計科學將重新洗牌，進入一個全新時代。在這個新時代，以演算法為中心的數據採擷，將成為愈來愈重要的分析預測工具。抽樣技術，作為傳統統計的核心武器，重要性將逐漸下降，成為輔助的工具。

因為獲取數據的方式變了，而網路上已經沉澱了海量的數據，只要去使用這些數據就好了。這就是統計和數據採擷的區別。

那機器學習又是什麼呢？

機器學習可以說是新一代的數據採擷技術，憑藉的也是演算法，但和傳統演算法不同的是，它的演算法並非固定的，它能夠隨著計算、挖掘次數的增多，自動調整演算法的一部分參數，使挖掘和預測的結果更為準確，就像有學習能力一樣。打遍天下無敵手的國際象棋機器人「深藍」（Deep Blue），還有

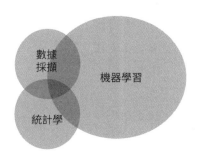

圖 14-7　統計學、數據採擷、機器學習的關係

打敗眾多圍棋名將的「阿爾法圍棋」（AlphaGo），用的都是機器學習技術。

　　機器學習是個大話題，也是迄今為止人工智慧最大的成就。顧名思義，機器學習就是機器可以像人一樣自我學習。因為具備了這種能力，電腦就可能搖身一變成為機器人。科學家正在用機器學習的技術建造機器人的大腦，可以說，機器人的普及已經離我們愈來愈近了。

　　換句話說，機器人會有智商。我們前面也提到，機器未來還可以辨識人類的表情和情感，所以機器人也會有情商。但無論是智商還是情商，它們都來自於機器人的數商，相較於人，機器人可以記得更多、算得更快，可以同時探索、分析更多的數據和事實。由於機器人的出現，愈來愈多的行業和工作都將消失。關於人類會出現失業高潮的討論，已經不絕於新聞報端，人類也在積極地應對。可以肯定的是，未來我們要面對的競爭，不僅僅來自人類，還會來自機器人。從更現實的角度來

看，人類至少要學會和機器人協同工作，未來一定會是人機協同的時代。要和機器人一起工作，當然就要理解機器人的基本原理，瞭解機器人的高數商是如何煉成的。再說一遍，因為有數商，機器人才會有智商，甚至有情商。

要承認的是，如果人類的數商沒有大幅的躍進，機器人的數商會比一般人高很多。

15

善數者成，
營造一個新的高數商社會

裡應外合的共識

　　2006 年夏天，我抵達美國，開始留學生活。在卡內基梅隆大學，一場熱鬧的同學聚會剛剛開始，一名中國留學生把自家祕製的蒜香排骨端上桌，鍋蓋一開，香溢滿屋。

　　「真是好吃。」美國教授也讚不絕口。「有食譜嗎？我們要學。」

　　「當然有。」這位同學立刻就找到食譜，逐字逐句讀給教授聽。這是一道普通的中國菜，食材簡單，製作流程也不複雜。但聽到「油一勺，鹽少許，酒若干」時，拿著筆的教授抬起頭，皺眉發問：「一勺到底是多少？多少毫升，或多少克？是大勺子，還是小勺？」

　　我至今仍記得，因為說不出精確的數據，那位同學木然的

笑容訴說著——你問我，我問誰？難道還要擺個天秤在流理台上？中華料理廚師可是一個大鐵勺打天下的，取料、放鹽、調味、炒製⋯⋯一個勺子足矣。

　　華人烹飪全憑經驗，師父徒弟一代代往下傳。在中華料理餐館，一盤宮保雞丁，100 個廚師可能炒出 100 種味道。西方人烹飪靠的是一張詳列精確用量的配方，只要是肯德基，不論在哪裡，你吃到的都是同一種配方，同一種味道。東西方的思維差異之大可見一斑。

　　當然，美國的烹飪也經歷了數據化、標準化的過程。其中的代表性人物是被譽為「家庭科學家」的法默女士（Fannie Farmer, 1857－1915）。1896 年法默出版了一本《波士頓烹飪

圖 15-1

學校廚師手冊》（*The Boston Cooking-School Cook Book*），這本書的食譜強調精確測量每一種食材、調味料的用量，在美國大受歡迎。後人評價說：「她把美國人在廚房的烹飪用語從『一撮』、『些許』、『一勺』變成了精確、標準化、科學的術語，從而為大眾呈現了一種便捷可靠的、即使沒有任何經驗的人，也可以參照書本完成的烹飪模式。」❶

時光轉到 2012 年，我已在美國工作。因為宣導將數據用於管理和創新，我常常回中國交流考察，這年秋天的一站是武漢一家大型中日合資汽車製造公司。這家公司的高階主管跟我分享了一個真實故事。

合資公司成立的當年，由日方的高階主管擔任董事長。這一年，關於該不該幫員工加薪，中日雙方的管理階層有不同的意見，相持不下。中方強調經濟景氣不好，員工情緒需要安撫。日方起初不同意，後來要求中方列出所有影響加薪的因素，並確立一個「加薪公式」，即用量化的方法決定是否需要加薪，以及具體要加的數額是多少。

中方的管理階層照辦了。他們做了一番研究，然後列出一個公式，其中各個參數、加權因數也被日方認可了。於是，這一年，中方關於加薪的建議在董事會獲得通過。

但沒想到的是，第二年，按照這條公式的計算，又需要給員工加薪。日方管理階層認為：「既然是嚴格按公式推算出來的，那就應該照辦。」中方管理階層卻認為可以不加，但公式

---

❶ Stuart Berg Flexner. *I Hear America Talking: An Illustrated Treasury of American Words and Phrases*〔M〕. New York: Simon & Schuster, 1976: 142.

又是自己去年定的，最後就勉強同意了。

沒想到第三年，計算的結果又是加薪。這一回，中方不再認可這個公式，他們認為：「員工的積極性沒有問題，形勢穩定，不用加薪！」

就這樣，中方管理階層堅持不加薪，自己把自己兩年前確定的加薪公式推翻了。談完這段經歷，一位中方高階經理感嘆說，「日本人數據至上，用數據管理」真不是一句空話。另一位自嘲說，我們習慣把數據當作工具，急了拿來一用，但歸根究柢是根據情勢機動處理，數據是擺設，可用可不用。這是聽中國人評價日本人，我也曾經聽過日本人評價中國人。

2014 年 7 月，我參加矽谷地區日本商會聯盟（JCCNC）的年會。會上，幾位日資企業的高層告訴我，和中國人打了幾十年交道，他們總結了一個法則，中國人是「點頭不算、搖頭算」。

這是什麼意思？他們笑著解釋說，中國人說「是」的時候，你不能馬上當真，必須用新的細節一再確定；而中國員工搖頭說「不」的時候，那就真的是「不」了。

這個總結我覺得有道理，但又不完全對。我有一位美國朋友就挑戰了這個「點頭不算、搖頭算」，她說她親身經驗過，中國人說「不」，其實也不算。她舉出真實生活中的例子。

有中國朋友來家裡拜訪時，一進門，她常常會問：「要喝水嗎？」「不用不用。」來客都說不用，她也就沒有倒水。但令她困惑的是，她在一個中國人家裡做客，卻看到一番不同的場景。中國主人殷勤招呼另一位中國客人喝水，這位客人的回答也是「不用不用」，但是主人還是倒了。讓她感到意外的是，客人接過去，端起來就喝了。

她看到這樣的現象不止一家一人，她說她被搞糊塗了，「要」還是「不要」，這相當於「0」和「1」，本應涇渭分明，但中國人把它們成功地混淆了。她那天笑著說：「你們到底要還是不要，能有個基準嗎？」

　　我心裡想，不僅外國人搞不懂，其實我們有時候也搞不懂。中文經常使用「大概」、「差不多」、「少許」、「若干」、「一些」等高度模糊的詞語。這些含蓄、模糊、感性、沒有明確界限的表達由來已久，大家在日常生活中早已習以為常。

大行其道的倖存者偏見

　　2018 年 12 月，一家叫權健的保健品公司突然成為輿論的焦點，導火線是一起醫療悲劇。一個女孩的父親聽信了權健宣傳的醫療祕方，終止了醫院的治療，結果這個女孩在多次服用權健祕方藥之後死亡，但這位父親隨後發現，他們的不幸經歷被一群人顛倒了黑白是非，被別有用心地宣傳為「女兒在權健的神藥作用下恢復健康，獲得新生」！他開始憤怒地投訴和反擊。

　　接下來，輿論被引爆了，多篇報導開始揭露權健長期虛假宣傳、販售假藥，已經造成許許多多的醫療悲劇。隨著不同來源的資訊互相印證，人們發現權健造假已經不是一兩天的事了。事發之時，它已經成立 15 年，一直號稱有祕方可以治癒大醫院無法解決的疑難雜症。有人去探訪權健成立的腫瘤醫院，他們發現：患者看病不需經過診斷，醫生只是簡單地看看其他醫院的病歷，看過之後就開藥。不管是什麼情況、什麼

病，哪怕是不同的癌症，病人拿到的都是相同處方的「祕方藥」。

這是一家明目張膽的騙子公司，但為什麼這樣的騙子公司能長期生存，而且不斷發展壯大呢？因為它巧妙地利用了倖存者偏見。

很多向權健求助的病人，都患有一般醫院治不好的疑難雜症。這些身患絕症、面臨死亡威脅的病人來到權健，都抱著試試看的心態，就算沒有效果，最後失敗了，病人及其家人也不會埋怨。這個道理就像被打中引擎和油箱的飛機沒有飛回來一樣，權健利用這一點掩蓋了自己祕方的無效。但要是有效果，哪怕只是一點點心理安慰，病人也會覺得有用；如果病稍有好轉，或者湊巧好了，那麼病人便會感激涕零。即使這是低機率事件，一旦發生，權健就會大張旗鼓地宣傳，吹噓自己祕方的功效。

神祕主義在東方有極大的市場。在華人社會，有很多人相信民間偏方或祕方，當一個人得了大病甚至絕症的時候，經常有人來推薦祕方。他們一本正經，甚至信誓旦旦地推薦保健品或偏方，同時斬釘截鐵地告訴你，這個絕對有用，誰誰誰就是這麼治好的。

他的結論可能源於真心，但同樣還是倖存者偏見，因為推薦的人沒看到的是，有更多人服用這些「祕方」、「保健品」或「糖水」之後，沒有任何起色，甚至有人因此耽誤了正規的治療，最後一命嗚呼。

再舉一個例子。在股市上經常有人收到這樣的資訊：「某支股票明天會漲，建議買入。」當然，你不是傻子，你不信，

但沒想到，第二天你一看，這檔股票真的漲了。第二天你又收到一條新資訊，預言另一檔股票會漲。你驚奇地發現，第三天那檔股票確實又漲了。接下來的第四天，他的推薦居然又是準確的。這次你動心了，你認為遇到一名「股神」，但你一聯繫他，他就要求你加入會員，繳納會費。一次準確可以靠猜，但次次準確沒辦法靠猜吧？如果你交錢入會，他每天都會推薦會漲的股票給你，這個誘惑很大，於是你果斷交錢。但一入會，你就發現新的推薦消息不準了，照著「股神」的建議買，虧多賺少。

那這個「股神」是怎樣運作成功的呢？如果說他是騙子，為何之前免費的消息條條都那麼準？其手法主要還是靠倖存者偏見，再加上分組控制，因為你根本沒有機會看到他預測不準的簡訊。

例如他搜集了上百萬個，甚至 1,000 萬個使用者的聯繫方式，就假設是電話號碼吧。第一天：把 1,000 萬個用戶分成 10 組，向每組推薦一支不同的股票。第二天：看看昨天推薦的股票有幾支漲幾支跌。假設有 4 支漲，6 支跌。把收到正確資訊的 4 組用戶挑出來（共 400 萬人），再把他們分成 10 組，向每組推薦一支不同的股票。第三天：假設第二天推薦的股票有 3 支漲，7 支跌。把收到正確資訊的 3 組用戶挑出來（共 120 萬人），又再把他們分成十組，向每組推薦一支不同的股票。第四天：假設第三天的股票有 5 支漲，5 支跌。最後把收到正確資訊的 5 組用戶挑出來（共 60 萬人），向他們發送繳費入會的資訊。

這 60 萬人連續三天收到的推薦資訊都是正確的，所以他

們對他有很高的信任度，有相當比例的人會繳費入會。假設有10分之1的人（6萬人）繳費，一人500元，他就能收到3,000萬元會費。拿到會費之後，他還可以繼續騙，因為幾十萬人當中，總有一部分人接收到的資訊是他矇對的，「股神」又可以將這部分人升級為高級會員，收更多錢，後面還有黃金會員、鑽石會員……大家自行「腦補」。

這是一個願打，一個願挨。有人被騙了，只是自認倒楣，但從頭到尾沒搞懂原因，而其中碰巧賺到錢的人，也從始至終不明真相，他們死心塌地擁戴「股神」，兩種人都可悲可嘆。

此外，大行其道的還有傳銷型、高回報的金融投資，其中不乏這些年氾濫流行的 P2P（網路金融借貸平臺）融資。

在這些騙局裡，只要一個人投入資金，策劃人就承諾他會得到遠高於銀行存款利息的回報，其比例通常高得驚人，甚至有 10～20%，但也會要求他拉到更多下線來存錢。騙局的策劃人常常強調這是一種新型的投資方式，不同於傳統的儲蓄。他們精心炮製了許多冠冕堂皇的說法，讓整個運作過程顯得合情合理。

早期投資者得到高額的現金回報，令很多人羨慕，這種羨慕催生了一大批跟隨者。但早期投資者拿到的回報，就是後來投資者投入的錢，這個騙局可以維持一段時間，但最終是要爆炸的，而爆炸常常發生在這個騙局的發起人攜帶巨額錢財成功潛逃之後。

這叫「龐氏騙局」，只要多一點對數據的敏感性和邏輯推理能力，就能發現其中的悖論。但在一個低數商的社會，類似的騙局總能長「演」不衰，頻頻得手。

討論到這裡，幾乎可以得出一個毫無懸念的結論和判斷：我們身處一個低數商社會，而且這個低數商社會由來已久。

人人都是圓通大師

前人雖然沒有直接概括過「低數商社會」，但也有人分析過其中的原因。著名的思想家胡適認為：某些人長期具有「凡事差不多、凡事只講大致如此」的習慣和作風，一生不肯認真，不肯算帳，不肯計較，是看得破、想得通的圓通先生。1919 年，胡適寫下著名的〈差不多先生傳〉，活靈活現地描繪了某些中國人取道中庸、不肯認真、甘於糊塗、拒絕精準的圓通形象：

你知道中國最有名的人是誰？

提起此人，人人皆曉，處處聞名。他姓差，名不多，是各省各縣各村人氏。你一定見過他，一定聽過別人談起他。差不多先生的名字天天掛在大家的口頭，因為他是全中國人的代表。

差不多先生的相貌和你和我都差不多。他有一雙眼睛，但看的不很清楚；有兩隻耳朵，但聽的不很分明；有鼻子和嘴，但他對於氣味和口味都不很講究。他的腦子也不小，但他的記性卻不很精明，他的思想也不很細密。

他常說：「凡事只要差不多，就好了。何必太精明呢？」
……

後來他在一家錢鋪裡做夥計。他也會寫，也會算，只是總

不會精細。十字常常寫成千字，千字常常寫成十字。掌櫃的生氣了，常常罵他。他只是笑嘻嘻地賠小心道：「千字比十字只多一小撇，不是差不多嗎？」

有一天，他為了一件要緊的事，要搭火車到上海去。他從從容容地走到火車站，遲了兩分鐘，火車已開走了。他白瞪著眼，望著遠遠的火車上的煤煙，搖搖頭道：「只好明天再走了，今天走同明天走，也還差不多。可是火車公司未免太認真了。八點三十分開，同八點三十二分開，不是差不多嗎？」他一面說，一面慢慢地走回家，心裡總不明白為什麼火車不肯等他兩分鐘。

……

他死後，大家都很稱讚差不多先生樣樣事情看得破，想得通；大家都說他一生不肯認真，不肯算帳，不肯計較，真是一位有德行的人。於是大家給他取個死後的法號，叫他作圓通大師。

他的名譽愈傳愈遠，愈久愈大。無數無數的人都學他的榜樣。於是人人都成了一個差不多先生——然而中國從此就成為一個懶人國了。

關於中華文化中的「差不多」，我想再提供一個我的觀察。由於工作關係，我一年之中常常搭飛機，不免關注航班運行情況。我注意到，一些稍稍延誤的航班總能準時到達，這並不奇怪，因為影響飛行時間的因素確實有很多，機師動作快一點也許就把時間搶回來了。可是一些延誤比較嚴重的航班也同樣能準時到達，這就有點怪異了。難道一向以精準著稱的航班時刻表也是橡皮筋，可以隨意拉伸的嗎？

圖 15-2

　　一做數據分析,我發現情況比猜測的還要嚴重,這些數據真的就是橡皮筋,幾乎每一趟航班的預計飛行時間都被拉伸了。我以航班實際起飛時間晚於預計起飛時間 15 分鐘為延誤標準,在民航數據平臺 VariFlight(飛常準)上,隨機抽取了 4 座機場 3 天的飛行數據,做了統計分析。我發現:

　　2018 年 8 月 17 日至 19 日,廣州白雲機場至成都雙流機場的航線中,3 天有 80 趟航班,73 趟航班延誤起飛,其中 37 趟航班提早到達,延誤－提早到達率約為 50.68%,而在 80 趟航班中有 44 趟航班提早到達,整體－提早到達率為 55%。

　　同期,在上海浦東機場至武漢天河機場的航線中,3 天有

30 趟航班，22 趟航班延誤起飛，其中 13 趟航班提早到達，延誤－提早到達率約為 59.09%，在全部 30 趟航班中，提早到達的航班數量為 21 趟，整體－提早到達率為 70%。

一半以上的延誤航班都能提前到達，這說明了什麼？

此外，我還分析了深圳寶安機場至天津濱海機場、西安咸陽機場至廈門高崎機場的同期情況，❷ 這 4 個機場年度客流量都排名全國前 10 名，是非常有代表性的，但數據大同小異，無一例外，反映出相同的問題。

拉長預計飛行時間，我猜想這極有可能是航空公司刻意為之，作為主管職能部門，國家民航局應該也有責任。為什麼會這樣？航空時刻表是整個社會宣導精確的風向標，如此隨意拉伸，影響了航空公司的公信力和可靠度，飛行時間的不確定性也會對旅客造成困擾，旅客常常因為接機不順利而滯留機場，無法準確安排後續行程。要問的是，一個國家的航空業本應是精細化管理的標竿，這樣的時刻表在這裡卻能年復一年地存在，社會和大眾都能容忍和接受，沒有任何異議，多數人彷彿都知道其中的原因，認為航空公司也有苦衷，可以諒解。一討

---

❷ 在西安咸陽機場至廈門高崎機場的航線中，3 天有 44 趟航班，延誤航班有 17 趟，其中 14 趟航班提早到達，延誤－提早到達率約為 82.35%，在所有 44 趟航班中，31 趟航班提早到達，整體－提早到達率約為 70.54%；在深圳寶安機場至天津濱海機場的航線中，3 天有 37 趟航班，延誤航班有 19 趟，其中 6 趟航班提早到達，延誤－提早到達率約為 31.58%，在全部 37 趟航班中，22 趟航班提早到達，整體－提早到達率約為 59.46%。

論，頂多是臉上泛起一絲狡黠的笑容，類似「你懂的」。

這一笑，代表了華人深入骨髓的圓通，無事不可圓通，無處不可圓通，人人以圓通為上大的智慧。圓通先生的思維方式，是以圓為最高追求，凡事圓得過、想得通，思維沒有一點稜角，更談不上銳角。除了胡適的批評和總結，外國人對中國人漠視數據、無視精確的特點也洞若觀火。

史密斯（Arthur Smith, 1845－1932）是一位美國的傳教士，他於 1872 年來到中國，在中國的普通社區生活了 54 年。1894 年，史密斯出版了《中國人的性格》一書，成了轟動一時的中國文化專家。該書產生過很大的影響，一度被公認為研究中國人最權威、最詳盡的著作之一，也曾被譯成多國語言。史密斯認為中國人「漠視精確、思維含混」，他在書中寫道：

> 中國人完全能夠像其他民族一樣學會對一切事物都非常精確，甚至更加精確，因為他們有無限的耐心。但我們必須指出的是，他們目前還不重視精確，他們還不知道精確是什麼。如果這一看法是正確的，那麼就可以有兩條推論。其一，在我們考查中國歷史檔案時，必須考慮到中國人漠視精確這一特性。我們採用中國人所提供的數字和數量很容易使我們自己受騙，因為他們從來就不想精確。其二，對於中國人所提供的冠以「統計數字」以抬高其權威性的各種材料，必須保留很大的餘地。

我們前面還提過華人歷史學家黃仁宇，他對中國人缺乏「數據精神」的根源做了剖析：在中國傳統的學問——理學或道學當中，一直都弄不清倫理之「理」與物理之「理」的區別。

這兩個「理」混沌不分的結果，是中國人傾向於粗略的主觀定性，排斥精確的客觀定量，從而養成了重形象、重概括、輕邏輯、輕數據的文化習慣。這種文化習慣，使中國人長期沉浸在含蓄模糊的審美意識當中，凡事只能從美術化的角度來印證，滿足於基於相似的「模糊聯想」，止步於用邏輯來分析或用數據來證明，最終將表象上的相似當作本質上的相同。

但在中世紀之後，歐洲就將倫理之「理」與物理之「理」這兩個「理」劃分得很清楚了。

黃仁宇的看法並非一家之言。現代著名的思想家鄂蘭（Hannah Arendt, 1906－1975）也曾經比對過中國和西方國家在思維方式上的不同。她的結論是：西方人是「詞語思維」，中國人則是「形象思維」，而形象思維不是基於邏輯的推理性思維。

這個道理就如同油畫和國畫，油畫寫實，國畫寫意。油畫借助光學器件的原理，每一筆、每一處光與影的處理都要精確，畫得跟照片一樣準確逼真，而國畫的山山水水朦朦朧朧，若有若無，似乎只有在夢境中才有。

再次回到我們一再討論的李約瑟難題：「儘管中國古代對人類科技發展做出很多重要貢獻，但為什麼科學和工業革命沒有在近代的中國發生？」

人們可能一直在拿國畫的藝術思維對待科學技術。我認為，這表面上是個科技問題，但其根源不在於科技、經濟，甚至不在於政治，而在於文化。一個國家的經濟、政治和文化的關係就像海的不同層面。海平面時刻都處於變化之中，有時波濤洶湧，有時風平浪靜，這就像一個國家變化多端的經濟層；

在海洋的中層，水面趨於平穩，這是政治層，政治制度一旦確立，就不容易改變；在海洋的底層，靜水流深，更加平穩，非常難以改變，這就是文化層。對一個國家而言，文化的改變最難，但這恰恰是其他改變的基礎。中華文化的理性不足，不求精確，隨意盲目，長期漠視數據，表現出明顯的「缺數症」。礙於這種文化上的不足，現代科學最終在西方國家起源、蓬勃發展。

這不能不說是一大遺憾。這個遺憾發生的歷史階段已經過去了，但這個遺憾發生的文化根源直到現在都沒有得到有效的清除。在今天的大數據時代，我們不能再把大數據僅僅當作一個科技符號，而要把它變成一個文化符號，讓「尊數」、「愛數」、「用數」的基因融入思維方式和文化血液。

在智慧時代成功

時光荏苒，滄海桑田。當下又迎來了一個全新的時代——大數據驅動的智慧時代。在這個時代，上演的將是以數據為基礎的全面競爭。

正在發生的歷史進程，是一切業務數據化，即所有的業務過程都將轉化、保存為數據。在智慧時代，數據是指對這個世界萬事萬物（包括人本身）的狀態、性質以及相互關係進行記錄的符號組合、位元流。這種位元流的記錄是新文明的DNA，我們正在開拓創建的新文明，可以稱為「數文明」，即新的文明將以「數據」為中心。文明靠世世代代的記錄得以累

積、繼承和發展，人類活動也因為新的記錄方式和分析工具不斷得到優化，走向精細化。

現代網際網路之所以偉大，就是因為它把「記錄」這件古老的事做到極致。

我們來看一個熟悉的場景。大家都去百貨超市購物過，你在超市裡常常東張西望，這排貨架看看，那排貨架走走，在某些商品前駐足徘徊，拿起來看看，然後又放下，這些行為表達了你的購買意願，但商場的銷售員沒辦法記錄你的這些行為。你昨天去了一個收銀台，今天再去同一個，收銀員可能也不會認得你。

但是，在網路上就完全不同了。你的點擊、滑螢幕、搜尋，就相當於你在超市裡走走看看、東張西望、左挑右選，拿起東西又放下，而網路會將你的行為一一記錄下來。

無論是誰，只要你來到某個購物平臺第二次，基於上一次的記錄，網路就會認出你。隨著你瀏覽、消費記錄的增多，這些數據可以完整勾勒出你的特徵，即透過數據描繪出你的畫像，掌握你的行為模式和需求偏好，從而對你進行分析和預測，向你推播商品廣告。最早的大數據應用，就是這樣產生的。

隨著大數據的累積，網路可能比你的朋友和另一半更瞭解你。今天的百貨超市也正在網路化，線下的商場擺放愈來愈多的 QR 碼、電子標籤，安裝更多攝影機，目的都是記錄消費者的行為，分析他們的動機。

一切業務數據化就是全面記錄，全面記錄的必然結果就是全面量化，我們正在迎來全面量化的時代。

即使是最古老的農業也正在發生巨大的變化。我想向你介紹我的朋友馬鐵民。2015 年，我在訪問青島的行程中與他結識，從此開啟了一段長達 5 年以上的緣分和合作。他是一位種菜的農民，我們認識的時候，他的生菜已經種得很好了，他的企業青島浩豐包辦了中國肯德基、必勝客一半以上的生菜供應，這意味著你在肯德基吃漢堡、在必勝客吃沙拉，其中的生菜很可能就來自馬鐵民的菜田。

　　最近 4 年，馬鐵民將目光和精力聚焦到番茄上。

　　一株番茄，從播種到結出第一穗果實，其週期是 90 天左右，其中每一天，它對溫度、濕度、光照、礦物質元素、肥料、水、二氧化碳的需求可能都是不一樣的。一顆好的種子種進土壤之後，如果每一天都能獲得最適量的各種養分、最舒服的生長環境條件，而且不多不少正好合適，那顆種子的力量就可能完全釋放出來，結出最飽滿的果實，同時還可以節約水和各種農業資源，這一點也很重要。

　　為什麼？因為傳統的種植方法就是露天種植，每天澆水施肥，同樣的水量與肥料，不管土地和種子到底渴不渴、缺不缺營養，其中大量的水和肥料都被浪費了。

　　以一天為一個單位，馬鐵民和番茄專家一起設計了一個 90 天週期的營養方程式，並把 90 天分為 6 個不同的階段。在不同階段，一棵植株會有不同的標準葉片數量，每片葉子的長寬、植株莖粗和長度、果穗數量、每串果穗的結果數量都可以量化。如果有一部攝影機對準一株番茄，就可以透過圖像識別自動獲得葉片數量、莖粗、結果數量等數據，根據這些數據，也可以反過來倒推判定植株的生長處於哪一個階段的第幾天。

馬鐵民的目標，是把這個方程式變成自動的演算法，打造一個「番茄種植大腦」，讓它根據外界的條件，自動調控番茄種植的條件，例如光照、水分和肥料，讓番茄每一天都處於生長週期內的最佳條件下。

　　水分和肥料怎麼確定呢？一顆成熟的番茄，每 100 公克包含：水分 93.6 公克，碳水化合物 3.3 公克，膳食纖維 1.9 公克，蛋白質 0.9 公克，脂肪 0.2 公克，維生素 B 0.06 毫克，葉酸 5.6 微克，維生素 A 63 微克，胡蘿蔔素 375 微克，硫胺素 0.02 毫克，核黃素 0.01 毫克，煙酸 0.49 毫克，維生素 C 14 毫克，維生素 E 0.42 毫克，鈣 4 毫克，磷 24 毫克，鉀 179 毫克，鈉 9.7 毫克，碘 2.5 微克，鎂 12 毫克，鐵 0.2 毫克，鋅 0.12 毫克，銅 0.04 毫克，錳 0.06 毫克。馬鐵民的團隊根據每種營養元素的吸收能力，以及營養元素在果實與植株中的分布比例，利用水肥一體化設備，對營養元素進行精準投放，並對排液進行檢測，控制澆灌液和排液的差值，以滿足一株植物的需求。

　　馬鐵民是一個虔誠的數據信仰者，他由衷相信數據是農業種植中一個新的生產要素，他特別喜歡我在《數據之巔》中寫的那句話：「數據不是黃金，不是石油，而是新的土壤」。他成立了新的大數據公司，並積極和阿里巴巴合作。2017 年 10 月，一座智慧農業溫室在山東德州投入運營，有 10 個足球場大，首次種植 12 萬株番茄，這是中國國內單體占地面積最大的溫室。他的目標是在溫室裡架設雲端和網際網路系統，各種感測器、攝影機會將採集到的濕度、水分、二氧化碳等數據傳入中控系統，與最佳生長條件下的參數進行比對。中控系統就

圖 15-3

像人類大腦一樣，根據獲得的數據做出決策，向溫室內的二氧化碳發生裝置、照明設備、加熱設備、水肥輸送系統、光照幕布系統、噴霧系統發出指令，將溫室內的溫度、光照、水分環境調整到讓番茄生長狀態最優質的水準。

透過計算，這個「大腦」未來還能夠選擇不同參數條件的組合，以保證最低的成本。例如，不同的光照、溫度、濕度、養分等組合，都可能使番茄達到最優質的生長狀態，但成本可能存在差異，「番茄種植大腦」將自動選擇最經濟的參數組合。當然，最經濟的組合方案可能需要更多的數據、更密集的計算。

不僅如此，「番茄種植大腦」還能根據市場行情，智慧地

控制生長速度。例如，番茄的成熟週期正常是 60 天❸，但當市場上的番茄供過於求或供不應求時，系統就能透過調節生產環境，適當加快或延緩番茄的成熟速度，在市場行情最佳時再投放。

這樣的種植方法和傳統種植的結果有什麼不同呢？

如果是傳統的露天種植，一株番茄的平均高度不到 2 公尺，每平方公尺產量僅 8 ～ 10 公斤，但是在智慧溫室內，一株番茄的高度可以達到 15 公尺，每平方公尺產量高達 80 ～ 100 公斤。相較於傳統方式種植的番茄，智慧溫室中生長的番茄大小均勻、賣相更好、口感更佳，售價也因此更高。高多少？馬鐵民告訴我，可能是一至兩倍。

表 15.1　不同環境下生長的番茄的差異

種植方式	苗高 （公尺）	產量 （公斤／平方公尺）	售價 （元／公斤）
傳統露天種植	2	8	10
普通農業溫室	3	17	10
智慧溫室	15	85	20

❸ 番茄從開花到採收所需的時間叫做成熟週期，成熟週期一般是 60 天。番茄從播種到結出第一穗果實所需的時間一般是 90 天。智慧溫室番茄的生長週期是 11 個月，生長週期一般是指從播種到植株生長結束的總計時間。

農業種植養育了人類，造就數千年的人類文明。中華文明得以延續，農業得居首功，可是中國的農業卻相當落後。我老家江西吉安是個水稻種植區，這裡的農村和許多地方一樣，手工種植仍然隨處可見，也仍然在使用牛耕，人們日出而作，日落而息，時光宛若仍停留在幾千年之前。

馬鐵民還在為了夢想奔跑，我多次調查訪問他的番茄溫室。站在他寬敞明亮的智慧溫室裡，我對以大數據引領現代農業的建設充滿了信心和期待。

高數商源於思維和行動

數商的核心是什麼？記錄、取證、保存、量化、分析、預測……，其中又以記錄和量化為核心。在智慧時代，自動化設備、量化的方法、個性化產品和服務，都將會無所不在。從辦公室、農場到工廠，從流動的汽車、火車到飛機，從建築、家居到人體，智慧終端機將會逐漸和它們融為一體，依附在這些實體之上，源源不斷地採集它們產生的數據。這是海量的數據，數據將如同空氣和水一樣大量地存在，最終儲存在雲端，數據科學家會在雲端運用工具對數據進行分析。

毫不誇張地說，這個智慧世界構築在數據之上。一旦關閉數據，即停止供應新的數據，智慧世界也將停止運行。我們必須很清楚地知道，所謂的智慧，事實上就是自動獲取萬事萬物的數據，然後為人類提供一些程式化、自動化、個性化的服務。這些服務在以前是沒辦法做到的，未來卻會愈來愈普遍。除了吃喝拉撒等生理活動，我們就生活在數據空間裡，數據就

像這個新空間的光，我們無時無刻不在其包圍籠罩之下。

就此而言，數據代表太多的東西，也必將成為一種權力和權利的載體，這樣的未來已近在咫尺、清晰可見。全面認識數據的價值、全面使用數據，應該成為新公民的常識。

大數據的出現，首先是一種技術現象，但又絕不僅僅是一種技術現象，它將影響人類的決策流程、商業模式、科學範疇、教育理念、生活方式和觀念形態等。數據將日益和人的日常生活、情感，甚至人本身融合在一起，它會擁有自己的溫度。復旦大學的教授鄭磊說，他認為數據的溫度是「37 度」，而這也是人體的溫度，暗示著數據未來要和人類每時每刻共存共生。

相信你也已經看到，高數商是思維和行動的共同結果，但對很多人而言，他們既欠缺思維，也缺乏行動。

本書透過一則則故事，將東西方數據思維的差異進行對比，希望讀者從中獲得啟發，建立牢固的記錄、量化思維。改變自己非常困難，即使讀過本書、認同這些理念，一般人也很難立即把一種新的認知變成自己下意識的行動，但你要清楚無誤地知道一件事：本書所講的故事並不是虛構文學，而是基於真實歷史的傳記，他們都是活生生的人，有很多是普通人。我們應該以他們為榜樣，觀察、模仿、學習、消化。對於本書提倡的高數商，你可以從「高數商的十大原則」入手，恪守原則，學習新的技能。

我們要反覆地去品味、去記憶這些故事中的十大原則，直到這十大原則刻在我們的頭腦中，成為我們的第一選擇。這需要在很長一段時間內，每天不停地自我提示這些原則和啟示，

同時不斷催促自己把這些原則應用到生活中，慢慢地，這些原則才能變成一種自動的思維習慣，數據意識才會在不知不覺、不由自主中，進入我們人生的導航系統。如果沒有這樣的執著，就不可能在自己的大腦裡建立數據意識；沒有強烈的意識，數商就不可能提高。

唯有念念不忘，才能獲得正果和迴響。

你知道的，性格即命運，我相信這句話就是人世間的牛頓定律。性格就是長期堅持的習慣，既包括行動習慣，也包括思維習慣。

一兩百年之後回頭看，今天這個時代最大的變化將被概括為「數據」。數和字經歷過幾千年的分離之後，正在重新成為一體，而人在這個變化劇烈的時代受到的影響，是前所未有地依靠數據生活和發展。

高數商的十大原則

原則 1	勤於記錄，善於記錄，敢於記錄：勤是習慣，善是方法和工具，敢是勇氣。很多人不願意、害怕面對自己的記錄，所以「敢」也是一個問題。
原則 2	要事分析：最好是定量分析，簡單地分類、量化，以一定的次序、格式或圖表呈現數據，分析就會有很大的進步。
原則 3	實「數」求是：從數據當中尋找因果關係和規律，讓數據成為「感覺的替代品」，這是數據分析的最終使命。
原則 4	知道未來是一種演化，是多種可能性的分布，用機率來輔助個人決策。

原則 5	透過做實驗收集數據，尋找真正的因果關係。
原則 6	學會用倖存者偏見分析社會現象。
原則 7	用數據破解生活中的隱性知識。
原則 8	反對混沌、差不多以及神秘主義的文化。
原則 9	掌握聰明搜尋的一系列技巧。
原則 10	掌握 SQL、Python 等數據新世界的金剛鑽。

「讀數」的技能就像「讀字」的技能一樣重要，人類開始修煉數商，不僅在面對自然、物理、化學的客觀世界時需要數商，在面對情感、藝術和精神的主觀世界時，在進行自身修煉時，也需要數商。你有沒有用記錄和量化的方法來管理你的身體、情緒、人際關係，以及你需要完成的工作任務？我在「數商測試」中，對這些方面一一設計了專門的問題，這是高數商的個體必須在日常生活中熟練使用的方法和技能。用數據說話、用數據管理、用數據決策、用數據創新，將主導我們的生活、工作和發展，人類將更為理性。

最後，我們可以對數商做出一個較為完整的定義。我認為，未來的文明將以數據為中心，未來的競爭就是數據競爭。數商就是對記錄數據、組織數據、保存數據、搜尋數據、分析數據、控制數據等，以數據為對象的能力水準高低的一種衡量

體系。

本書闡述了數商的概念，強調以數據為中心的價值、理念、方法和工具，提出「記錄、量化、實『數』求是、預測、實驗、破解隱性知識、掌握新工具」等提高數商的路徑和方法，也設計了若干測試題來評估數商。這是探索、開拓性的工作，作為歷史上第一套數商測試題，它肯定有諸多不完善的地方。我相信未來會有一個更科學的測試體系出現，這有賴於更多、更豐富的研究，我期待這一天早日到來。

參考書目

本書關於史實、案例和其他學者觀點的引用，除了一部分已經在正文當中注明出處之外，主要還參考了以下書籍和專著：

- 基斯‧E‧斯坦諾維奇。《超越智商：為什麼聰明人也會做蠢事》〔M〕。張斌，譯。北京：機械工業出版社，2015。
- 丹尼爾‧J‧布林斯廷。《發現者》〔M〕。呂佩英，譯。上海：上海譯文出版社，1995。
- David Salsburg. *The Lady Tasting Tea: How Statistics Revolutionized Science in theTwentieth Century*〔M〕. New York: Henry Holt and Company, LLC, 2001.
- 羅爾夫‧多貝里。《清醒思考的藝術》〔M〕。朱劉華，譯。北京：中信出版社，2016。
- 羅爾夫‧多貝里。《明智行動的藝術》〔M〕。劉菲菲，譯。北京：中信出版社，2016。
- 凱萊布‧埃弗里特。《數字起源》〔M〕。魯冬旭，譯。北京：中信出版社，2018。
- 雅各‧索爾。《大查帳》〔M〕。陳儀，譯。臺北：臺北時報文化，2017。
- 岩澤宏和。《改變世界的 134 個機率統計故事》〔M〕。戴華晶，譯。長沙：湖南科學技術出版社，2016。

- 莫里斯‧克萊因。《西方文化中的數學》〔M〕。張祖貴，譯。北京：商務印書館，2013。
- 斯蒂芬‧溫伯格。《給世界的答案：發現現代科學》〔M〕。凌複華，彭婧珞，譯。北京：中信出版社，2016。
- Ian Hacking. *The Taming of Chance*〔M〕. Cambridge: Cambridge University Press, 1990。
- 道格拉斯‧W‧哈伯德。《數據化決策》〔M〕。鄧洪濤，譯。北京：中國出版集團，2013。
- 保羅‧艾克曼。《說謊：揭穿商業、政治與婚姻當中的騙局》，第2版〔M〕。鄧伯宸，譯。北京：三聯書店，2016。
- 葛雲保。《誰見過地球繞著太陽轉》〔M〕。北京：科學出版社，2015。
- 傑佛瑞‧班尼特，威廉‧L‧布里格斯，馬里奧‧F‧崔奧拉。《妙趣橫生的統計學》〔M〕。胡暉，徐斌，譯。北京：人民郵電出版社，2016。
- 涂子沛。《大數據》〔M〕。桂林：廣西師範大學出版社，2012。
- 涂子沛。《數據之巔》〔M〕。北京：中信出版社，2014。
- 涂子沛。《數文明》〔M〕。北京：中信出版社，2018。

致謝

一本書的背後，很少是作者一個人的努力。

本書的問世，首先要感謝涂新輝先生，他對全書的框架和章節標題提出很多寶貴的意見，在寫作過程中也給我很多鼓勵；感謝高路先生對全書的文字提出很多潤飾的意見；感謝暨南大學的胡玉明教授，他閱讀了本書第 5 章並給了我回饋和建議；感謝紅象雲騰公司的 CEO 童小軍先生，他對本書第 13 章的寫作提供了支援；感謝數文明科技的黎嘉良先生、熵商科技的李若華先生，他們對第 14 章的寫作提供了部分意見和數據的支援。

我還要感謝數文明公司的同事，他們除了幫助我收集整理一些素材和圖片，也是本書數商測試題的第一批用戶，張炳劍先生、中山大學的鄭躍平副教授都對這史上第一份測試題回饋了建設性的意見；最後，感謝漫畫師任山葳先生，他的插畫生動亮麗、流光溢彩，如同鑲嵌在本書的一串明珠。

關於本書數據、專有名詞體例及
圖片版權的說明

　　1. 本書數據小數點之後通常保留兩個位元，部分引用的數據遵從引用原文的位元數。

　　2. 為行文簡潔，本書只對重點外國人物或在可能引起混淆的情況下，引用人物的全名。一般情況下，外國人名的翻譯只包括姓，不包括名，比較生僻的人物一律在後繼括號內注明英文全名，對於歷史人物也標示出生及逝世年分，以便讀者查對。

　　3. 為方便讀者閱讀，涉及外國相關組織機構時，大多採用英文名稱的首字母簡稱。

　　4. 本書未標明出處的圖表，皆為作者或署名人自行設計繪製。

　　5. 本書引用的大部分圖片和照片已獲得原作者的授權；少數未獲授權的，歡迎原作者見書後，與本書作者或出版社聯繫。

next 285

數商 向阿里巴巴前副總裁學習數據時代的生存商數

作　　者－涂子沛
插　　畫－任山葳
主　　編－陳家仁
編　　輯－黃凱怡
協力編輯－巫立文
企　　劃－藍秋惠
封面設計－張巖
內頁設計－李宜芝

總 編 輯－胡金倫
董 事 長－趙政岷
出 版 者－時報文化出版企業股份有限公司
　　　　　108019 台北市和平西路三段 240 號 4 樓
　　　　　發行專線－ (02)2306-6842
　　　　　讀者服務專線－ 0800-231-705・(02)2304-7103
　　　　　讀者服務傳真－ (02)2304-6858
　　　　　郵撥－ 19344724 時報文化出版公司
　　　　　信箱－ 10899 臺北華江橋郵局第 99 信箱
時報悅讀網－ http://www.readingtimes.com.tw
法律顧問－理律法律事務所 陳長文律師、李念祖律師
印刷－勁達印刷有限公司
初版一刷－ 2021 年 1 月 15 日
初版三刷－ 2022 年 6 月 27 日
定價－新台幣 450 元
（缺頁或破損的書，請寄回更換）

數商：向阿里巴巴前副總裁學習數據時代的生存商數 / 涂子沛作 . --
　初版 . -- 臺北市：時報文化出版企業股份有限公司 , 2021.01
　384 面；14.8x21 公分 . -- (next；285)

ISBN 978-957-13-8463-4(平裝)

1. 資訊經濟學 2. 大數據

551.49　　　　　　　　　　　　　　　　　109018011

ISBN 978-957-13-8463-4
Printed in Taiwan